社会工作研究文库

与 保护
发展

PROTECTION
AND
DEVELOPMENT

RESEARCH
ON
PRACTICAL
CHILD
SOCIAL WORK

儿童社会工作
实务研究

亓迪 等 著

社会科学文献出版社
SOCIAL SCIENCES ACADEMIC PRESS (CHINA)

前　言

　　儿童是国家和民族的未来和希望，儿童的成长关系到家庭幸福、社会和谐以及国家的富强。因此，儿童的发展以及对儿童的保护工作应引起社会各界的广泛关注。近年来，社会工作领域中关于儿童实务工作的开展逐渐得到重视。本书通过以儿童为服务对象的具体案例的呈现，为社会工作者在实务过程中提供借鉴和经验，同时丰富儿童社会工作领域的服务内容。

　　亲子关系问题一直困扰着我国绝大部分的家庭，在单亲家庭中这种问题尤为突出。本书第一章作者亓迪、沈佳飞以萨提亚治疗模式为切入视角，选取南京市某单亲家庭为研究对象。首先，作者通过走访调研，了解服务对象的家庭沟通形式，借助萨提亚模式中的生存姿态理论勾画家庭成员的交往姿态，并利用转化技巧帮助家庭成员实现表里一致的沟通姿态；其次，运用"冰山"理论促进家庭成员内在觉醒，帮助家庭成员重构新的互动模式；最后，作者引导家庭成员共同制定有弹性的家庭规则，运用温度读取技术教会家庭成员实现高自尊的沟通。本章得出以下结论：第一，萨提亚模式在改善亲子关系方面颇有成效；第二，社工在实践中应多维度分析问题产生的原因；第三，生存姿态判断缺乏科学的量化指标；第四，亲子矛盾可能是其他家庭问题的原因和结果，因此社会工作者在实务中需要采用综合视角进行介入。

　　农村留守儿童问题近年来受到国家的高度关注，留守儿童的照顾问题也一直是学界研究的主要问题之一。本书第二章作者亓迪、邹琪从微观、中观、宏观三个角度对我国农村留守儿童照顾现状进行分析，运用个案社会工作方法，以社会生态系统理论、人格发展阶段理论为依托，为湖南省桑植县X村的一名留守儿童提供两个月左右的儿童照顾服务。通过服务发现，为案主提供照顾服务能在一定程度上弥补农村留守儿童家庭照顾者的照顾局限性，促进家庭照顾者照顾意识的转变和照顾能力的提升，从而为农村留守儿童提供更好的照顾环境，促进农村留守儿童更好地成长。值得反思的是，目前运用个案社会工作方法介入农村留守儿童照顾还有一些不足，未来应进一步优化介入路径，减少社会工作发展大环境带来的阻碍。

近年来，校园欺凌事件频频曝光，儿童的身心健康成长受到了威胁和侵害。因此，为了从源头上杜绝校园欺凌事件的发生，从社会工作视角介入进行校园欺凌行为的预防是一种可行的方式。本书第三章作者亓迪、暴禹佳以南京市 Q 小学为研究场域，对 Q 小学五年级学生进行小组工作介入预防校园欺凌行为的研究。研究以小组活动为主要介入方法，通过八次小组活动，如"观看欺凌视频"和"绘本演绎"等，使学生了解了校园欺凌的定义、危害和影响，学习了如何预防和应对校园欺凌，掌握了情绪管理的方法，提升了防欺凌意识。评估显示小组工作介入预防小学生校园欺凌行为具有十分明显的效果。同时，作者对校园欺凌行为的预防提出了可行性建议，即社会工作在预防校园欺凌的过程中发挥的作用不容忽视，在熟练运用小组工作方法的同时，要充分发挥服务对象的主动性。

困境儿童是社会上最易受到伤害的群体之一，困境儿童的生存和发展问题需要引起重视。目前，困境儿童的项目制保护实践取得了较好的效果。本书第四章作者亓迪、高雪宁以南京市 B 社区困境儿童保护项目为例，对社会工作者参与 B 社区困境儿童服务进行研究。作者在对 B 社区困境儿童需求、服务现状及问题进行分析的基础上，通过个案工作提供心理关怀、组织"儿童抗逆力成长小组"以及整合社区工作链接资源，为困境儿童提供服务。在服务的过程中，作者发现社会工作能够有效满足困境儿童在心理关怀、非正式社会支持网络以及社区资源方面的需求，与社区提供的服务形成了互补，弥补了社区服务的不足之处。但社会工作在参与服务的过程中还受到来自项目自身运行和社会工作者与社区协调方面的内、外部因素制约。目前社区困境儿童服务水平仍需进一步提升。

随着我国项目评估专业化水平的不断提高，CIPP 评估模型被广泛应用于社会工作项目实践中。本书第五章作者亓迪、赵琦以南京市 A 社工服务机构的"童心网、助成长"项目为例，运用 CIPP 评估模型对其进行全面评估，评估主要从背景评估、输入评估、过程评估和成果评估四个方面展开。本章以生态系统理论和社会支持理论做支撑，运用参与式观察法和半结构访谈法收集资料，对"童心网、助成长"项目服务过程进行了复盘。评估发现，该项目总体来说是一个成功的项目，但是仍然存在项目管理有待提高、项目运行保障不足等问题。作者由此从政府、社工机构和服务对象三个维度提出了项目优化建议，为优化困境儿童服务运营路径做出了贡献。本章还对 CIPP 评估模型在社工项目评估中的运用进行了总结与反思，通过科学评估促进困境儿童项目不断专业化、标准化。

南京市困境儿童保护政策经过近年来的不断完善已初见成效，政策涵盖生活、教育和医疗等方面。本书第六章作者亓迪、曹慧萍主要从福利多元主义的理论视角出发，通过实际参与南京市困境儿童评估救助过程，运用文献法、访谈法、观察法收集资料，对南京市困境儿童保护政策及其实施效果进行了梳理和探讨。目前南京已建立起覆盖全过程的困境儿童救助保护制度，已有的相关政策为发现、评估、救助和服务困境儿童提供了制度保障。但在实际工作中，由于政策理念落后、政策制定尚不完善、相关责任主体配合程度低、资源保障不充分等因素的影响，政策未能取得预期的实施效果。例如，在物质帮扶和支持性服务提供方面均显不足，在困境儿童的评估和救助过程中也存在评估质量难以保证、儿童保护工作者数量较少等问题。未来应进一步完善困境儿童保护政策，更加有效地满足儿童需要，提升困境儿童救助保护的质量和水平。

在开展儿童社会工作实务的过程中，社会工作者在准确评估儿童问题和需要的基础上，结合服务对象的特殊性，综合运用个案工作、小组工作以及社区工作的方法为亲子关系存在问题的儿童、遭受校园欺凌的儿童、留守儿童以及困境儿童等提供服务，均取得了较好的服务效果，并在实务中进行了反思探讨。因此，社会工作在保护儿童健康成长和发展方面发挥着重要作用。

另外，本书在写作过程中得到以下老师与同学的支持，特此鸣谢：东南大学经济管理学院的吴一超老师，河海大学公共管理学院研究生昌昊甜、姜涵和陆娅。同时，感谢社会科学文献出版社的编辑们对本书提出的宝贵建议及对本书的认真编校。本书还得到了河海大学社会学学科经费以及江苏省社会科学基金课题（课题编号：22SHB012）经费的资助，特此感谢。

目　　录

第一章　儿童亲子矛盾研究

——以单亲家庭亲子矛盾为例

第一节　亲子矛盾情况介绍

一　亲子矛盾的研究背景

婚姻是家庭形成的前提条件，而家庭是社会的组成要件，只有无数个美满幸福的家庭才能够组成繁荣昌盛、幸福安康的社会。2019年民政部颁布的《2019年民政事业发展统计公报》显示，近些年离婚率逐年升高，仅2019年登记离婚的夫妻就有470.1万对，比2018年增加5.4%。[①] 可以看出，离婚人数的不断飙升会导致单亲家庭的比重不断上升，更多的儿童和青少年不得不面临突然的家庭结构变化，而这一变化让正处于成长发展阶段的儿童和青少年缺失了父母一方的监护和关爱，逐渐出现一些心理和行为问题。对于单亲家庭的父母来说，婚姻结束本就给他们的心理造成一定的伤害，再加之孩子的一系列行为问题，父母就很容易变得脾气暴躁，长此以往，亲子矛盾逐渐出现，破坏了原本和谐的家庭氛围。对儿童来说，家庭突如其来的变故把自己推到风口浪尖，父母的婚姻结束意味着儿童不得不只跟随父母的其中一方继续生活，然而在儿童成长发展的关键阶段，父母一方的监护缺失本就让儿童处于一个不完整的家庭结构中，再加上监护者的教育方式不当，很容

---

① 中华人民共和国民政部：《2019年民政事业发展统计公报》，2019，第14页，http://images3. mca. gov. cn/www2017/file/202009/1601261242921. pdf，最后访问日期：2020年9月8日。

易引起孩子的叛逆心理，孩子的性格可能会更加消极。

从现状来看，亲子关系问题不容小觑，倘若亲子之间的分歧和矛盾得不到有效解决，不仅会影响孩子的社会化进程和人际交往，同时也会给家庭带来沉重的负担①，甚至会造成无法挽回的悲剧。"2020年9月武汉初中生被母亲扇耳光后跳楼身亡""3月上海母亲和孩子发生冲突后跳河自杀"等一系列悲剧不断上演，究其原因都和亲子矛盾、夫妻矛盾有关。因此，笔者结合所学专业知识，运用萨提亚家庭治疗模式，介入一个有着亲子矛盾的单亲家庭，以家庭中的冲突事件为切入点，通过转换家庭成员的生存姿态、重构家庭三角关系、改变僵化的家庭规则等一系列措施来帮助案主及其母亲学会正确的亲子交往方式，从而达到调适亲子关系，提高个人自尊感和家庭幸福感的目的。

二　有关单亲家庭亲子矛盾的国内外研究

国内外学者关于亲子矛盾的研究颇为丰富，笔者在阅读大量文献后从亲子冲突的影响因素和解决策略两个角度来整理国内外研究成果。

从亲子矛盾的影响因素来看，目前学界认为亲子矛盾受到三个因素的影响。首先是个体生理因素的影响。国外有学者认为儿童的成长伴随着性的成熟，当儿童的性成熟与同辈群体不同步时，他们会感受到极大的压力。② 从性别角度来看，早熟的女孩子可能会比其他群体面临更大的社会挑战和情绪挑战，也可能会有更高的抑郁水平，这会让她们和父母之间沟通出现困难，从而产生亲子矛盾。儿童在逐渐进入青春期时，他们对"本我"的认知会有一定变化，这是自我无法调衡的，同时在这个阶段，"超我"还具有不明确性，儿童会很容易和父母有不同意见，产生对抗和冲突。③ 同样，埃里克森也认为，人们在青少年阶段的一个重要任务就是建立自我同一性和角色的认同感，如果建立得不好，便会出现角色混乱、焦虑或者一些其他的冲突行为。④

---

① 张玉佩：《单亲家庭亲子冲突的改善研究》，硕士学位论文，华中科技大学，2019，第67页。
② Peterson, A. C., "Presidential Address: Creating Adolescents: The Role of Context and Process. In Developmental Trajectories," *Journal of Research on Adolescence* 3（1993）：1 – 18.
③ 王思斌：《社会工作概论》，高等教育出版社，1999。
④ 陈睿：《青少年亲子冲突研究综述》，《社会心理科学》2010年第25期。

其次，家庭是影响亲子矛盾的第二个因素，这里的家庭主要是指父母教养方式、父母受教育程度、家庭环境等方面。例如，Smetana[①] 的研究表明，在家庭中父母的教养方式会影响到亲子关系，权威型教养方式不太容易引发亲子矛盾，但专制型教养方式则会频繁地引发亲子矛盾。学界关于家庭教养方式的划分标准莫衷一是，有学者认为父母的教养方式分为民主型、放纵型和权威型，相比之下，民主型教养方式更不容易引发亲子矛盾。最后，影响亲子关系的第三种因素是社会文化因素。有学者认为社会文化系统是一个宏观系统，它会潜移默化地影响个人的观念、家庭环境。文化提供的大背景差异，会造成家庭亲子关系的不同状态。[②] 相比来说，白人父母更希望孩子有一定的自主性、独立性。[③] 但是中国传统文化就比较重视父母的权威，教导孩子要听父母的话，不提倡个性和自主性，这样就会影响父母和孩子之间的亲子关系。[④] 另外，Lung[⑤] 比较了美国华裔家庭和白人家庭在亲子矛盾上的不同状况，结果发现，美国华裔家庭体验到的亲子矛盾更多，具体表现在家庭作业、娱乐时间安排等，而白人家庭的亲子矛盾在吸毒和性方面体现得更多一些。

从解决亲子矛盾的策略上来看，有学者认为解决策略的方式有五种，包括屈从、回避、退缩、妥协和第三方介入。[⑥] 安秋玲等人针对上海低收入家庭的亲子矛盾进行干预研究，强调通过恢复家庭自身的积极功能，增加父母的教育知识等来改善亲子关系。[⑦] 另外，国外有学者将亲子矛盾的解决策略

---

① Smetana, J. C., "Parenting Styles and Conceptions of Parental Authority During Adolescence," *Child Development* 66（1995）：299 – 316.

② 俞国良、周雪梅：《青春期亲子冲突及其相关因素》，《北京师范大学学报》（社会科学版）2003 年第 6 期。

③ Alwin, D. F., "From Obedience to Autonomy: Changes in Traits Desired in Children, 1924 – 1978," *Public Opinion Quarterly* 52（1988）：33 – 52.

④ Bumpass, L., Lu H. H., "Trends in Cohabitation and Implications for Children s Family Contexts in the United States," *Population Studies* 54（2000）：29 – 41.

⑤ Lung, A. Y., "Parent-adolescent Conflict and Resolution in Chinese American and Caucasian Families（cross cultural, intergenerational conflict），" *The Sciences and Engineering*（2000）：7 – 13.

⑥ 蒋湘祁、何资桥、冯海平、刘稳林：《衡阳市 129 名初二学生亲子冲突的实证研究》，《中国学校卫生》2009 年第 3 期。

⑦ 安秋玲、李强、鲁琳：《上海低收入家庭中亲子冲突的干预：一项随机实验研究》，《社会工作与管理》2020 年第 4 期。

分为积极策略和消极策略两种。积极的解决策略包括平静地讨论问题，收集相关信息以论证自己的观点，矛盾双方共同进行协商对话等；消极的解决策略包括攻击、辱骂、拒绝交谈和离开房间等。[1] Reese 和 Bartle[2] 考察了亲子间解决冲突的行为，将该行为分为强制性（coercive）、不灵活的情况和非强制性（noncoercive）、灵活的情况。把父母的行为也分成两类，一类是强制性父母，这类父母平时反复无常、眼神冷酷；另一类是非强制性父母，他们习惯采用解释、讲道理的方式对孩子进行教育。除了上述划分方式以外，还有学者将亲子矛盾的解决策略分为攻击型（attack）、回避型（avoidance）和折中型（compromise）。[3] 攻击型的解决策略包括争执、敌视等，回避型的解决策略包括忽视问题的存在、逃离矛盾现场等，而折中型的解决策略包括道歉、与他人共情并共同协商解决问题等。

整体来看，国内外学者都普遍重视亲子关系问题的研究，相关的文献资料较为丰富。除了亲子矛盾的影响因素和解决策略外，还有一些文献从多个角度研究亲子冲突问题。如，有学者研究单亲家庭中家庭成员的互动对孩子的影响，结果发现，相比其他儿童，那些与父母在身体上和心理上有亲密互动的儿童会表现出更少的行为问题。[4] 也有不少研究者从社会工作视角出发，利用社工技巧帮助解决家庭中的亲子矛盾问题，例如，林秀强运用平行小组来介入核心家庭的亲子关系问题[5]，梁艳丽客观分析了社工介入家庭亲子矛盾的方法和优势所在[6]。但是从已搜索到的文献数据上看，利用萨提亚家庭治疗模式帮助单亲家庭解决亲子关系的研究较为少见。

---

① Sundra, A., Graham-Bermann, "The Assessment of Childhood Sibling Relationships: Varying Perspectives on Cooperation and Conflict," *The Journal of Genetic Psychology* 4 (1994): 457 – 469.

② Maria Reese-Webe, Suzanne Bartle-Haring, "Conflict Resolution Styles in Family Subsystems and Adolescent Romantic Relationships," *Journal of Youth and Adolescence* 6 (1998): 735 – 753.

③ Judith, L. et al., "Conflict-resolution Behavior in Adolescent Boys: Antecedents and Adaptational Correlates," *Journal of Research on Adolescence* 1 (1993): 41 – 66.

④ Taanila, A. et al., "Effects of Family Interaction on the Child's Behavior in Single-parent or Reconstructed Families," *Family Process* 41 (2010): 693 – 708.

⑤ 林秀强：《平行小组介入核心家庭亲子关系的实务研究》，硕士学位论文，华南理工大学，2019，第 20 页。

⑥ 梁艳丽：《社工介入家庭亲子冲突调解的优势与方法》，《社会与公益》2020 年第 7 期。

第二节 萨提亚家庭治疗模式介入服务过程

一 萨提亚家庭治疗模式介绍

"萨提亚家庭治疗模式"是以萨提亚女士的名字来命名的，萨提亚女士是美国非常有影响力的心理治疗师，她曾经被《人类行为杂志》誉为"家庭治疗大师"，早期她在芝加哥大学学习社会工作，后来成了精神科的社会工作者。萨提亚最初致力于个案工作，针对单个案主进行专业介入，后来萨提亚逐渐发现，那些案主在接受治疗期间确实有很大改善，但是一回到家庭之后，便需要再次接受治疗，因此，萨提亚开始分析家庭动力对个人的影响，尝试以家庭为单位进行介入，结果非常有效。她从实践中发现，如果家庭成员之间的互动方式发生改变，那么家庭成员的行为和心理都会随之改变，逐渐地，家庭成员的关系变得更加和谐，于是她开始潜心研究家庭治疗模式。通过阅读国内外相关文献，笔者发现学界对萨提亚模式的研究主要分为内容阐释、理论评析、实务应用三个部分。

首先是内容阐释部分。萨提亚的家庭疗法与"冰山"的视觉隐喻紧密相关。[1] "个人冰山"是一种工具，它能够将人的内部经验视为发展关系的整个过程的一部分。[2] "冰山一角"包含了六个人类体验水平：行为、应对、感知、感觉、期待和渴望。[3] "水面上露出来的冰"是人类的外部行为，"水面以下的冰"是人的感觉、期待、渴望和真正的自我。基于这种比喻，人际关系也能够像"冰山"一样，有小部分的外在行为是公开的，而大多数是隐藏起来的。将这些潜在的几个层次与个人表现出来的行为联系起来，治疗师和服务对象都将对塑造沟通和应对策略的人际力量有更深入的了解。[4] 除此

---

① Lum，W.，"The Use of Self of the Therapist," *Contempo-rary Family Therapy* 24（2002）：181 - 197.

② Sayles，C.，"Transformational Change—Based on the Model of Virginia Satir," *Contemporary Family Therapy* 24（2002）：93 - 109.

③ Innes，M.，"Satir's Therapeutically Oriented Educational Process：A Critical Appreciation," *Contemporary Family Therapy* 24（2002）：35 - 56.

④ Lum，W.，"The Use of Self of the Therapist," *Contempo-rary Family Therapy* 24（2002）：181 - 197.

之外，萨提亚模式中的沟通姿态理论的应用也颇为广泛，沟通是指人们如何传递信息，如何增进彼此的了解，如何做出内部和外部的反应。萨提亚模式中的沟通姿态分为表里一致型、打岔型、责备型、讨好型、超理智型，表里一致型是一种良性的沟通姿态，它能够顺利地传达信息，增进家庭成员之间的了解，而内外不一的沟通形式则会导致个人的系统功能紊乱。① 另外，萨提亚模式中的家庭雕塑、家庭重塑、个人舞会、温度读取等技术也能让家庭成员更好地了解、承认并接纳自我，刺激他们改变现状，建立良性的三角关系。②

其次是理论评析部分。综合来看，国内外学者认为萨提亚模式尽管在很多情况下可以改善人际沟通，但是仍然还有待完善。从其有效性上来讲，萨提亚模式的一致性沟通形式可以让个体的身心和谐一致，还可以让人与人的沟通变得更加畅通，减少社会上的纠纷和误解。③ 萨提亚模式属于人本主义的治疗模式，有明显的存在主义特点，它关于人们的精神治疗方面的内容比较完善，这也是精神治疗师比较重视的环节。④ 但即便这样，萨提亚模式仍有许多待完善之处。第一，萨提亚模式虽然产生于西方，但是从具体的理论观点和操作技术来看，它同样也非常适用于中国家庭。萨提亚的理论建设较为薄弱，很多概念具有很强的主观性，没有明确的科学界定。⑤ 第二，萨提亚家庭治疗模式在中国文化情境下运用需要克服来自文化因素的阻碍，例如建立治疗关系、使用治疗技术方面的阻碍，因此要时刻保持文化敏感性。⑥ 第三，萨提亚模式缺乏可以量化的有效测评工具，由于萨提亚模式的沟通姿态评估多是通过观察个体自我获得，这样就使得研究的主观性很强，在某种程度上降低了评估的可信度，因此应该进一步编制或者完善具体的量表，最好在量表中增加一些生理指标。⑦ 第四，萨提亚的家庭疗法很难满足循证实践要求，在受控制的环境下，具体测量也变得非常困难。因此这种家庭治疗面临

---

① 王桂平：《萨提亚家庭教育与咨询模式》，《教育评论》2010 年第 3 期。
② 陈芳：《萨提亚家庭治疗模式评述》，《社会心理科学》2013 年第 2 期。
③ 申雨凡、李诺、李丹、史慧颖：《萨提亚模式一致性研究述评》，《四川民族学院学报》2012 年第 2 期。
④ 约翰·贝曼、卫丽莉：《萨提亚模式的昨天和今天》，《社会心理科学》2014 年第 6 期。
⑤ 陈芳：《萨提亚家庭治疗模式评述》，《社会心理科学》2013 年第 2 期。
⑥ 贺庆莉：《萨提亚家庭治疗模式的个案研究及其在中国本土化发展的价值探讨》，硕士学位论文，陕西师范大学，2010，第 34 页。
⑦ 郭歌、史慧颖：《萨提亚沟通姿态研究：回顾与展望》，《长江大学学报》（社会科学版）2013 年第 11 期。

许多与测量、评估、操作化和系统化有关的问题，也就是说，它不容易转化为可以通过传统研究实践加以应用和测试的干预措施。① 同时萨提亚非常关注家庭中的个别成员及其具体信息②，但这样一来就容易忽视家庭整体的结构。

最后是关于萨提亚模式的实务应用研究。从整体来看，关于萨提亚模式介入大学生、老年群体、单个家庭的研究较多，包括利用此模式增强大学生自尊感③和生命意义感④、提高学业成绩⑤以及大学生人际关系方面的研究等。尹忠泽和高旨利对萨提亚模式的理论基础、治疗方法、基本内容等进行了概述，认为萨提亚模式可以帮助家庭成员实现最高的价值感，有利于解决家庭矛盾。⑥ 也有学者关注萨提亚模式介入老年人口抑郁情绪的问题⑦；还有学者进行了萨提亚模式介入家庭教育的研究⑧。国外有学者回顾了萨提亚模式的现有资料和二手资料，为萨提亚模式的有效性提供了明确的支持。⑨ 也有学者对萨提亚模式做了一个比较严格的实验检验，使用准实验设计，将大学生分为对照组、结构化实验组、板结构实验组来研究萨提亚团体咨询对学生家庭关系的影响，结果表明萨提亚模式在其中起到积极作用，是改善学生家庭关系的有效方法。⑩

二 案主与家庭基本情况及需求分析

笔者作为志愿者参与南京市 T 未成年人保护中心的困境儿童项目实践，

---

① Larner, G., "Family Therapy and the Politics of Evidence," *Journal of Family Therapy* 26 (2002): 17–39.

② Rasheed, J. M. et al., *Family Therapy: Models and Techniques* (Thousand Oaks, CA: Sage Publications, 2011), p89.

③ 吴燕霞、王强：《萨提亚模式团体干预对大学生自尊的影响和追踪研究》，《中国健康心理学杂志》2014 年第 1 期。

④ 王恩娜、彭贤：《沙盘游戏和萨提亚模式结合的团体辅导提升大学生生命意义感的研究》，《中国临床心理学杂志》2017 年第 2 期。

⑤ 王强、王雪莉：《萨提亚模式教学促进大学生学业成绩》，《中国健康心理学杂志》2020 年第 8 期。

⑥ 尹忠泽、高旨利：《基于成长取向的萨提亚治疗模式探析》，《长春师范大学学报》2014 年第 5 期。

⑦ 盖玉滨、盖玉兵、毛晶：《萨提亚模式家庭干预对中老年抑郁症患者自信心及人际交往能力的影响》，《国际老年医学杂志》2020 年第 2 期。

⑧ 王桂平：《萨提亚家庭教育与咨询模式》，《教育评论》2010 年第 3 期。

⑨ Wretman, C. J., "Saving Satir: Contemporary Perspectives on the Change Process Model," *Social Work* 2 (2015): 13.

⑩ 冯书博：《萨提亚团体治疗模式下：改善大学生人际关系的干预研究》，硕士学位论文，青海师范大学，2022。

经过几天的走访调研，选择了一户具有家暴、贫困、单亲、亲子矛盾集合的特殊家庭，笔者与案主（化名贝贝）及其母亲建立了较为信任的关系，案主母亲非常希望笔者能够帮助他们解决家庭目前所面临的亲子问题，笔者对家庭问题进行了解后，认为案主家庭的亲子关系可以通过社工介入予以缓解。因此，笔者决定正式接案，与案主及其母亲共同协商，并签订服务契约。

案主贝贝，男，12岁，小学六年级。爱运动、性格外向、学习成绩较差，有一些行为问题，父母离异后由母亲行使监护权，但是案主与母亲、奶奶共同居住，案主本人认为他与奶奶和爸爸关系较好，与妈妈关系较差。

案主母亲，43岁，贝贝的监护人。视力四级残疾，没有工作，平时生活来源主要是低保和父母资助。之前偶尔会打零工，但是近年来由于视力越来越差，加上孩子"问题严重"，想全身心照顾家庭，因此一直处于无业状态。

案主奶奶，65岁，身体状况良好，虽然案主奶奶与案主母亲居住在一起，但与案主母亲关系不好。案主奶奶十分疼爱案主，对案主母亲打骂案主的行为十分不满，奶奶偶尔会给案主买零食和玩具，但是不关注学习教育和行为养成等问题。

案主父亲，43岁，身体健康，曾因经济犯罪入狱五年，2020年出狱，平时居住在工作单位，偶尔会回家探望案主，案主父亲和案主母亲有矛盾，互相不来往，有时候回家看望案主时，两个人偶尔会有冲突和暴力行为发生。

整体来看，案主家庭关系如图1-1所示，案主和父亲、奶奶关系较为紧

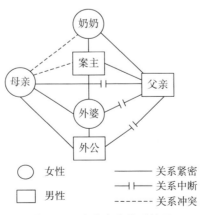

图1-1 案主家庭关系情况

密，但是与母亲有一定的关系冲突；案主母亲和案主奶奶也有冲突，案主父亲和案主母亲离婚后，基本关系处于中断状态，案主父亲偶尔回家会与案主母亲发生争执。

（一）家庭基本情况

初次进入家庭，笔者选择通过家庭访谈的形式了解家庭情况。具体原因有三：第一，通过家庭成员面对面交流，观察家庭成员之间的微妙关系；第二，通过家庭访谈可以找到家庭成员的问题所在，判断家庭成员具体的生存姿态；第三，可以向家庭成员介绍自己的目的以及能为案主家庭提供什么样的服务，与家庭成员建立信任关系。

参与人员：笔者（S）、案主（A）、案主母亲（M）、案主奶奶（N）。

访谈目的：通过访谈来了解家庭成员之间的沟通方式，了解案主及其母亲、奶奶之间的三角关系，判断三位家庭成员在家庭中的具体生存姿态。

> M：这孩子问题太大了，我不知道怎么教育他了。
>
> S：我很想知道您说的贝贝的问题表现在哪些方面呢？
>
> M：这孩子没什么原则。就说上课说话这个问题吧，老师打电话找我说了好多次了。每次我都苦口婆心地跟他讲道理，有时候还动手打他。但是他软硬不吃，没有一点记性。
>
> S：还会犯同样的错误，是吗？
>
> M：对，他犯错误我都会好好教育他，但是紧接着，他就又犯错误。他有时候拿同学文具，还撒谎。

母亲说起孩子身上的问题就滔滔不绝，在母亲的描述下，案主贝贝是一个问题比较多的孩子，母亲似乎看不到贝贝身上的优点。在整个过程中，案主贝贝一直低着头不说话，当问到贝贝时，贝贝会简短回答。另外，笔者询问奶奶对贝贝的评价，发现案主奶奶对贝贝的评价较高，认为贝贝是个懂事的好孩子。由此看来，案主母亲和奶奶对案主的评价是不一致的。

> S：贝贝，我刚进来的时候你就赶紧给我倒茶，你还是很懂事的孩子呀。
>
> A：还好吧。

M：我有时候会觉得他懂事，你说他懂事为什么还一而再、再而三地犯错误啊？有时候我也不知道他是懂事还是不懂事。

S：每个人都有优点，也有缺点呢，那奶奶，您觉得贝贝表现怎么样呢？

N：我觉得孩子挺好的，蛮懂事的。

M：这孩子你又不教育，你就只知道巴结他。

N：你们先聊着，我下楼去练练剑。

……

S：贝贝，老师想听听你对自己的评价，你能告诉老师吗？

A：老师，我平时就是比较调皮，爱惹妈妈生气……

总体来看，家庭成员共同访谈的效果并不是很理想，因为家庭成员（母亲与奶奶）之间存在明显的矛盾，这也阻碍了每一位家庭成员表达自己的想法。通过此次家庭访谈，笔者也能够看出家庭成员之间的关系状态，发现案主母亲与案主、案主奶奶都有冲突，家庭成员之间的地位是不平等的，沟通也存在一定问题。因此，如果想要深入地了解家庭问题，笔者就需要和每一位家庭成员进行单独访谈。

（二）家庭成员的需求分析

针对单个家庭成员进行个案访谈是为了深入剖析每个人对于自我、亲子关系、家庭成员的看法。在前期，笔者和案主贝贝及其母亲三个人谈话次数比较多，但很少和贝贝或者母亲单独谈话。另外，笔者和案主父亲、奶奶见面次数不多，他们跟笔者聊天的时候也比较见外，因此笔者希望通过个案访谈来深入了解家庭成员之间的关系和个别化的需求。

1. 案主的需求分析

回顾第一次见到贝贝的场景，笔者当时和未成年人保护中心的工作人员一起走访困境儿童家庭，当时只有贝贝和母亲在，工作人员向母亲介绍我们是街道未成年人保护中心的社工，母亲便认为我们是来提供物质资助的，所以一直向我们介绍家庭的贫困情况。因此那次见面贝贝一句话没说，只是跟母亲一起坐着，我们问他什么，他就点头或者摇头。第二次走访由笔者单独进行，笔者首先向案主母亲表明了来意，告知母亲笔者是一名高校大学生，学过一些处理家庭问题的专业课程，想试着通过自己的介入帮助他们解决家庭问题，母亲非常欢迎，表示愿意积极配合，也愿意让笔者单独和贝贝进行访谈。于是笔者先帮贝贝辅导功课，解决贝贝在学习中的难题，然后笔者单独和贝贝一起下楼踢毽子、打乒乓球，笔者发现，贝贝其实是一个调皮、外向的男孩，他喜欢运动，也喜欢交朋友，在营造好信任、轻松的谈话关系后，笔者开始尝试从贝贝的视角了解家庭问题。

A：老师，刚才在我家楼上我不敢乱说话，不然我妈肯定要指着我的鼻子骂我，"你会不会老实点，老师给你讲题，你聊什么天呢？"

案主模仿母亲的时候，感觉立马就变了一个人，模仿母亲的样子，瞪着眼睛，手指指着地面，语气很重。

S：是因为这样啊，所以你就很多话不敢说，是吗？

A：是的，老师。上次你们来我家，我妈就提前告诉我，政府的人来送补助了，不准我乱说话。所以我干脆就不说话，省得你们走了，她又骂我。

S：贝贝，我觉得你是个爱运动、情商高、很贴心的孩子呀，你妈妈为什么对你这么凶呢？

笔者肯定、赞赏案主，给予案主支持，同时将话题引入亲子关系问题。

A：在我妈妈眼里，她觉得我一堆毛病，她特别烦我。

S：看来在你眼里，妈妈不太喜欢你呢？

A：对啊，我妈就是看我不顺眼，觉得我一身毛病。动不动就骂我、打我。老师我跟你说这个，你一定别告诉我妈妈啊。

S：你放心，贝贝，你跟老师说心里话说明你信任老师，老师如果转头就告诉你妈妈，那不是辜负了你的信任嘛！不过，在这里老师也要跟你讲一下，老师在必要的时候可能会将你的一些想法传递给你妈妈，我传递的目的就是让你妈妈知道你的想法，不然你妈妈永远也不知道你心里在想什么，她总把你当成一个不懂事的小孩子，忽略了你的感受。你肯定不想这样吧？

A：是的。

案主逐渐信任笔者，愿意分享自己的想法，但是出于保护自己的心态，案主担心笔者将谈话内容告知母亲，从而遭到母亲责怪。因此，笔者先利用同感的技巧对案主表示理解，然后向案主保证自己会保密，但并不是绝对保密，在必要的情况下，笔者会给案主母亲透露一些信息。案主表示同意并告诉笔者，母亲经常会因为生活中的一点小事动手打他，严重的时候还用菜刀的刀背砍贝贝。所以贝贝内心也很抗拒母亲，希望有朝一日自己长大了能将母亲的打骂——"奉还"。笔者请贝贝评价自身，贝贝认为自己主要问题是过于调皮，母亲的评价过于负面，在母亲眼里自己没有优点。但是当要求贝贝评价母亲时，贝贝认为母亲的缺点是脾气暴躁；优点就是比较关心自己，会悉心照料自己。

A：我上课爱说话，然后就是爱拿别人东西，我不诚实，有时候也会跟朋友追逐打闹，会闯祸。其实有时候别人说我会照顾人。但我觉得也不算什么优点吧，算是基本的礼貌。

S：这些就是你的优点呀，很多小孩子做不到的，我也发现你对老师特别照顾，每次都主动给老师夹菜、倒水，送老师走的时候还送到公交站，很少有小孩子像你这么会照顾人。

A：别人有时候也会这么评价我，但是在我妈妈眼里，我就是一无是处，一身毛病。她不喜欢我，我也不喜欢她。

S：你能跟老师讲讲妈妈的优点和缺点吗？

A：我觉得我妈妈的优点就是会关心我。但是也有很多缺点，比如太啰唆、很暴力、爱狠狠地瞪我，爱对我指手画脚，还比较固执，从来不信我，认为她自己说什么都对。

S：我之前跟你妈妈谈话的时候，她也意识到了自己对你的教育方式存在问题，但是她还是不知道以什么方式更好地去教导你。我会和妈妈慢慢去谈，她也想做出改变，那你是不是也要配合老师呀，我们也慢慢改变你刚才说的缺点，好吗？

A：好的，老师，我也会慢慢改掉自己的问题的。

2. 案主母亲的需求分析

笔者与案主母亲接触较多，除了走访之外，平时也会和案主母亲线上联系，因此比较了解她的想法。第一次走访时，案主母亲就表示除了家庭困难，对案主的教育问题也十分担忧，案主母亲还多次表示不知道如何解决案主的问题，她认为自己和案主之间隔阂很深，希望笔者能够给予帮助。

S：您认为孩子有哪些问题是您比较担心的呢？

M：这个孩子最主要的就是他这个人没有原则。

S：没有原则体现在哪里呢？

M：他有一个同学，我不愿意让他们一起玩，但是他们就是经常一起玩。我怎么打、怎么教育，这孩子就是软硬不吃。

S：能具体讲讲吗？

M：他有一个同学叫浩浩，之前俩小孩玩得特别好，浩浩还经常来我家玩，我每次好吃好喝地招待他。但是有一次，贝贝在学校吃了他一个面包，他就揪着贝贝的衣服，当着全校师生的面揪到老师办公室，他跟老师说贝贝偷他面包吃，老师给我打电话特别生气地说：你们家贝贝怎么回事，偷人家浩浩的面包吃。老师把我狠狠地训了一顿。回来我就把贝贝打了一顿，我觉得浩浩没有把贝贝当朋友。还有一次类似的，浩浩非拉着贝贝玩，结果玩的时候，浩浩的手表坏了，然后他就怪贝贝，他让贝贝回来跟我要150元赔钱，我对贝贝说："如果是你弄坏的，妈妈赔。如果是两个人弄坏的，就两个人平摊，毕竟都有责任。"贝贝跟我说了实话，说是浩浩自己弄掉的，当时两个人是在追逐打闹。

案主母亲责怪贝贝是一个没有原则、不听话的孩子。母亲对贝贝交友方面不太满意，尤其是贝贝朋友做的一些事情令她耿耿于怀，她希望贝贝有一个正向的交友观。

S：那您一定很生气吧。

M：是的，我很生气。后来这事也联系了浩浩家长，最后我家把钱拿出来了。我就说贝贝，以后不要和这个小孩玩耍，之前我们对他那么好，他怎么对你的？贝贝当时答应了。可后来我经常见他们还在一起玩。

S：那您看见贝贝跟他玩肯定会不开心吧。

M：是啊，他知道浩浩不把他当朋友，他还继续玩，他也知道被我发现后我会骂他，他还是和他玩。你说这孩子是不是没有一点原则。

S：嗯嗯，我明白您的想法，我也很理解您的心情。

M：还有就是这孩子爱撒谎，说大话。他比较爱运动，乒乓球打得也不错，有一次别人夸他，他说他是南京市第二。后来还是人家问我"您家孩子真优秀呢，听说打乒乓球全市第二"。这我才知道他又出去说大话了。他还爱拿别人东西，现在我每天接他回来就是先翻书包，东西不允许多一个、少一个。就这样，有时候他还是会多出一些不属于他的文具，我也不知道他是不是心理问题，真的快把我气死了，天天在家里心情也很不好。

母亲认为贝贝有很多缺点：爱撒谎、爱拿别人东西，毛病比较多并且屡教不改。母亲怀疑贝贝有心理问题，这些都很影响母亲的心理状态。于是笔者和贝贝的母亲共同探讨这种现象出现的原因，发现亲子关系出现矛盾很大程度上是由于她的教育方式存在问题，她受到原生家庭的影响（贝贝的外公瘫痪多年，外婆脾气也很差）而性格暴躁，再加之婚姻破裂，与贝贝的父亲和奶奶冲突不断，心情经常处于压抑状态，这种心理作用到贝贝身上就会将小孩的缺点无限放大，从而认为贝贝是一个缺点很多的孩子，经常对贝贝非打即骂，导致贝贝表面温顺、内心叛逆。

3. 案主奶奶的需求分析

第一次走访的时候，我们没有见到奶奶，当时案主母亲谎称家里只有案主和她本人居住，我们便信以为真。经过后来的走访，笔者多次见到奶奶，案主母亲便说奶奶也住在这里，刚开始笔者和案主奶奶打招呼，奶奶看起来比较客气。笔者提出想跟案主奶奶聊一聊时遭到了拒绝，因为笔者每次都是与案主母亲联系进行走访的，而案主奶奶和案主母亲一般是不讲话的，所以她认为笔者是案主母亲的朋友，不愿意与笔者交谈。

笔者每次走访都会给案主进行学业上的辅导。经过两次个案服务，案主奶奶在家里的态度也有所转变，渐渐接纳和尊重笔者。在一次走访结束后，奶奶主动提出要送笔者去公交车站，于是就有了下述对话。

S：奶奶今年多大了呀？

　　N：我六十好几了。

　　S：看着奶奶好年轻呢，身体很好吧？

　　N：身体还不错，别人都说我看着年轻。我平时没事就打太极、练剑，身体还不差。

　　从先前的谈话中，笔者了解到案主奶奶和案主都比较喜欢运动。因此，笔者从运动话题入手与案主奶奶交谈。

　　S：贝贝跟我讲您对他可好啦。

　　N：唉，我就这一个孙子，最疼他了。就是他妈妈……

　　S：我看您跟贝贝妈妈不怎么讲话呢。

　　N：是的，我们不来往。不过有时候吧。

　　S：有时候怎么了呢？

　　N：我说什么你可别跟他妈说啊。

　　S：您放心，奶奶。我不会说的，我来您家里，不管谁跟我讲话，我都不会传的。这个贝贝是知道的。

　　A：是的，我跟老师说的悄悄话，老师就不会告诉我妈妈。

　　案主奶奶希望笔者不要和案主母亲提起谈话的内容，笔者也向奶奶表示会保密。

　　N：唉，之前在家里没有一天安生日子啊。

　　S：怎么讲呢？

　　N：经常打打吵吵的，我都烦死了。

　　S：您是说贝贝妈妈和贝贝吗？

　　N：是啊，他妈妈脾气差，爱找事。经常有事没事就在家里打打骂骂，我都烦死了。

　　奶奶对案主母亲打骂案主的事情非常不满，为了避免直面冲突，奶奶很少出面制止，但是在她打案主比较严重时，奶奶会生气地告诉她，如果她不想要孩子就离开家，孩子由奶奶自己带。笔者顺着奶奶的话问，如果孩子由奶奶带，奶奶的教育方式是怎么样的？奶奶表示自己会照顾好贝贝，不会打骂贝贝，贝贝要什么都会尽量满足，由此可见，奶奶的教育方式是溺爱型的，教育孩子就是尽量满足孩子的所有要求。

三 家庭诊断阶段——生存姿态的探索与蜕变

（一）沟通形式的探索与发现

1. 案主奶奶——讨好型沟通姿态

生存姿态的概念是萨提亚提出的，她认为人们的生存姿态分为五种，即讨好型、责备型、超理智型、打岔型和表里一致型。[①] 前四种生存姿态都是来自人们自身的低自尊和不平等的状态。人们使用这些生存姿态是为了保护自我价值免受威胁。在对案主家庭成员进行访谈时，笔者发现他们常常会用相对低沉、消极的语气说：挺好的。这明显是一种表里不一致的体现。笔者结合对案主家庭的访谈预估案主家庭成员的生存姿态，笔者在和案主母亲沟通时，她多次提到奶奶比较讨好案主，由上述笔者和奶奶的访谈记录得知，案主奶奶十分疼爱孙子，但是对案主的性格、学习、行为方面不愿过多干涉。为了避免笔者判断出现失误，笔者也跟案主讨论了他和奶奶的关系，并从他口中了解到，有时候一些零食是母亲禁止他买的，但是他会偷偷告诉奶奶，奶奶便会背着母亲买给他吃。以下是笔者和案主及其母亲的部分访谈记录。

M：他奶奶一点也不会教育孩子，她只会巴结孩子。

S：巴结？我很好奇您说的巴结指的是？

M：就是贝贝不管要什么，他奶奶都尽量满足他。如果贝贝在学校犯错误了，回来我会骂孩子。但是他奶奶总是反对我，觉得我不该管那么多，她原话就是："你管好孩子吃喝就行了，别的你别瞎操心"。她之前就这么惯坏她自己的儿子，现在也是一样惯着贝贝。

S：贝贝，在你心里觉得奶奶怎么样呀？

A：奶奶对我非常好，很疼爱我。有些东西我妈妈不舍得给我买，我会告诉我奶奶，然后奶奶会出去买，等我妈妈睡着了，我奶奶就会偷

---

① 维吉尼亚·萨提亚：《萨提亚家庭治疗模式》，聂晶译，世界图书出版公司，2007。

偷送到我房间，我床头下面有很多我晚上吃的零食，我妈妈都是不知道的。因为我奶奶跟我是一起的，我们俩谁也不说出去。

在萨提亚模式中，自我、情境和他人是构成人们生存模型的基本元素。从上述分析中我们可以看出，案主奶奶属于讨好型的生存姿态，即忽视自我，重视他人和情境。这种生存姿态以牺牲自我价值为代价，否定自己的自尊，向外人宣布自己是不重要的。在奶奶和贝贝的相处中，会有这样的内心独白："我不值一提，我是不重要的；只要贝贝需要的，我都会尽力满足，哪怕我要牺牲很多；儿子和孙子是最重要的，我会尽力先满足他们的要求。"

2. 案主母亲——责备型生存姿态

责备型是与讨好型完全相反的一种姿态，具有责备型姿态的人藐视他人，认为只有自我和情境是重要的。当责备别人时，他们会被形容为敌意的、专制的、爱找麻烦的。除了不断地挑剔、苛责别人，他们也倾向于拒绝别人的要求，不断找别人的问题，同时也会慢慢意识到自己的孤独和软弱之处。责备型姿态会带来很多极端的症状，案主母亲的极端症状就是会因为贝贝的一点小问题变得十分愤怒，也多次打骂贝贝。以下是笔者和案主及其母亲的部分访谈记录。

A：我妈总爱打我、骂我，有时候明明不是我的错。就比如上次她给我一张卷子让我做，我说第一个题目的类型我们是不考的，我不用做。我妈妈直接用手指指着我，恶狠狠地说："你就知道撒谎，我买的卷子我不信你们不考，你赶紧写，敢不写你试试"，她总是这么凶。

……

M：我有时候告诉自己，别对孩子发火，但是我总是忍不住，贝贝一做错事，我感觉我的血压突然就上来了，甚至我都想过干脆拿刀砍死他，我也自杀算了。

S：这么严重吗？那您经常会出现这样的情况吗？

M：不经常，特别生气的时候想过几次，有这个想法我自己都害怕。所以我赶紧去看了医生，医生说我有轻度狂躁症，给我开了一个月的药，药我刚吃完，感觉没有很大作用。

S：这个事情药物治疗是一方面，我们同时也需要找到原因，通过调整自己看待问题的角度，调整心态去共同面对。

责备一词听起来像是在言语上攻击别人，其实这种状态还会引起生理和心理上的反应，例如，血压上升、呼吸变得快而浅，严重的还会有狂躁表现，甚至出现极端行为。在母亲眼里，会有这样的内心独白：这个孩子一身毛病；我认为问题都在贝贝身上；他太容易犯错了，他应该受到我的责备和惩罚。

通过平时与案主母亲的接触，笔者发现案主母亲十分强势、严厉，但母亲对贝贝有偏见是由于受到情境的影响，母亲认为贝贝的某些行为与案主父亲很像，甚至在母亲眼里，贝贝的走路姿势、睡觉姿势和父亲都很类似，母亲很担心贝贝成为父亲那样的人，因此对贝贝十分严格。案主母亲并不是一直都是责备型生存姿态的，在贝贝表现比较好的时候，案主母亲会感到欣慰，也会希望贝贝保持比较懂事的状态。

3. 案主贝贝——打岔型生存姿态

在萨提亚模式中，打岔型生存姿态和超理智型生存姿态是对立的。对于打岔型的人来说，自我、情境、他人都不具有任何价值。社会上的人一般给打岔者贴上自主快乐的标签，打岔者会不断变换想法，不能将注意力集中在某个客体上。案主贝贝一度被母亲怀疑有多动症，在学校上课注意力容易分散。贝贝比较喜欢运动，但是在玩某个游戏或者做某种运动的时候，贝贝的注意力也不会保持很久。

A：老师，你看我这个奥特曼玩具，这两个奥特曼玩具可以打架。老师你跟我一起玩吧。

S：好的，这个玩具确实挺有趣的。

（5 分钟后）

A：老师，你会打乒乓球吗？

S：我大学的体育课选的就是乒乓球，我会打，但是打得不太好呢。

A：那老师我带你去小区广场打乒乓球吧？

S：好呀，我们一起去。

（大约 10 分钟后）

A：老师，我去打篮球了啊，你可以在这里休息一会。

S：好的。

除了运动之外，贝贝在沟通上也总是不集中注意力。有时候会讲一些捕捉不到重点的话，在问到他对一些问题的看法时，他经常会讲一些离题千里的故事。笔者在和贝贝沟通的时候，往往一句话还没有说完，贝贝就会接话。案主母亲也提到，贝贝干什么事都不专心，与别人聊天时经常会打断别人说话。综合来看，贝贝的各种表现与萨提亚家庭治疗模式的打岔型生存姿态的描述较为一致，因此笔者判断案主贝贝的生存姿态属于打岔型。

需要指出的是，案主贝贝的生存姿态并不是一成不变的，在大多数情况下，案主贝贝的生存姿态属于打岔型，但是从现实生活中来看，贝贝并不是一直是打岔型的生存姿态，有时候，贝贝在家里的表现是比较懂事的，在母亲生日的时候，贝贝也会用自己存的零花钱给母亲买蛋糕。由此可见，贝贝的生存姿态总体上是打岔型，有时也是表里一致型的，因此笔者在服务的过程中，要综合看待案主的行为，争取改善其不良的生存姿态，帮助其维持正向的生存姿态。

（二）家庭冲突的故事再现

基于笔者对案主家庭成员的多次访谈，可以认定案主属于打岔型生存姿态，母亲属于责备型，奶奶属于讨好型。因此，在某次访谈中，笔者便请家庭成员配合，共同再现成员在家庭互动中所表现的生存姿态。

S：最近各位在家里相处得还好吗？

M：还行吧，最近还可以。

S：那我想知道最近贝贝有没有做一些事情导致妈妈生气呢？

M：其实最近还好些了，不过又有个事情，前两天老师打电话说他拿了别人的笔，我真的很生气，我就又对孩子发火了。

S：好的，那现在我们针对这个事情来一次故事的动作再现好吗？

M：怎么来呢？

S：就是我们一起把各自的形象和动作重新演示一遍。我需要妈妈站在椅子上，然后面对贝贝，右胳膊伸出去，伸出食指指着贝贝。想象一下您每次对贝贝发火的状态，调整好情绪，坚持两分钟。

M：老师，您看是不是这样？（妈妈做出这种动作，眼睛恶狠狠地瞪着贝贝）

S：您可以自己回忆一下，您对贝贝发火的姿态是怎么样的，是不是这种姿势和情绪？

　　M：是的，老师，我平时还真的就是这样对他的。

在母亲表现出这种姿势之后，贝贝不自觉地往后退了退，站在奶奶身旁。

　　S：贝贝，你看到妈妈这样有什么感受呢？

　　A：我妈妈这样，我就比较害怕，她这样我会感觉自己犯了大错，但是……

　　S：但是什么呢？贝贝你可以放心大胆地说，我们就是要把自己心里的话说出来，妈妈和老师才知道你在想什么对不对？

　　A：我很害怕妈妈这样，其实我经常见到妈妈这样的姿势和眼神，如果我说我不喜欢我妈妈这样，她肯定该说我，"就你这样，还说你不喜欢我怎么怎么，你自己天天不听话你还敢说我"。

　　S：好的，我明白你的感受了，那我想请问奶奶有什么想法呢？

　　N：哪个孩子不犯错呀，整天在家里厉害干什么呢？

贝贝奶奶和贝贝母亲的关系比较特殊，因为贝贝父母离异，贝贝母亲没有照顾奶奶的义务。在贝贝父亲被判刑的第二年，贝贝爷爷去世了，爷爷奶奶之前的房子都卖了给贝贝父亲还债所以只能借住在亲戚家，爷爷去世后，亲戚就不愿意让奶奶住了，奶奶便找到贝贝母亲，说要过来一起住（他们目前共同居住的房子是爷爷、奶奶、父亲、母亲、贝贝五个人的名字，所以奶奶是有份的）。刚开始住在一起比较和谐，但自从贝贝父亲出狱后，关系就发生了转变。因为贝贝父亲让贝贝母亲出去住，她不同意，针对这个问题，贝贝的奶奶和父亲是同一战线的，贝贝的奶奶找了律师想起诉贝贝母亲，但是没有成功。

　　S：那看到妈妈指责贝贝，贝贝很害怕，奶奶有什么想法呢？

　　N：我觉得孩子很懂事的，没有必要因为这些小事情就去教育孩子。如果你不问我的想法，我平时是尽量不管这些事，省得吵架。

　　S：那我想请奶奶配合做个动作可以吗？

　　N：可以的，老师。

S：现在贝贝离您很近，说明贝贝在受到母亲责备时比较依赖您。平时奶奶也是比较宠爱贝贝，那我想请奶奶站在旁边，面向贝贝，弯腰，双手拿着糖果，做出递给贝贝的姿势。

N：是这样吗，老师？（奶奶说着做出相应的动作）

S：是的，非常好，就这样保持两分钟。

……

S：好的，两分钟时间已经到了，谢谢妈妈和奶奶的配合，刚才做的姿势持续时间比较久，想必大家也有点累了，贝贝和奶奶先休息休息，我和妈妈单独聊一下好吗？

A：好的。

为了让家庭成员在更安全、信任的环境中表达自己的感受，笔者首先和案主母亲在房间里进行了单独的访谈，然后再去客厅和奶奶、贝贝进行访谈。

M：老师，每次我发脾气说发就发，老是控制不住，我真的还没有考虑过孩子的感受。

S：嗯嗯，还有呢？

M：我站在上面，胳膊很酸，感觉自己对孩子太凶了。你们都在下面就我一个人在上面，我觉得离孩子非常远，并且没有人跟我站在一起。

S：会感觉有点孤单是吗？

M：是的，老师。我在家里真的很孤单，没有人跟我是一个战线的，平时我也知道贝贝会偷偷和他奶奶打电话，让奶奶瞒着我去给他买东西什么的，我只当是没看见而已。我总觉得他们是一伙的，只有我一个人是外人。我出了家门跟朋友在一起就还好，但是只要一回到家，我心里就会很压抑。刚才那个动作让我明白自己是太爱指责贝贝，也对贝贝太凶了，可能就是因为这样，我才把贝贝推到他奶奶那边。您刚才也看到了，我做出那个动作，贝贝就往后退，退到他奶奶那里，离我那么远。

S：其实我能看出来，虽然您对贝贝比较严厉，但是您真的很爱贝贝，很希望他以后能够给您争气。您在家里感觉很压抑，但是也没有离开这个家庭。正因为您为了贝贝舍弃了太多，也付出了太多，您才会对贝贝这么严厉。

贝贝母亲说话时，语气比较失落，可见她经常在家中处于一个孤立无援的状态，她和每一位家庭成员之间都有矛盾，因此笔者便运用同感的技巧鼓励她表达自己的感受。

M：是的，老师。您知道吗？我虽然眼睛不好，但是我也能工作，如果不是为了贝贝，我出去找个工作养活自己还是没有问题的。本来是想着在家里好好教育孩子，但是现在我不能赚钱，孩子我也教育不好。我每次回家去见我爸妈，我都会把自己打扮得很精神，让他们觉得我过得还不错。其实心里的苦只有自己知道，我跟他奶奶关系不好，跟他爸就更不用说了，贝贝又不听我的话，那么多毛病。有时候我就想撒手不管算了，让他奶奶管。但是我舍不得啊，贝贝从出生就是我一个人带的，他奶奶根本不会教育孩子，如果把贝贝给他奶奶管，最后肯定跟他爸爸一样违法犯罪，我舍不得自己的孩子变成那样。

贝贝母亲说着便伤心地哭了起来，因为她的眼睛做过手术，伤心流泪对眼睛不好，因此，笔者在她将心里话讲完之后便马上转移话题，避免她过度伤心。不难看出，母亲内心是非常爱贝贝的，她不舍得放弃贝贝让奶奶抚养，想自己好好教育贝贝，但她在多重压力下脾气比较暴躁。

S：贝贝，刚才妈妈站那么高指着你，你很害怕是吧？

A：是的，老师，我很害怕我妈妈那样。

S：嗯，如果是我的话我也会害怕的，那除了害怕，你还有其他想跟老师分享的吗？

A：老师，我很害怕，但是我也习惯了。我妈妈凶我次数很多，有时候我妈妈凶我，我就心里想，快点结束吧，赶紧骂，骂完我要去玩耍了。有时候她骂她的，我就想别的，她说了什么我也没听进去，反正每天都是那些话。

S：我明白了，你这算是她说她的，你想你的事情，对吧？不过我看你妈妈做出那个姿势之后，你就不自觉地往后退，离你奶奶很近，能看出来你和奶奶关系还是很好的。

A：是的，我奶奶对我很好，我奶奶也都听我的。

S：那我想请问奶奶您刚才做了那个姿势后，除了腰比较酸，还有其他想跟我分享的吗？

N：老师，我之前也跟你讲过的，他妈妈脾气太大了，三天两头打骂孩子，我轻易不说什么，如果打孩子打得太狠了，我会出来跟她吵的，因为我很疼小孩，我儿子、孙子我都疼，他妈妈却经常打骂孩子。还有就是我感觉刚才的姿势不太舒服，我年龄大了，弯腰很累。

案主奶奶告诉笔者，家里人都认为奶奶过于疼爱儿子和孙子，贝贝父亲品行不好都是奶奶惯坏的。奶奶在家庭中，尤其是在和孙子的关系上，属于讨好型，在萨提亚模式中的家庭雕塑部分，讨好型的生存姿态是主人公单膝跪地，向别人伸出一只手给予，另一只手紧紧捂住胸口。这一姿势向人们表明："我愿意为你做任何事情"，但是为了让家庭成员更容易接受，笔者在案主家庭中将这种姿势做出了一定的改变，以弯腰俯身的形式让奶奶意识到自己的讨好行为。

S：那妈妈这样是因为你拿别人的笔，妈妈生气了对不对。你能跟老师讲讲你为什么拿别人的笔吗？

A：我的铅笔丢了，找不到了，但是我害怕我回家妈妈骂我，因为我妈妈说过我的文具不能多一个、不能少一个。然后我看到地上有一支铅笔，我就装书包里了。

S：贝贝，你丢了一支铅笔，你就知道丢东西的感受，如果你发现是你的同学把你的笔捡走了，拿回家当作自己的笔，你会怎么样呢？

A：我肯定会不开心啊，那是我的笔啊。

S：那同样的，你就是做这个事情的人不是吗？你就是拿了别人的笔，人家发现了也会不开心，所以才向老师报告呀。以后自己的笔找不到了我们就问问同学有没有见到自己的笔。就算你自己的笔丢了，你回来好好跟妈妈解释一下，我相信妈妈能够理解你的。

A：我知道了，老师，我以后不拿别人东西了，这样是不对的。那老师您也劝一下我妈妈，以后也听听我的解释，好不好。因为每次有点什么事，她就特别生气，我都不敢说话了。

　　S：好的，我会跟你妈妈沟通的，贝贝，既然你都意识到拿别人东西是不对的，我相信妈妈也很愿意为你改变。

　　笔者通过和案主沟通让案主意识到自己的生存姿态是打岔型，不重视自己、他人和情境。另外，笔者教会案主设身处地站在别人的立场思考问题，每次做事情前可以幻想一下：如果我是对方，我的感受如何？通过这种引导逐渐改变案主的不良行为。最后，笔者告诉案主沟通的重要性，鼓励案主多与母亲进行沟通交流。

（三）生存姿态的转化性干预

　　转化案主家庭成员的生存姿态就是将成员的生存姿态转化为表里一致型。实际上，建立表里一致型并不是直接帮助他们解决问题，而是帮助家庭成员进入自己的内心世界，觉醒并发现自我。在这个过程中，笔者借用真实的故事，运用"冰山"理论、"添加"理论技巧帮助成员逐步转化自己的生存姿态。

　　笔者需要引导服务对象承认、接纳并向他人分享自己的感受。

　　M：我觉得孩子学习成绩不好是能力问题，而撒谎就是人品问题。我就教育他从小要诚实。贝贝，你说是不是幼儿园我就跟你讲道理，不能对别人撒谎，你怎么就记不住呢？（母亲说着，手指又狠狠地指向贝贝）

　　S：好的，我们先暂停一下。贝贝妈妈您刚才有没有注意到，您在跟贝贝说话的时候，又一次用食指指着贝贝了。

　　M：好像是，我感觉都成习惯了。

　　S：那贝贝你能告诉我们，你有什么感受和想法吗？（贝贝有些犹豫）没事的，可以当着妈妈的面说。

　　A：我很不想让妈妈这样，不想让妈妈生气。当时我就是随口开个玩笑，我妈妈太当真了，我妈妈打我、瞪我，我也很害怕。我想让妈妈跟我好好沟通一下。毕竟我就是开个玩笑，就是炫耀自己，我现在也知道我不该开这种玩笑，但是我妈妈当时也太激动了。她当时在外面就用手指这样指着我，眼睛也瞪着我，我就知道回来又要挨打了。

　　S：好的，我们了解贝贝的想法了，贝贝妈妈您看，这就是身体符号的力量，您习惯用手指指贝贝、瞪贝贝。其实这种身体符号会给贝贝造成一种压迫感，所以平时您和贝贝沟通的时候可以关注一下自己的身体符号。

M：主要我一想到这个事，我就比较生气。我费那么多心思教育他，他怎么能随便说谎呢。

S：您刚才说到您很生气，同时您听到贝贝说谎也很失望，是吗？

M：是的，我很生气，也很失望。

S：这样的话，您可以闭上眼睛，然后深呼吸，慢慢让自己保持冷静。然后我问您几个问题，您想好了可以回答我。第一，如果您打骂贝贝，是不是他就会听话，以后再也不撒谎了呢？第二，是不是您打骂他了，您心里就会好受很多？第三，除了打骂贝贝，您觉得还有没有其他更合适的方式去解决这个事情呢？

M：老师，我现在回答您的问题。打他，他也不会改的，并且我心里也不好受，谁愿意经常打自己的孩子呢，我是太气了控制不住才打他的。我不知道除了打他，还能怎么办，因为我也好好跟他沟通过。我对他说了，你别撒谎，要做个诚实的人，可是他不听啊。

S：您是尝试过跟贝贝好好沟通的，只是您觉得不奏效，是吗？

M：是的。

S：那我想给您分享一个沟通思路：摆事实—讲感受—说期望，您可以借鉴着使用，就比如这件事情，您就可以先向贝贝说一下今天发生了什么事情，给您的感受是怎么样的，您对孩子有什么期待。您可以酝酿一下怎么说，注意语气和您的身体语言。

笔者以一个小故事作为切入点，重新回顾家庭暴力事件，鼓励贝贝母亲表达自己的感受，接纳自己愤怒、失望的情绪。因为这些负面情绪和外部事件相关联，因此，笔者建议她可以通过深呼吸控制自己的情绪，然后理智地思考是否还有其他解决问题的办法，同时，在这个过程中，笔者也请她关注自己的身体符号给孩子带来的影响。

M：那我试试看。贝贝，你那天跟别人说你乒乓球是南京市第二，可是你明明不是。你这样说我其实很失望，因为我一直教育你不能撒谎的。你当时是开玩笑，但是别人会信以为真，人家真的会觉得你是南京市第二，那你这个玩笑是不是不应该这么开呀，你这是不是欺骗了别人。妈妈不希望别人说你是个爱撒谎的小孩子，所以妈妈才那么生气。妈妈希望你以后不要说大话，咱们该是什么就是什么，可以吗？

A：我知道了，妈妈，那天我真的就是随口开玩笑，没有故意骗人。我以后开玩笑一定会注意的。（贝贝看到母亲态度温和，贝贝语气也很温和）

S：贝贝，刚才妈妈那么说你感觉如何？能跟我们分享一下吗？

A：我感觉我妈妈刚才说话特别温柔，我也知道我妈妈为什么会那么生气了。我妈妈刚才也很认真地听我说话，我也认真地听我妈妈说话了。以前我妈妈对我没有什么耐心，她认定什么就是什么，也不听我解释。所以我妈妈在骂我的时候，我也没有听她具体说什么，心里就想着我又挨骂了。

S：良好的沟通需要双方的努力，贝贝和妈妈今天都尝试着倾听对方的想法。然后也积极表达了自己内心深处的想法，这样就非常好。我相信之后两位也会记住今天你们分享的感受，也会学着积极表达自己的想法，耐心倾听对方的话语。

笔者通过创造亲子间的一种平等的姿态进行接触，帮助两位在情境中改变自己原有不适合的生存姿态，最后转换为表里一致型的生存姿态。从贝贝的角度来看，贝贝原本是打岔型的生存姿态，但是在这个过程中，笔者引导贝贝关注自我，关注自己内心的想法，接纳并表达自己的感受。同时也关注他人，耐心倾听母亲的想法，体会母亲的不易，信任并接纳母亲。从母亲的角度来看，笔者鼓励母亲关注孩子本身，学会倾听孩子的声音，接纳孩子的想法，同时学会运用正确的沟通模式教育孩子，以此达到母亲和贝贝二人的高效沟通。

S：奶奶上次告诉我，觉得对着贝贝弯腰十分难受，对吧？

N：是的。

S：我理解您的感受，因为以前我爷爷对我叔叔也特别疼爱，但是最后我叔叔是家里面最不听爷爷话的人，他的性格也被爷爷宠坏了，到现在还没有工作，他现在偶尔还抱怨，都是我爷爷宠坏他的。

笔者运用自我揭露的技巧和案主奶奶沟通，给案主奶奶营造一种信任可靠的氛围，让奶奶明白自己的讨好姿态可能会让孩子没有自律性，也会过于依赖家长，奶奶逐渐接受了笔者的观点，直言自己之后真的不能再溺爱孩子了。

N：我有时候也在想，我疼爱孩子有什么错，但是现在你看看我儿子，他有时候也埋怨我，生气的时候还说我害了他，唉。

S：我理解您的心情，但是您可以稍微转化一下您的行为呀，不能那么溺爱贝贝啦。贝贝跟我讲"我奶奶都听我的"，您有什么想法呢？

N：唉，以后教育孩子的事情还是交给他妈妈，我不管那么多了，我也不那么溺爱他了，以后他需要的东西我也会想想能不能给他买再做决定。都说慈母多败儿，我也不想把孙子宠得无法无天了。

四　家庭重塑阶段

（一）个体内在觉醒——运用"冰山"理论

萨提亚把人的"自我"看作是海面上的"冰山"，可以观察到的行为是海平面上的冰山一角，而大部分不被觉察到的"内在"是隐藏在海平面下的。一个人的"冰山结构"从上到下依次包括：行为、应对方式、感受、观点、期待、渴望和内在的自我。可以看出，"冰山"结构最底层的是自我，处于核心位置，其他都是在自我的基础上形成的。在本案例中，贝贝不太喜欢母亲，但是笔者不会将帮助重点放在亲子矛盾上，而是会帮助案主了解整个内部加工过程，逐步触及他们内心深处的渴望，并由此改变。

A：我妈妈老是打我，我有时候想着赶紧长大，这样就能打过她了。（案主的行为和应对方式）

S：你这样想是因为妈妈经常打你，你心里不舒服，对吗？（引导案主表达自己的感受）

A：是的，妈妈每次打我，我都觉得她厌烦我，我虽然习惯了她打我，我嘴上不说什么，但是我心里也会很难过。

S：是的，我可以理解，毕竟谁都不愿意挨打。妈妈打你，你肯定会很难过。（运用同感的技巧鼓励案主继续表达自己的观点）

A：我妈妈太小题大做了，每次一点点小事，她都会特别生气，有时候她都误会我了，但是她好固执，从来不听我解释。就算我解释了，她也觉得我是骗她的。

S：你应该知道你妈妈也意识到了你们之间的问题，所以她也很想改变她自己，站在你的立场上，你想妈妈怎么改变呢？（引导案主讲出自己的期待）

A：我希望我妈妈温柔一点，不要老是打我，有时候她应该多听听我的解释，她每次都很坚持自己的想法，从来不听我的。

S：那你的期望就是希望妈妈对你温柔一点，不要老打你，多听你的解释，对你有点耐心、多相信你，是这样吗？

A：是的，其实我妈妈对我还可以，她挺关心我的，但是不知道为什么我们家人的关系都不好，小区里面好多人都知道，他们也都知道我爸妈的事情，也知道我妈妈经常打我。我就希望我们家和小涛（案主同学）家一样，爸妈关系好，他妈妈也从来不会打他，对他很温柔。（案主逐步表达自己内心的渴望）

通过谈话，笔者发现贝贝在内心里也知道母亲爱自己，但是因为母亲脾气暴躁，经常不听解释，比较固执，只要认定贝贝做错事情，就直接开始打贝贝，贝贝的解释也会被认为是撒谎和狡辩，长此以往，贝贝不再和母亲解释，两个人的有效沟通也越来越少，但是在贝贝的内心深处还是非常渴望母亲能够以平等的姿态与其交流的。

S：那我们来分析一下你自己，好吗？你妈妈打你一般都是因为你调皮捣蛋，对吧？

A：是的。

S：那你能跟我说说你具体的一些调皮的表现吗？

A：我以前拿过家里的钱跟同学出去上网，还有就是我有时候会撒谎。

S：老师小时候也很调皮的，你说的这三个问题当时我也做过，但是后来我就想我这么小就拿家里钱，如果被大家知道我是这样的人，肯定没有人愿意和我做朋友了，其实我心里也知道这是不应该的，你应该也知道对吧？

A：是的，我就拿过那一次，我也很害怕，那时候我打球认识的初中学生，他们请我上网、请我吃零食。后来他们说让我请他们，我又没钱，所以我就拿家里钱了，我要是不请人家，人家以后就不和我玩了，说不定还会打我。

S：你这么说我很理解，毕竟他们都比你大，你一方面碍于面子，另一方面害怕人家会报复你，你才这么做的。但是呢，以后遇到这种事情你要和妈妈沟通，你看到了妈妈也在慢慢改变自己，你把你的事情好好跟妈妈讲，争取妈妈的理解，妈妈可能会给你钱，让你还给他们的。但是你从家里拿钱就不对，如果别人都知道你这样，他们会说你偷钱，以后大家会一直记得，就没人跟你玩了，然后你妈妈觉得你拿家里的钱，也不会相信你了。

A：是的，老师，我以后一定注意，我以后遇到这种事情就好好跟我妈妈沟通，我再也不拿家里钱了，这样会让我妈妈对我很失望。

S：对呀，其实这和撒谎是一个道理。如果我现在告诉你，老师说的很多话都是假的，是骗你玩的，你会不会觉得老师不可靠。

A：会的，不过我现在比较信任老师。

S：那是因为老师没有对你撒谎呀，是不是？我对你是诚实的，你是能感受到的，所以你才愿意信任我，跟我聊很多事情，对不对？同样地，老师也非常信任你，如果你对老师撒谎，老师会看出来，老师也会觉得贝贝你说的话是不能信的。

A：我不想让别人不信我，我以后不会撒谎了，我也想让妈妈多相信我。我会慢慢改掉自己的坏毛病，不让妈妈生气。

笔者从"冰山"理论出发，引导案主看见自己行为背后的感受、观点、期待、渴望，让其主动发现自我、认识自我、接纳自我，提高案主的自尊水平，增强其应对问题的能力。在访谈过程中，笔者以尊重和同感为主，必要时引导案主自我披露，鼓励案主积极表达自己的感受。另外，信任在谈话过程中也非常重要，由于案主贝贝被母亲认定是一个爱撒谎的小孩，因此在和贝贝的谈话中要给予其足够的信任，在信任的基础上，运用"冰山"理论进行干预，引导贝贝自我觉察，贝贝的"冰山"的六个层面如下。①行为：撒谎、拿家里钱。②感受：害怕、自责、难过。③观点：认为自己做错事是不对的，但是母亲总是脾气很差，也不给解释的机会。④期待：希望母亲能够多倾听自己的想法，自己也会慢慢改正自己的行为。⑤渴望：渴望拥有一个和谐幸福的家庭，渴望得到母亲的认可和接纳。⑥自我：自己比较调皮，也有很多缺点，但是愿意积极改正，很希望为缓和亲子关系做出自己的贡献。

S：听您之前的讲述，您对贝贝经常发脾气，是吗？

M：是，会经常发脾气，一般家里有人的时候他做错事，我会瞪他，尽量不会在外人面前骂他。但是客人走了，我可能就会骂他，把我气得厉害了，我还会打他。（案主母亲主动表达行为）

S：那您对贝贝发完脾气会不会觉得自己对孩子有些凶了？（询问案主母亲具体的感受）

M：我有时候打完他就觉得自己太狂躁了，但是当时就是忍不住，我恨铁不成钢啊。

S：如果打得狠了，您也会心疼他的吧？

M：当然心疼了。其实对于贝贝，我不要求他学习多好，至少别撒谎、别拿家里钱，这些基本的行为我觉得他应该得做到，如果贝贝能是个听话、懂事的孩子，我真的觉得我的付出都值了。对于我，我也想慢慢控制自己的脾气，我不想让孩子一直觉得我很凶，让孩子一直很抗拒我，我很不想让孩子讨厌我。

S：您的这些期待我相信一定会实现的，但是您觉得您是不是也应该慢慢学着去多倾听、多理解贝贝的想法，我相信您这样会让你们的关系逐渐缓和的。

M：只要他不骗我，我会慢慢去理解他，听您这么说，我也觉得我真的很少关注孩子的想法，我以后多听听他的一些意见，也慢慢不让自己发脾气。

在和案主共同了解了"冰山"内的自己之后，笔者计划用同样的方法对案主母亲进行干预，通过"冰山"理论了解真正的内在自我，可以看出案主母亲的"冰山"六个层次如下。①行为：习惯性地瞪、责备、打案主。②感受：自责、委屈、对孩子无能为力。③观点：认为自己打孩子是不应该的，但是每次都恨铁不成钢，为孩子付出很多却得不到任何回报，费尽心思教育孩子，结果孩子仍然有很多行为问题。④期待：希望自己慢慢控制脾气，希望贝贝能够做个懂事的孩子，至少不撒谎、不拿别人东西。⑤渴望：自己的婚姻不幸福，但是希望有一个和谐、融洽的亲子关系，也希望孩子能够不辜负自己付出的一切。⑥自我：自己在教育孩子的方法上有问题，不应该对孩子发脾气，应该多信任孩子、多倾听孩子的想法、多和孩子沟通，不应该把自己在其他方面的情绪发泄到孩子身上。

（二）家庭外在重构——重建互动模式

在协助案主和母亲了解"冰山"内的自己之后，笔者作为中介力量为促进双方相互理解，将双方的"冰山"信息互相交换，让案主与母亲了解对方的行为、感受、观念、期待、渴望、自我。笔者以案主贝贝"拿家里钱"的事件为切入点，帮助案主及其母亲在同样的事件中重建新的互动模式。

S：上次我们分析了自己的内在"冰山"，在刚刚我们也重新回顾了两位的一些行为、感受、观点、期待、渴望和自我，我相信妈妈和贝贝都会有所感触。我们既然分析过双方的期待和真正的自我，都讲出了自己需要改善的方面，那我们现在来做一次情境模拟好吗？

M：怎么做呢？

S：之前我记得贝贝拿家里钱出去玩这个事情惹妈妈生气，贝贝也挨打了，我们就以这场亲子冲突事件为例，看看你们双方会如何和对方沟通，可以吗？

……

M：贝贝，家里的500块钱怎么不见了，是你拿的吗？

A：是我拿的，妈妈。

M：你为什么从家里拿钱不告诉我呢？你如果有什么事情缺钱你可以跟我说啊。

A：妈妈，对不起，我不该从家里拿钱。

M：那你告诉妈妈为什么要拿钱，好吗？

A：暑假的时候我在小区打球认识了几个初中的哥哥们，那些哥哥请我去网吧玩，还给我买零食。然后他们就说让我掏钱回请他们，我说我没钱，他们说让我自己想办法，我不敢跟您说，所以我就把床头柜里500块钱拿走了。

M：那你拿钱总是不对的，以后遇到这种事一定要先和妈妈说，知道吗？妈妈这次不怪你，但是你要知道拿钱是不对的，以后一定要改正。

A：好的，妈妈，其实我也知道不对，以后我有事一定先跟您说。

笔者从一件"小事"入手，让案主母亲和案主重新演绎故事现场，这次母亲语气比较温和，知道案主做错事情，还是很有耐心地询问原因，让案主自己意识到行为的严重性。案主面对母亲的询问也及时认错，并保证以后不会再从家里拿钱，言语之间透露出愧疚和自责。

S：首先，我先问一下妈妈，通过刚才的对话，您有什么感想可以给我们分享一下吗？

M：我感觉刚才我能控制住自己的脾气，我也能耐心地听他解释了，自己变得更平静了。还有就是我觉得孩子不管做什么都是有原因的，我应该多听听孩子的想法，以前也不知道是我问得不对还是怎么了，问他什么，他也不说，现在他说出来原因，我也能够理解他，这个事之前我是特别生气的，我觉得这么小就敢从家里拿钱，长大了不得违法犯罪，以后跟他爸爸一样坐牢啊。我以前就是这么想的，所以就特别生气，现在就没有很暴躁的那种感受。

S：是的。那我试着帮您总结一下，第一，您觉得要控制自己脾气；第二，您觉得首先要耐心倾听孩子解释；第三，孩子积极向您解释自己的原因，您也很开心孩子跟您用心沟通了；第四，不把孩子的行为和他父亲联系起来，每个人都是独立的个体。是这样吗？

M：是的，就是这种感受，我感觉刚才的对话氛围非常好。

S：那我们现在听一听贝贝的感受吧？

A：我感觉刚才我妈妈特别温柔，没有对我发脾气，也没有怪我。我以后一定不会不吭声就从家里拿钱了，这样做是不对的，会让妈妈很失望。以后我有事情都尽量多跟妈妈沟通，我觉得妈妈在改变她自己，我也要改变我自己。

从两人的情境模拟中，笔者看到了贝贝母亲对贝贝的信任和尊重，母亲在对贝贝的倾听和理解中也给贝贝灌输了正确的价值观：不可以偷拿家里的钱。同样，母亲的这种转变也让贝贝意识到了母亲的改变和付出，在笔者的鼓励下，贝贝也积极地向母亲表示拿家里钱的原因，希望得到母亲的原谅和理解。在这个过程中，案主和母亲尝试着用一种全新的沟通形式和对方相处，接纳自己、接纳对方，这让其亲子关系得到了进一步的增强，同时也给案主和母亲日后的相处提供了可以借鉴的范本。

（三）重整亲子关系——家庭关系缓和

萨提亚模式中的基本三角关系指的是父亲、母亲和孩子。对于任何人来说，从他来到世界上的那一刻起，他就成了基本三角关系的一部分。父母是孩子的第一任老师，父母的价值观、行为都会对孩子起到影响性甚至决定性作用，特别是在年幼阶段，孩子对世界的感知和互动并不是很强，所有的外界刺激都可以很顺利地进入孩子的感觉通道。在幼小阶段，他会通过父母的呼吸、触摸和各种动作来进行学习，父母也会通过婴儿的哭声来判断其具体的需要，其实就是通过这样的一种互动，孩子们脑中所接收到的信息就不加以区别地积累成了关于自我的意向。在学习走路阶段，孩子也会不断地巩固和强化这些感受。[①] 当婴儿逐步成为儿童时，他们原本在生存状态上对他人的依赖变成了在身份认同上对他人的依赖，他们会把家庭的规则作为衡量自己价值的尺度，会从父母那里习得应该做和不应该做的事情。

M：有些事情我没跟您提过，关于他爸爸的事情。

S：如果您相信我的话，您可以跟我分享一下，我只有全面了解家庭的信息，才能制订方案尽力解决家庭里面的问题。

M：他爸爸你见过几次嘛，看着很老实，对吧？其实人不行的，我之前不是跟你说他爸前几年都在外地上班没回来，今年才回来，其实他是被抓走了，判了五年，今年才放出来。

S：是因为什么判刑了呢？

---

① 黄芬芬：《萨提亚基本三角关系在家庭教育中的应用》，《知识经济》2014年第10期。

M：他爸爸就是被他奶奶惯坏了，他奶奶对孩子就是要啥给啥，他爸爸在外面吃喝嫖赌，欠了很多债，反正就是经济上面的问题吧，具体的我也没问，他出事之后，我们就离婚了。因为他欠了很多债，贝贝奶奶爷爷的房子都卖了给他还债，现在我们住一起就是因为他奶奶没有地方住。

S：我理解的，毕竟有了孩子，所以即便离婚了你们关系也没能断干净，是这样吗？

M：是的，没断干净。我觉得我脾气差一方面是因为贝贝有太多毛病了，另一方面也和他爸爸关系很大。贝贝从小都是我一个人带大的，但是我总觉得他很多问题是基因遗传的，贝贝连睡觉姿势都和他爸爸一样。还有就是我总觉得这孩子办事情心里很没谱，他爸爸就是这样，要不然为什么他爸能坐牢呢？我就特别害怕贝贝不听话，长大跟他爸爸一样犯罪，我为贝贝付出这么多，我真的想教育好这孩子啊。

S：在一个家庭中，最基本的三角关系就是父亲、母亲和孩子，三者本身就会相互影响，所以如果您的婚姻问题牵扯到贝贝身上，比如您刚才谈到，如果没有他，您就不会过这样的生活，那我能不能认为您对贝贝本身就是带有情绪的。

M：你说这话好像点醒了我，确实是的。我的朋友们也说我，贝贝其实还挺懂事的，但是在我眼里，他总是很多毛病。因为我看到贝贝爸爸有很多问题，所以我就想我要好好教育贝贝，我希望贝贝是一个懂事、上进的孩子。

S：因为您觉得贝贝父亲有很多问题，但是您已经无法改变，所以您会把这些期望寄托到贝贝身上。

M：好像是这样的，我就希望贝贝跟他爸爸是相反的，如果贝贝有些习惯跟他爸爸一样，我都是不太满意的。

案主母亲自述对案主的行为和态度是受案主父亲影响的，因为遗传因素，案主和父亲难免会有很多相似之处，母亲会在贝贝身上看到贝贝父亲的影子，便不自觉地将对父亲的不满映射到贝贝身上。

S：如果让您回到你们刚结婚的时候，感情比较顺利，您希望贝贝父亲是怎么样的呢？

M：如果真的能够改变贝贝的父亲的话，我希望他是一个负责任的男人，不要出去赌博，不要违反法律，希望他能够多听听我的意见，听我的话，肯定不至于走到这种地步。我希望做事情一定要有原则，要守规矩，贝贝奶奶很惯孩子，让孩子没有一点规矩，长大了他就违法犯罪，导致倾家荡产。

S：那您对贝贝的期望呢？

M：贝贝从小我就尽力教育好他，想让他做个懂事、守规矩、听话的好孩子，这就是我对贝贝的期望。说细一点就是，上课老师不让说话就不能说话，每天看几个小时电视、玩耍几个小时、几点睡觉都要规规矩矩的，不要乱拿别人东西。

S：您说的这些我特别能理解，因为我家里也有小侄子，我们也希望他听话、上进、懂事。但是您有没有发现，您对贝贝的要求和对贝贝爸爸的期望是一致的，您在贝贝父亲身上不能实现的期望，您都会寄托到贝贝身上，不知道我说的对不对。

M：您这么一说，我觉得还真的是这样，他爸爸我改变不了，我就希望这些事情贝贝一定要做到，我就感觉贝贝是他爸爸的影子，每次贝贝犯点小错误我就会打他、骂他，因为我害怕他跟他爸爸一样。

孩子作为家庭的中介力量，是联结父母关系的纽带。一对夫妻可能会因为各种原因导致感情破裂而离婚，但是只要有孩子的存在，这对夫妻就不容易完全断绝联系。在案主的家庭中，母亲对父亲的成见很大，这就直接影响了母亲对贝贝的态度，笔者通过谈话帮助案主母亲发现自己内心的想法，将对贝贝父亲和贝贝的态度区别开来，让母亲明白调皮是孩子的天性，可以尝试慢慢教育，而不是认定孩子的品行和父亲一样，这样会给孩子一种低自尊的状态，同时也会影响亲子关系的融洽。另外，萨提亚还指出，当父母双方发现无法在对方身上实现自己的愿望时，他们会把这些愿望寄托在孩子的身上，把孩子当作另一块"试验田"，尝试着完善他们本不完美的生活。在本案例中，案主母亲对案主父亲有很多无法实现的期望，所以她把这些期望寄托到贝贝身上，倘若贝贝达不到母亲理想中的样子，母亲会感到失望。笔者和母亲谈论此问题，也是希望母亲能够意识到她应该客观地去看待贝贝的优缺点，以一种平等的姿态去教育贝贝。

S：贝贝你之前是不是跟我说过，在家里，你最不喜欢的人是妈妈，最喜欢的人是爸爸，对吗？

A：是的，我妈老打我，我爸不会。我爸只要回到家就会带我出去吃好吃的，我妈有时候还会反对，不让我去。

S：你不喜欢妈妈是不是因为妈妈让你跟爸爸保持距离呢？

A：是有一点，每次我爸爸回来我都不太敢跟他很亲近，我怕我妈妈瞪我。我爸爸在家的时候她会瞪我，我爸爸一走她就骂我。

S：那我们现在想象一下，如果你妈妈离开家庭了，不回来管你了。只有你爸爸、奶奶在家里，你会比较开心吗？

A：可能会吧，以后也没人打我，说我这个那个了。但是……（贝贝停顿了一下，好像在思考着什么）

S：但是什么呢？

A：虽然我妈妈对我有点严厉，但是我妈妈会给我做饭、接我放学、辅导我写作业，如果我妈妈走了，可能就没有人管我这些了。还有就是我跟我妈妈待在一起习惯了，如果我爸爸长期不回来，我就还好，但是我妈妈不回来，我不想那样。

S：你能这么说如果你妈妈知道肯定很开心，你们都对对方有一些误解，都比较关注对方表面的行为，没有想过对方这么做的原因是什么，心里是怎么想的，对不对？你想一想，如果不是为了你，你妈妈应该就不会待在这个家里，她可以自己出去工作、可以和你外公外婆一起生活，但是她舍不得你，就一直留在这个家里照顾你。你心里也清楚，你妈妈和你奶奶、你爸爸关系都不好，她在这个家里跟你是最亲近的。

A：是的，我就是刚才听老师说的，我觉得我妈妈挺不容易的。我以后尽量不惹她生气了，自从您来我们家以后，我就发现我妈妈脾气越来越好，我妈妈都在为我改变，我觉得我也应该改变自己，以后多听妈妈的话，不惹我妈妈生气。我也慢慢劝劝我爸爸别跟我妈妈吵架，我妈妈现在这样都是为了我。

S：孩子是父母联系的纽带，你现在也比较懂事。如果你愿意的话，有时候可以慢慢调节你爸爸妈妈之间的关系。

在一个家庭中，孩子的行为受到父母的约束，倘若贝贝做事情没有符合母亲的预期，母亲就会用自己的方式惩罚贝贝；倘若父亲在家看到母亲打骂贝贝，父亲便会和母亲发生冲突。案主贝贝站在自己的立场上看到这种场景，在心里会对母亲和父亲有一个主观的判断：母亲是令人讨厌的，而父亲是令人喜爱的。笔者运用"联想"的技巧让贝贝意识到母亲的重要性，引导贝贝站在母亲的立场上思考，让其理解母亲的艰辛。另外，笔者运用"添加"理论，引导贝贝不仅要关注母亲的行为，同时也要站在母亲的角度考虑问题，思考母亲行为背后的原因，逐步引导案主重视他人、自己和情境。在这个过程中需要注意：第一，贝贝作为一个 12 岁的儿童有自己独立思考的能力，在和贝贝的沟通互动中，应该鼓励贝贝表达自己的想法，引导贝贝站在母亲的立场上思考，而不能一味地灌输笔者的观念；第二，在基本的三角关系中，孩子是改变的媒介，同时也是改变的体现者。贝贝作为父母关系的中介力量，能够引起父母冲突，同时也能够缓和父母关系。笔者引导贝贝意识到自己在父母之间的角色，能够逐渐减少父母间的冲突，缓和关系。

五 家庭新模式——沟通模式的践行和整合

（一）原生态的家庭规则

每个家庭都有自己的规则，一般家庭规则由父母制定，父母会用自己的经验要求孩子做什么和不做什么。在子女看来，他们必须遵从这些规则，只有这样他们才能生存下去，否则会让自己陷入不再被爱、害怕被遗弃的恐惧之中。[1] 当然，在家庭成员互动的过程中，也有很多家庭规则是孩子不愿遵守的，但是他们必须要隐藏自己的不满，把自己内心深处的真实自我隐藏起来，所表现出来的只是"冰山"一角。

家庭规则会规定人们的行为、感受和角色，在案主家庭中，家庭规则的制定者是案主母亲，母亲规定了贝贝的很多行为。

> 每天十点半必须睡觉，每日安排要准时准点。
> 在妈妈和别人说话的时候不许插话。

---

[1] 曲妍、李万发：《萨提亚家庭治疗模式介入重组家庭问题探析》，《牡丹江大学学报》2019年第1期。

不许再和 ZC 玩了。

妈妈买的零食可以吃，奶奶买的不可以吃。

只有每周六下午才可以去小区广场运动。

不能在小区广场乱交朋友。

每次玩什么玩具必须经过母亲同意才可以玩。

当陌生人来家里的时候，尽量少说话或者不说话。

不要到处夸张地炫耀自己。

不要和母亲顶嘴。

不要和奶奶走得太过亲近。

不要犯错误，不然你会受到惩罚。

案主家庭规则的制定是为了让贝贝逐渐社会化，做一个母亲眼里的好孩子。尽管母亲制定的规则看起来没有什么问题，可以为大多数人所接受，但这些规则的约束也限制了贝贝的行为和想法，只要贝贝想反抗或者违背这些家庭规则，他便会受到惩罚。哪怕他对这些规则有自己的想法，母亲也不允许他表达。这就导致贝贝十分叛逆，尽管受过很多次惩罚，但是他依然不愿意遵守母亲制定的家庭规则。在母亲看来，贝贝会一而再、再而三地犯错，简直是没有记性，也没有原则。母亲认为自己对待贝贝非常严格，甚至把所有精力全部用来教育贝贝，但就是没有任何成效。在贝贝眼里，母亲是一个冷酷、残忍、暴躁的人，她会因为生活中的一点点小事大发雷霆。她从来不问问贝贝的想法和态度，总是一意孤行，认为自己制定的规则是神圣不可侵犯的。

（二）家庭规则的转变

家庭规则本应该是有人性化、弹性化的，应该是经过家庭成员同意而产生的，这样的家庭规则家庭成员都愿意遵守，且执行力度更大。从上述分析中可以看出，案主家庭中的家庭规则主要由母亲制定，孩子并没有任何发言权，在家庭中仍然是一种"母亲即规则"的状态，这一方面束缚了孩子的成长，另一方面这种严格的家庭规则在生活中无形地影响了亲子关系。因此，笔者通过让案主母亲和案主共同制定家庭规则，逐步将家庭规则弹性化、协商化。

S：其实现在贝贝已经有独立自主的能力了，如果说孩子还在幼小阶段，不能辨别正误的话，一般是由家长制定规则的，但是对于贝贝来说，我认为可以共同协商制定家庭规则，这样能让家庭规则得到更好的执行，你们同意吗？

A：那就是我也可以决定自己干什么了吗？

S：不是可以决定，是可以和妈妈共同协商哦。

M：可以的，我想我也应该考虑一下孩子的感受。

……

A：我想每周六、周日下午都去小区广场打球；每次我做错事妈妈都先听我解释，不要打我；还有就是如果我平时做错什么妈妈就跟我说，不要瞪我；我有时候会跟爸爸、奶奶说话，但是请妈妈不要生气。

S：这是贝贝想参与制定的规则。妈妈怎么看呢？

M：我以前是对孩子要求太严格了，这几点都不过分，我也都同意，只要贝贝能慢慢改正自己的小毛病，我也会尽量不发脾气，耐心跟他沟通的。

S：妈妈有什么补充吗？

M：第一，我想孩子以后不能对我撒谎，有事情就跟我讲清楚；第二，在学校不要太捣乱，要遵守纪律，不惹老师生气；第三，以后不能拿家里钱，也不能拿同学的文具，不属于自己的东西都不可以乱拿；第四，以后我不对你发脾气，你有什么需要、有什么想法都跟我多沟通，不要自己瞒着我做一些事情。

A：好的，妈妈，你说的我都会做到的。

S：家庭的每个成员都是平等的，之后在家庭规则的实施过程中，如果两位还有什么想法也可以直接和对方进行沟通，需要大家做到的是，既然家庭规则是两位共同制定的，那就尽量都遵守家庭的规则。

M：我觉得这种方式挺好的，母子之间就是需要多沟通、多交流，以后我也会多多关注孩子的思想，其实他的这些要求都不过分，但是我之前从来没让他张口说过他的想法。

A：我妈妈变了很多，我很开心。我也意识到了我有很多问题，我会尽量改正，不惹妈妈生气。

双方共同制定家庭规则后，母子双方都更了解对方的期望以及自己需要努力的方向。母亲逐渐开始接纳孩子，尝试尊重孩子的想法，并积极改掉自己的坏脾气，努力和孩子沟通。孩子也慢慢发现自己、接纳自己、接纳母亲，双方都努力在一个平等的环境下交往。另外，家庭规则的制定者开始去唯一化，不再是由母亲一人主导家庭规则，孩子开始被视为家庭中的重要成员，有着表达自己的权利。

（三）家庭温度的读取

萨提亚关注个人及其家庭，希望将思想、方法传递给有需要的人。[①] 在萨提亚帮助人们改进沟通技巧和自尊的过程中，为了让人们能够直接体验到自己和对方的改变，她研发出一种新的技术——温度读取。这是一种让家庭成员能够从内部和外部体验到他们所处的环境，从而改变个体内部、两个人之间甚至多人之间的"温度"的方法，具体内容包括以下五个部分：第一，欣赏和激动；第二，忧虑、担心和迷惑；第三，抱怨以及解决的途径；第四，新的信息；第五，希望和梦想。

S：贝贝感觉现在和妈妈的关系好点了吗？最近在家里心情怎么样？

A：挺好的，我妈妈对我也很好。（贝贝讲出这句话的时候面带微笑）

S：今天我们来玩一个"温度计"的游戏，游戏的规则就是贝贝和妈妈轮番说：我有很多优点，今天我想分享的是……；××你也有很多优点，我最欣赏的是……；但是我比较担心的是……；我希望通过……来解决这个问题，我希望在以后的日子里……。我把这些话的格式写下来，贝贝和妈妈看着格式轮流说好吗？

M：要不我先来吧。我有很多优点，今天我先说一个，我照顾孩子比较细心，会关心到孩子的具体细节；贝贝你也有很多优点，我最欣赏的是你有礼貌，每次老师来你都会给老师倒水。担心的事情我想想，现在贝贝你比较听话了，但是我还比较担心你小升初的问题，我希望你接下来好好学习，争取考到一个不错的初中。

A：我会努力学习的，妈妈。

---

① Rasheed, J. M. et al., *Family Therapy*: *Models and Techniques* (Thousand Oaks, CA: Sage Publications, 2011).

S：妈妈说得非常好，那接下来换贝贝说好吗？

A：我有很多优点，今天分享的是我对朋友比较大方，够哥们。妈妈您也有很多优点，妈妈最近对我很有耐心，也不打我了。我最近比较担心的问题是我怕我这次期中考试考砸了，我希望通过我每天学习，争取期中考试取得进步。

S：非常好，那两位有什么感想可以讲出来的。

M：我觉得我在孩子眼里慢慢变得温柔了，孩子对我印象也好了，我很开心。我现在也慢慢去试着多发现贝贝的闪光点。

A：这样讲出来我感觉自己和妈妈都有很多优点呢。

S：是的呢，感谢你们的分享。我们这个游戏的名字就叫作"温度计"，我建议贝贝和妈妈每周末专门腾出来几分钟，用这样的形式对话，每次也可以把自己说的话记录下来，慢慢地你们就会看到自己和对方的变化。

在整个读取过程中，不仅参与的人是有价值的，他们所讲的话也同样具有价值。当社会工作者用温度读取技术介入家庭成员的交往时，家庭成员开始逐渐关注自我、对方和情境。当然了，如果这个程序变成一个周期性的家庭活动会更加有效，因为孩子和家长都比较享受这个过程，自己的闪光点会被对方看到。笔者将"温度计"的谈话格式留在案主家中，鼓励案主及其母亲每周玩一次这个游戏，逐渐了解对方和自己的内在想法，帮助他们养成良好的互动模式。

第三节　介入效果评估和结案

一　介入效果评估

在计划内容实施完成之后，笔者看到案主贝贝及其母亲身上发生的变化。母亲逐渐改变以往对贝贝严厉的教育方式，学着用温和的语气和贝贝沟通，愿意耐心地倾听贝贝的想法；贝贝也开始改变自己之前所存在的一些缺点，学会站在母亲的角度替母亲考虑；家庭规则也逐步转变为有弹性的、灵活的、双方认可的家庭约定。尽管服务方案已经完成，但是这并不意味着笔者的服务立刻结束，笔者引导贝贝及其母亲共同参与结案后的评估工作，一方面帮助贝贝及其母亲看到自己身上的转变，促使他们对未来生活充满希望；另一方面也可以评估笔者在整个服务过程中的效果，从而顺利过渡到结案阶段。

（一）服务对象评估

为了保证评估结果的可靠性，笔者尽量使评估主体多元化。

首先是案主贝贝的评估。案主认为自从笔者介入之后，他能够感受到母亲对自己态度的转变，同时他也逐渐开始反思自己，改变自己的一些不良习惯。通过母子的双向改变，家庭氛围逐渐变得融洽，亲子矛盾发生的频率逐渐减少。案主表示从笔者介入后，母亲便没有再对他使用暴力，案主认为母亲改变很大，自己也不想太调皮，惹母亲生气，他有什么需求和想法也会及时跟母亲沟通。

> A：我妈妈说我越来越懂事了，我也觉得，我上课不怎么说话了，老师也很少批评我了。我妈妈改变也很大，从老师来我们家到现在，我妈妈一次都没打过我，并且现在我妈妈对我说话都很温柔，我跟我妈妈关系很好。每天只要我完成了学习任务，我妈妈就会让我在家里玩自己的玩具，最近我妈妈说每天给我20分钟的玩手机时间，我可以登录我的QQ和同学说说话。反正就是现在很开心，昨天晚上我妈妈还主动给我爸爸打电话让他回来吃饭呢。

其次是案主母亲的评估。在服务的最后阶段，笔者请案主母亲评估整个服务过程。案主母亲表示非常感谢笔者的帮助，正是由于笔者的介入才让她从一个"当局者迷"的状态中脱离出来。然后案主母亲总结了她自身的变化，认为自己在这个过程中从"当局者"的角色中脱离了出来，开始站在一个客观的角度看待自己、贝贝、整个家庭，学会了用"柔性的""平等的"方式看待自己和案主贝贝的关系，学会平等地和案主贝贝沟通。案主母亲也表示，在整个过程中，她可以看到孩子的改变，孩子现在比较听话、懂事，比之前也好很多。

> M：很感谢老师来帮助我们家，人家都说家和万事兴，真的是有道理的，现在我和贝贝之间很亲密，我在家里心情也好多了。我和他奶

奶、爸爸就是各过各的，也没有敌意了。孩子现在很懂事，我问老师，老师说他最近表现还不错，我很激动，我真的很感谢您。还有就是您说的生存姿态那个，我觉得我现在变了，对孩子没那么严格了。温度计也很有用，以后我和贝贝每周都玩一次那个游戏。

最后是案主奶奶的评估。案主奶奶认为案主母亲近期在家里脾气很好，几乎很少听到案主母亲发脾气，认为案主母亲的改变很大，也希望案主母亲能够一直保持理性、温柔的态度对待案主和家庭，目前的家庭氛围比较和谐。

> N：好些日子也没见她（案主母亲）打过孩子，我感觉家里安生多了，贝贝也很懂事，他妈妈如果有事会让我去接他放学，平静点好啊，我老了，也不爱折腾，家里挺好的，我就现在每次回到家也觉得比较轻松。

从案主、案主母亲、案主奶奶三人参与结果评估的访谈中可以看出，三位家庭成员都对现状比较满意，都认为目前家庭关系比较和谐，并且对于母亲和案主贝贝来说，对方行为和态度的变化让他们意识到了对方在努力地为亲子关系做出改变。总体来看，案主家庭有三个比较大的改变，首先是案主贝贝变得懂事、听话，逐渐理解母亲、站在母亲的角度上思考问题；其次是案主母亲开始改变以往的领导者、控制者的角色，尝试以平等的姿态对待案主；最后是家庭沟通模式、家庭规则的转变，案主及其母亲共同制定了家庭规则，改变了以往的沟通模式。在这个过程中，笔者帮助案主及其母亲学会从家庭中抽离出来，客观理性地看待自身和对方的问题，双方平等交流，探讨出一套解决问题的方案，这就体现了社会工作者遵循的助人自助的宗旨。

（二）社会工作者评估

1. 行为问题有所改善，亲子矛盾得到缓解

贝贝和母亲在笔者介入前的关系较为僵化，母亲多次因为贝贝的"调皮"大发雷霆，打骂贝贝也时常发生。同样，对贝贝来说，母亲是凶狠的，自己长大了要把挨过的打还给母亲。但是亲子关系归根结底是血缘关系，笔者作为社会工作者及时地介入案主家庭，引导母亲和贝贝改变自己的问题行

为，逐步让亲子矛盾得到缓解，这种变化是每位家庭成员的期待，间接性地减少了母亲和奶奶、母亲和父亲之间的矛盾，使得家庭关系更加和谐。

2. 生存姿态得到改变，家庭互动环境改善

根据萨提亚模式的生存姿态理论，贝贝的打岔型姿态得到改变，贝贝开始逐渐关注自我、他人和情境；母亲的责备型姿态也更加趋向表里一致型，越来越关注贝贝的观点和期待；相比之下，奶奶的改变较少，但是奶奶也意识到了自己没有原则地宠溺孩子是不对的，学着区分有条件的疼爱和无原则的宠溺。

3. 心理状态得到改善，亲子关系更加和谐

随着家庭亲子关系的改善，案主母亲先前的狂躁、焦虑情绪得以缓解，开始逐渐以一种全新的方式来面对整个家庭，在家庭中不再感到有压迫感和孤独感。亲子感情交流增多，案主贝贝和母亲的地位是平等的。另外，笔者在介入过程中注重服务对象的体验，让贝贝和母亲探索"冰山"下的自己，从而做到真正地接纳自我、接纳对方。

4. 共同制定家庭规则，个人自尊得到提升

先前的家庭规则由母亲一人制定，案主在其中并不具有任何发言权，案主对这种僵化的家庭规则并不认可，因此总是触犯家庭规则，这种行为被母亲认为是没有原则、不守规矩的。笔者引导母子双方共同制定家庭规则，由于这些规则得到了双方的支持，案主和母亲都愿意遵守家庭规则，家庭矛盾得以减少。同时在制定规则的过程中，母子双方的高自尊感得到体现。

（三）量表后测评估

在整个服务结束之后，笔者邀请案主重新填写《家庭亲子关系测验》量表，从表1-1可以看出，整体来看，案主与母亲的亲子关系得到缓解，其中消极拒绝型、积极拒绝型、严格型、矛盾型、不一致型的得分都有明显提高。消极拒绝型的前测得分是15分，后测得分是57分，表明母亲渐渐开始关注案主，发现案主的优点；积极拒绝型的前测得分是33分，后测得分是65分，表明在案主眼里，母亲对自己变得和善，也很少打骂自己；严格型前测得分是13分，后测得分是70分，表明母亲对孩子的态度从严厉管教变成了温和商讨，母亲也很少指责案主；不一致型前测得分为14分，后测得分为79分，说明在案主眼里，认为母亲和父亲都是自己的亲人，自己和母亲的关系越来越和睦。

表 1－1　亲子关系前后测对比

单位：分

维度	类型	前测得分	后测得分
拒绝的态度	消极拒绝型	15	57
	积极拒绝型	33	65
支配的态度	严格型	13	70
	期待型	72	69
保护的态度	干涉型	66	56
	不安型	78	78
服从的态度	溺爱型	84	56
	盲从型	54	51
矛盾的态度	矛盾型	35	53
	不一致型	14	79

二　结案

本章以萨提亚模式对案主家庭进行了多次服务，服务对象包括案主、母亲、奶奶三人，服务周期为两个月。在笔者和家庭成员的共同努力之下，案主和母亲逐渐转变为表里一致型的沟通姿态，案主母亲开始关注并尊重案主的想法和期望，用良好的沟通方式解决问题而不是暴力手段去震慑对方；贝贝改变了自己原有的行为问题，也学会了正确的沟通方式，亲子关系得以缓解。母子双方探索了"冰山"下的自我，同时也了解了"冰山"下的对方，学会了在生活中要多关注对方的想法和期待，而不只是看表面的行为。另外，原本僵化的家庭规则在笔者、案主及其母亲的共同努力下开始具有弹性化，双方都达到了高自尊的状态。

总体来看，本案例的服务的目标均以完成，案主及家庭成员都学会了新的方式来面对生活。问题本身并不重要，重要的就是在面对问题时，案主和家庭成员都学会了新的生活技能，有信心和能力面对接下来的生活挑战，此时笔者可以逐步退出对案主家庭的介入，正式结案。

在最后结案阶段，笔者邀请服务对象讲出自己的感受和担忧，服务对象都表示很感谢笔者的介入，他们现在学会了新的沟通方式，有信心面对接下来的生活难题，但是他们对笔者的离开表示不舍，希望和笔者建立长期联系的朋友关系。笔者运用同感、倾听、鼓励的技巧处理了服务对象的离别情绪，同时也表示自己在后期也会和他们保持联系，跟进他们的生活状态。

三　跟进与反思

在结案后，笔者通过继续走访，深入了解案主的学习状态、日常行为，母亲的情绪状态，亲子关系，家庭关系的现状。同时笔者也通过微信、电话等线上形式和案主家庭保持联系，继续关注案主家庭情况。

通过后续联系，笔者了解到案主和母亲目前关系良好，案主每天按时完成作业，不再拿同学文具，也不对母亲撒谎；母亲认为案主表现良好并奖励一些小礼物，没有再打骂过案主，遇到事情总是和案主耐心沟通。整个家庭关系有所好转，母亲和奶奶冲突减少，奶奶觉得母亲和贝贝变化很大，自己在家里也过得更加舒心；父亲和母亲关系有所缓和，母亲、父亲和案主三人一起吃过几次饭，整体状态比较和谐。

回顾整个服务过程，虽然笔者的服务对改善案主家庭的亲子关系有一定效果，但是仍然有几点不足。

第一，具体服务对象有所缺失。服务对象主要是案主贝贝及其母亲，其中也有案主奶奶的参与。案主父亲和案主家庭的关系并未完全断裂，父亲对案主来说也至关重要，如果整个服务能够将案主父亲也作为服务对象之一，最终的服务效果可能会更加明显，但是由于案主父亲很少回家，生活重心也不在家庭中，因此笔者无法与其建立联系以进行专业服务。

第二，问题判断的视角较为单一。萨提亚家庭治疗模式比较关注家庭成员本身，注重家庭成员本身的内在自我、生存姿态、自尊等因素，但是家庭关系出现问题的原因毕竟是多方面的，除了家庭成员之外，家庭关系还会受到社会支持、经济状态、文化因素、社区环境的影响，但这些都不是萨提亚关注的重点，因此在运用萨提亚模式时，需要结合生态系统理论综合帮助服务对象解决问题。

第三，生存姿态缺乏具体量化指标。萨提亚模式的生存姿态理论目前被大多数学者所推崇，但是萨提亚模式只介绍了每个生存姿态的表现，却未将具体的生存姿态表现量化，因此笔者在判断生存姿态时，只能根据具体的表现进行主观判断，不能根据具体的量表进行科学分析，因此后续的研究可以注重研究萨提亚模式的生存姿态，做出科学的、可通用的具体量表。

　　第四，具体实务操作有待完善。笔者系统学习过萨提亚模式的理论知识，通过相关案例了解了萨提亚模式的具体应用程序，但就实务角度来讲，笔者的实务经验不够丰富，对家庭问题的剖析也不够深入，最后呈现的服务过程没有很强的专业性，因此笔者在实务过程中应该多请教专业人士，在督导的指导下对案主家庭进行介入。

　　第五，部分家庭问题难以有效解决。笔者利用萨提亚模式解决单亲家庭亲子矛盾，促进亲子良性沟通方面十分有效，但是对于案主的人际交往问题、母亲的生理问题、原生家庭问题以及案主父亲和案主母亲的关系问题，笔者都无法通过萨提亚模式加以干预，因此笔者只将案主家庭中的亲子关系作为干预的重点，希望通过良好的亲子关系尽可能地化解家庭中的其他矛盾。

第二章 留守儿童家庭照顾研究

—— 以 X 村留守儿童照顾为例

第一节 儿童照顾情况介绍

一 国内研究动态

(一) 我国儿童照顾政策研究

我国已有许多学者对儿童照顾政策进行研究，近两年以来，我国儿童照顾政策的研究呈明显的上升趋势。从新中国成立到现在的儿童照顾政策可以发现，我国的儿童照顾政策经历了一个"建构—解构—部分重构"的过程，正面临着严重的儿童"照顾危机"。[①] 这意味着，经过新中国成立至今七十多年的发展，我国的儿童照顾政策体系目前处于一个整合重构的过程中，致使现阶段我国儿童照顾政策面临许多的问题。目前我国儿童照顾领域存在的问题有城乡儿童受照顾权不平等、儿童照顾责任性别分工不平等、儿童照顾对母亲职业生涯发展产生的影响、隔代照顾剥夺祖辈资源、公共照顾资源不足、低生育意愿等。[②] 就我国儿童照顾的城乡差异来看，我国城市的公共儿童照顾服务发展较好，但是农村地区的公共儿童照顾远远得不到满足。

[①] 岳经纶、范昕：《中国儿童照顾政策体系：回顾、反思与重构》，《中国社会科学》2018 年第 9 期。

[②] 霍利婷：《国家干预儿童照顾：理论基础、国际经验与中国现实》，《社会政策研究》2018 年第 2 期。

关于儿童照顾模式分类，目前国际上考虑的维度主要是家庭内性别分工，家庭、国家和市场责任承担等方面。学者马春华认为我国在改革开放后，女性的"去家庭化"有所提高，女性就业"商品化"程度依靠市场决定，所以现阶段我国的儿童照顾模式处于以美国为代表的"市场化取向模式"和以法国为代表的"照顾给予者平行模式"之间，各主体的责任承担方面，我国呈现出"女性＋家庭＋市场＋国家（少量）"的模式。① 可见，多元主体承担儿童照顾责任是我国儿童照顾政策发展的趋势。欧洲各国制定的儿童照顾政策虽然各有特色，但是大多是从服务、时间、经济支持三方面提供儿童照顾福利。目前世界各国儿童照顾的时间成本分担模式有以英美为代表的自由主义模式，以丹麦、瑞典为代表的北欧模式，以意大利、西班牙为代表的地中海模式，以法国、德国为代表的欧洲大陆模式，以日本、韩国为代表的东亚模式。这几种模式中只有北欧模式的儿童照顾时间成本是夫妻平等共担，其他模式都是以妻子为主承担儿童照顾。② 从性别平等的角度来考虑，北欧模式更加能够促进男女就业机会平等。

我国在发展儿童照顾政策的过程中不断借鉴西方的儿童照顾政策，从中吸取经验教训以完善我国的儿童照顾政策。张亮对欧美的儿童照顾政策进行研究后提出了儿童照顾政策的完善有助于其他社会问题的解决，我国儿童照顾政策发展要将照顾权利作为公民社会权利的重要组成部分，改善儿童照顾在家庭中分工不平等的现状，要建构一个由国家、市场、志愿组织和家庭等多元主体共同提供的"混合照顾"体系。③ 亓迪和曹慧萍认为，从公民权利的角度来看，照顾与被照顾都是公民的权利；从性别平等的角度来看，儿童照顾并不是女性天职；从社会投资角度来看，儿童照顾具有社会效益。因此，儿童照顾应是全社会的责任，我国儿童照顾体系的未来发展趋势是以政府为主导、家庭为主体，动员社会力量，依托社区资源，市场、社会组织等多元主体协力承担。④ 所以，无论是儿童照顾责任主体还是家庭中儿童照顾

① 马春华：《儿童照顾政策模式的形塑：性别和福利国家体制》，《妇女研究论丛》2020 年第 5 期。
② 袁同成：《儿童照顾时间成本分担模式的国际比较与中国关照》，《学前教育研究》2019 年第 11 期。
③ 张亮：《欧美儿童照顾社会政策的发展及借鉴》，《当代青年研究》2014 年第 5 期。
④ 亓迪、曹慧萍：《儿童照顾的责任演变：女性、家庭、市场还是国家?》，《社会福利》（理论版）2020 年第 3 期。

的责任分担都要倡导"多元"。社会工作者作为儿童照顾责任主体之一，在与其他的儿童照顾主体相互配合的同时还应该致力于找准自身在儿童照顾中的定位。社会工作者以个案的方式介入农村留守儿童照顾中，不仅是社会工作者在履行其照顾主体责任，而且是促进家庭中儿童照顾责任承担更加合理、科学的一个途径。

（二）留守儿童相关研究

近年来，我国对留守儿童的研究的主要领域有留守儿童教育、心理健康、身体健康、情感发展、认知等方面。

留守儿童的教育分为学校教育和家庭教育。就学校教育而言，一般人固有的看法可能认为留守儿童的学业成绩比非留守儿童差，但经过研究表明，留守儿童的学习成绩与非留守儿童的学习成绩的差距并不大，留守儿童的学习成绩甚至可能比非留守儿童更好。[①] 在家庭教育方面，留守儿童接受的教育要少于非留守儿童，其最主要的原因是留守儿童的父母长期外出打工，而隔代教育为留守儿童提供的教育往往是有限的。但留守儿童父母外出打工给孩子教育带来的影响是双面的，并非只有负面影响。一方面，父母外出打工能够增加家庭的经济收入，为孩子提供更好的生活和教育环境；另一方面，父母的教育是无法代替的，亲子监护责任的放弃和代理监护的失效导致了父母教育的缺失。[②] 针对这一矛盾，袁梦和郑筱婷通过研究发现，要保证家庭经济收入的增加和留守儿童得到较好的照顾、家庭教育，则父亲外出、母亲在家是最有利于农村儿童获得教育的分工模式。[③] 但这也只是一种相对来说较好的解决办法，最为主要的还是要减少父母双方与子女的分离。也就是说，要解决留守儿童面临的困境，还是要依靠宏观环境的改变，一方面，促进中小城市的发展，增加就业机会，吸引父母返乡；另一方面，减少户籍制度的限制，促使留守儿童可跟随父母进城。

留守儿童的健康研究包括留守儿童身体健康和心理健康。众多学者的研究显示母亲在儿童的身心健康成长方面发挥更重要的作用。在身体健康方

---

① 段成荣、吕利丹、王宗萍：《城市化背景下农村留守儿童的家庭教育与学校教育》，《北京大学教育评论》2014 年第 3 期。

② 范先佐、郭清扬：《农村留守儿童教育问题的回顾与反思》，《中国农业大学学报》（社会科学版）2015 年第 1 期。

③ 袁梦、郑筱婷：《父母外出对农村儿童教育获得的影响》，《中国农村观察》2016 年第 3 期。

面，仅母亲外出打工和父母均外出打工的留守儿童生病的概率要高于非留守儿童，而仅父亲外出打工对留守儿童的健康状况影响较小。[1] 邬志辉、李静美研究显示，留守儿童的母亲外出打工不利于留守儿童的心理健康，会对留守儿童的人际交往和自信心培养产生负面影响。[2] 岳慧兰等采用心理健康诊断测验对留守儿童进行了调查，发现留守儿童心理问题较多的是恐怖倾向、身体症状、对人焦虑，其次是自责倾向、冲动倾向、学习焦虑、过敏倾向与孤独倾向。[3] 但是不同的留守儿童个人生活环境和心理承受能力是不一样的，并不是所有留守儿童都会出现心理问题。不同性别的留守儿童会出现不同的心理问题：学习焦虑、社交焦虑、不自信和恐怖倾向等问题更容易出在留守女童身上，孤独倾向和冲动倾向等问题则更容易出现在留守男童身上。[4]

总的来看，父母在儿童的成长过程中的缺位，尤其是母亲的缺位使得留守儿童得不到良好的生活照顾、家庭教育以及情感支持，不利于留守儿童的健康成长。国家相关部门近年来一直关注农村留守儿童的健康成长，号召社会各界加强对于农村留守儿童的关爱保护。农村社区应该在儿童照顾中发挥作用[5]，"留守儿童之家"是近年来农村社区为留守儿童提供关爱服务的形式之一，对于留守儿童身心健康成长、认知、人格塑造方面有重要作用，社会各方面的力量都可以参与其中[6]。此外，社会工作者也是关爱农村留守儿童的重要力量之一，社会工作者在关爱留守儿童的过程中发挥着不可替代的作用。一方面在于社会工作者自身的专业性，另一方面在于社会工作者在链接其他主体方面起了核心作用。[7]

儿童社会工作理论范式分为社会保障范式和社会照顾范式，社会保障范

① 李强、臧文斌：《父母外出对留守儿童健康的影响》，《经济学》（季刊）2011 年第 1 期。

② 邬志辉、李静美：《农村留守儿童生存现状调查报告》，《中国农业大学学报》（社会科学版）2015 年第 1 期。

③ 岳慧兰、傅小悌、张斌、郭月芝：《"留守儿童"心理健康状况调查研究》，《教育实践与研究》2006 年第 10 期。

④ 蔡重阳：《农村留守儿童心理健康问题研究》，硕士学位论文，湖南师范大学，2013，第 20 页。

⑤ 陈春燕：《农村留守儿童社区照顾研究——以湖南省辰溪县为例》，硕士学位论文，湖南师范大学，2011，第 33 页。

⑥ 何俊、舒道勋：《贵阳市岩鹰山村"留守儿童之家"运行现状、成效及启示》，《贵阳市委党校学报》2018 年第 5 期。

⑦ 吴帆：《我国农村留守儿童社会工作服务发展现状与主要问题》，《中国民政》2016 年第 12 期。

式认为儿童照顾是家庭的责任，在家庭中又是女性的责任；社会照顾范式认为儿童照顾是国家、市场、家庭和社会组织共同的责任，即属于混合型的儿童照顾模式。[①] 因此，中国儿童社会工作未来的发展方向应该转为社会照顾范式。

目前，我国农村留守儿童社会工作有很大的服务需求，在农村，留守儿童社会工作服务依然存在不足，政府购买社会工作服务的投入不足等问题。这些问题的存在，在一定程度上限制了农村留守儿童社会工作的发展。社会工作者为农村留守儿童提供照顾服务较少，在城市中，社会工作者通过"四点半课堂"这一形式缓解家庭的照顾压力，但是"四点半课堂"也面临着场地不够、资金和人手不足等问题[②]，还须进一步完善。在资金、人力允许的情况下，如果能够将这一类似的服务提供给农村的留守儿童则能够在极大的程度上减轻农村家庭的照顾压力。

二 国外研究动态

（一）儿童照顾政策研究

近年来，女性的劳动参与率逐渐上升，使得儿童照顾压力也随之增加，甚至导致儿童照顾服务不足。儿童照顾服务不足不只是我国面临的问题，也是包括发达国家在内的其他国家面临的问题。儿童照顾服务不足对生育主体的生育意愿有很大的影响，可能导致生育主体少生、迟生、不生[③]，这一现状应该引起重视。据统计，2010～2015 年，文莱、缅甸以及新加坡等七个国家平均每名女性生育孩子的数量已经低于或者即将低于 2 个。[④] 国外学者认为降低家庭照顾儿童的压力，能够有效提升生育率，从而减缓老龄化进程。[⑤] 事实上，加大儿童照顾的投入不仅是解决社会问题的需要，也是促进社会发

---

① 李文祥、翟宁：《中国儿童社会工作发展的范式冲突与路径选择》，《河北学刊》2019 年第 3 期。

② 任晓秋、周纯义：《社会工作介入社区"四点半学校"初探》，《现代教育科学》2011 年第 10 期。

③ Blanchi S. M.，"Family Change and Time Allocation in American Families," *The Annals of the American Academy of Political and Social Science* 1（2011）：21 – 44.

④ The United Nations Development Programme，*Human Development Report*（New York：Work for Human Development，2015），pp. 234 – 237.

⑤ Björklund，A.，"Does Family Policy Affect Fertility? Lessons from Sweden," *Journal of Population Economics* 1（2006）：3 – 24.

展的需要。艾斯平 - 安德森在 2002 年提出了儿童中心的社会投资战略，将对儿童提供的投入视为社会投资，并认为对儿童的投资应该越早越好。[①] 可见，加大对儿童照顾的投入力度有利于儿童的健康成长、降低家庭照顾者的压力，也有利于社会的发展进步。

（二）留守儿童相关研究

留守儿童并不是中国特有的群体，欧洲国家也有留守儿童，但与中国不同的是，欧洲国家的留守儿童大多因移民产生。Graham 等认为留守儿童是在跨国人口流动时，因没有抓住机会一起离开而留在家乡由亲戚或熟人照顾的儿童。[②]

外国学者对于父母外出工作这一现象同样持有两种意见。一种意见认为父母外出工作不利于儿童成长[③]，研究表明，留守儿童要比非留守儿童更早地承担家庭责任[④]，而且留守会对儿童的学习适应能力[⑤]、学习成绩和就学率等方面产生消极影响。另一种意见认为父母外出务工获得的收入有助于为儿童提供更好的生活条件，也有助于为儿童提供更好的教育条件。父母如果持续待在落后的家乡，则有可能提高儿童的辍学率。而移民汇款能为改善农村留守儿童的生活和健康状况提供经济支持，进而会影响留守儿童在校的学习。[⑥] 2008 年全球经济危机，墨西哥移民家庭的汇款收入减少直接导致了留守儿童在学校出勤率的下降和童工人数的增加。[⑦] 因此，对于留守这一现象应持辩证看待的态度。

[①] 李莹、赵媛媛：《儿童早期照顾与教育：当前状况与我国的政策选择》，《人口学刊》2013 年第 2 期。

[②] Graham, E. et al., "Parental Migration and the Mental Health of those Mho Stay Behind to Care for Children in South-East Asia," *Social Science & Medicine* 30（2015）：225.

[③] Kanaiaupuni, S. M., Donato, K. M., "Migradollars and Mortality：The Effects of Migration on Infant Survival in Mexico," *Demography* 3（1999）：339 – 353.

[④] Crawford-Brown et al., *Rarent-Child Relationships in Caribbean Families. Boyd Webb, N., Lum, D. Cultuarally Diverse Parent-child and Family Relationship*（New York：Columbia University Press, 2001），p. 88.

[⑤] David Mckenzie, Hillel Rapoport, "Network Effects and the Dynamics of Migration and Inequality：Theory and Evidence from Mexico," *Journal of Development Economics* 1（2006）：1 – 24.

[⑥] Kandel W., Kao G., "The Impact of Temporary Labor Migration on Mexic an Children's Educational Aspirations and Performancel," *International Migration Review* 4（2006）：1205 – 1231.

[⑦] Alcaraz, C. et al., "Remittances, Schooling, and Child Labor in Mexico," *Journal of Development Economics* 1（2012）：0 – 165.

第二节　农村留守儿童照顾个案介入过程

目前我国农村留守儿童的照顾现状远远无法满足留守儿童身心健康成长的需要。在农村照顾资源匮乏的情境下，社会工作者如何在农村留守儿童照顾中贡献专业力量有待进一步研究。本章将通过具体的个案服务来对社会工作介入农村留守儿童照顾的途径进行探索。在这一案例中，案主所在的农村社区资源有限，对于社会工作的了解和认可程度也较低，因此不具备开展小组和社区活动的条件。笔者在对当地农村留守儿童进行初步筛选后，选出了一名6岁女童提供个案服务，并取得了一定的成效。

一　接案及建立专业关系

（一）服务对象的来源

2020年6月上旬，笔者到自己所在的X村村部询问村干部关于留守儿童的相关情况，奈何村部没有与留守儿童相关的统计数据。笔者进一步向村干部表明自己的意图，并详细向村干部介绍了自己的研究目的，随后，村干部便口头介绍了五名家庭情况比较特殊的留守儿童。为了选择更为合适的案主，笔者又进一步上门拜访这几名留守儿童家庭，直至六月中下旬才从五名留守儿童中确定选择小如为案主。

初次拜访小如家时，小如的祖父母正在为新房子打地基，而小如则在一旁独自玩耍，手和衣服上都沾满了泥土，但是一双忽闪忽闪的大眼睛却充满了灵气。笔者向案主的祖父母表明了来意，案主的祖母表示很欢迎笔者的到来。在确定选择小如为案主后，笔者又再次去到小如家，进一步向小如的祖父母介绍自己的来意，并确定七月初正式接案。

（二）接案

这一阶段的主要任务是通过口头或者书面协议的形式正式接案。在接案的过程中，向案主及其主要照顾者澄清社会工作者和案主的角色及其责任，了解案主及其照顾者的期望，促使案主及其照顾者进入角色，并通过访谈、观察等方式收集资料，以全面、准确地了解案主及其生活环境。

1. 接案及资料收集

笔者作为X村的人，深知X村村民的习惯，X村村民一般白天劳作，晚上才有空闲的时间，加之小如家忙于修建新房子，为了不影响小如祖父母干活，所以接案的时间定在了晚上七点。当天，小如及其祖母正在吃饭。小如的祖父吃完饭外出联系货车司机运建材，因而不在家中。

吃饭时小如及其祖母刚洗完头发，头发还没有吹干。小如不挑食，但是小如吃一口饭就会跑到沙发上玩一下，加之其刚洗完的一头长发并没有完全干，头发粘在额头和脖子上。待小如及其祖母吃完晚饭，接案正式开始。

案主的祖母与笔者的祖父母相识，所以案主的祖母对笔者的态度很热情，笔者知道这并不是出于专业关系的友好态度。于是笔者向案主及其祖母表明自己的来意，希望能够为建立专业关系打下基础。

笔者：伯母，之前我和您有过口头上的约定，就是我将为小如提供一段时间的照顾服务，所以我今天来就是想正式接案。

案主祖母：是的，之前是约定过。但是接案是要做些什么呢？

笔者：接案是我们社会工作专业开展服务的第一个步骤，您知道什么是社会工作吗？

案主祖母：我没什么文化，不知道社会工作是什么。

笔者：社会工作就是我学的专业，通俗来讲，社会工作一般都是政府出钱购买我们的服务，然后我们将各种各样的服务提供给老百姓，服务对象包括所有有需要的人，当然最主要的就是老人、儿童、妇女等弱势群体。

案主祖母：政府出钱？就是说，不用我们出钱？

笔者：我这个服务没有政府出钱，但是您放心，我也不会收您一分钱的！我做这个服务是毕业需要，但是通过这个服务对小如的成长也会有一定的帮助，所以这是一个两全其美的事情。

笔者在与案主祖母交流的过程中，案主一直在旁边聆听，并且会时不时地插一句话，可见案主是一个聪明伶俐的孩子。笔者随后又向案主及其祖母解释了保密原则及专业关系的含义。

笔者：伯母，我今天来呢，第一是跟您再详细介绍一下我这个服务的情况；第二，就是要收集一下您家里的资料。但是您放心，我是不会将你们家的信息告诉别人的，我们专业要求我们必须对案主的信息进行保密。

案主祖母：那好啊，保密是最好的。虽然也没什么不能见人的事情。

笔者：还有一点需要再解释一下，就是在服务过程中，我和你们之间的关系只是一种专业关系，而不是同乡关系。也就是说，在我为小如提供服务的过程中，我们要相互信任、彼此尊重、彼此配合，只有这样，服务效果才是最好的。当然，在服务过程中，你们有什么意见或者是建议都可以告诉我。此外，我来你们家不会带水果等随手礼，当然，我也不能收你们家一分钱或者是任何礼品。

案主祖母：我也不知道这个服务具体要做些什么，你能来我们就很开心了，你要我们怎么配合，我们就怎么配合你，我们相信你。你来也不用带东西。

随后笔者开始了解案主的家庭情况，当问及案主、案主父母、案主祖父母以及案主两位阿姨的一些相关情况时，案主及其祖母非常配合地介绍自己家中的情况，并开始介绍挂在墙上的照片，随后又拿出其他的照片给笔者看，当看到案主父亲的照片时，案主随口说了一句"不要爸爸"。当笔者再次确认时，案主害羞一笑，又改口说"要爸爸"。不知案主是不经意表达了自己内心的想法还是调皮才故意说不要爸爸。

通过与案主及其祖母进行沟通了解到以下信息：

（1）案主个人信息

小如今年6岁，目前幼儿园大班在读，即将幼儿园毕业。小如性格较为活泼，在学校表现较好，学习成绩也不错，但是上课时小动作比较多。小如在学校的人际关系较好，有五六个玩得较好的朋友，家附近也有几个好朋友。小如平时与祖母相处的时间最多，所以很依赖祖母。小如对其父亲没有较多的认识，提到她的父亲时，小如会比较沉默。小如感觉自己与母亲的关系较好，但当其母亲打电话来时，小如的话并不多，往往接电话讲几句话就不再讲话，便一个人在一旁玩玩具。放假在家时，小如的祖母干活，小如就一个人在一旁玩耍，不会打扰祖母，甚至有时候还会帮祖母干活，表现出了超出同龄人的懂事。

平时小如比较爱吃零食，且没有刷牙的习惯，正处于换牙期的小如已经有多颗龋齿。此外，笔者观察到小如的手指甲较长，指甲缝里夹杂着黑黑的脏东西，脚和穿的凉鞋也是脏的，小如还会直接脱了鞋子在沙发上跳来跳去。

（2）案主父母信息

案主父亲，31岁，初中毕业，老家在河南，是上门女婿，性格内向，不爱说话。案主母亲，30岁，初中毕业，比较健谈。案主父母因在江苏苏州打工而认识、相恋、结婚、生女，在小如出生8个月后，他们将小如送回湖南老家，此后夫妻两人一直在苏州打工。在平时的生活中，案主母亲会打电话回家，但是频率较低，基本十天半个月才会打一次电话。案主父亲从来没有给案主打过电话，案主母亲打电话给小如时他会在旁边听。另外，案主母亲会在每年过年时回家。由于家中只有两张床，居住条件有限，所以案主父亲已经有两年没有回湖南，而是回自己河南的老家。

（3）案主祖父母及其他家人信息

案主祖父母均是农民，分别只有小学五年级和小学四年级的受教育程度，平时对小如的学习辅导较少。因此，案主祖父母比较希望笔者为小如提供学习辅导。笔者对此进行了澄清：此次个案可能会涉及学习辅导，但不会以此为主，还会涉及其他的内容，例如，共同探讨如何为案主提供更好的照顾，促进其健康成长，案主祖父母对此表示接受和认可。但是考虑到案主祖父母平时较忙，为了不耽误他们干活，当需要与他们进行面谈时，笔者会在晚上过来。对于案主直接提供的服务则会在白天进行。对此，双方达成协议。

案主还有两个阿姨，即案主母亲的妹妹。案主的大姨已经在河南结婚生子，很少回湖南老家。案主的小姨二本学校毕业，目前在县城上班，和朋友在县城租房住，偶尔会在周末回家，由于平时工作较忙，回家后基本上在休息，偶尔才会陪案主玩耍或者辅导案主的学习。据了解，案主的小姨比较疼爱案主，会给案主买画笔、玩具、牛奶等。

2. 进一步收集资料及建立专业关系

在经过口头协议接案后，为了后续能够制订出更加合理和专业的服务方案，还需要进一步与案主及其祖父母进行接触，以建立良好的专业关系，为后续的专业服务奠定基础。此外，还需要进一步收集更为丰富、详细的资料，这是接下来评估案主的问题及需求的良好前提。因此，笔者在接案之后又先后两次去了案主家。

接案后第一次到案主家，案主刚刚放学，由于天气下雨，案主的活动范围被限制在了房间里，案主的祖父母也无法外出干活，所以他们正在一起准备晚餐。案主祖父母热情地邀请笔者一起吃晚饭，但出于专业性考虑，笔者拒绝了邀请。

> 案主祖父母：来得刚刚好，正好留下来一起吃晚饭！
>
> 笔者：伯伯、伯母，我今天来主要是为了跟你们和小如多熟悉熟悉，多了解你们和小如一点。我上次跟伯母也说过，我现在的身份是社会工作者，简称社工。作为一名社工是不能在案主家吃饭的。
>
> 案主祖母：吃顿饭没什么大不了的，吃完饭你该怎么服务还怎么服务。
>
> 笔者：那不行的，我们必须从内心深处认可我们之间的专业关系。我既然为小如提供服务，我们就要彼此配合，让服务有效。

随后笔者在案主家的客厅陪案主玩了一会儿，并在案主家开始吃晚饭之前离开。

接案后第二次到案主家，案主及其祖母在家。案主祖母表示今天她带着案主去走亲戚了。笔者顺着案主祖母的话和案主聊了起来。

> 笔者：小如今天去哪里玩了啊？
>
> 案主：姨奶奶家。
>
> 笔者：那姨奶奶家好玩吗？
>
> 案主：好玩，姨奶奶家有好多好吃的。
>
> ……

随后，笔者又和案主祖母进行沟通，试图收集更多的信息。案主祖母表示，幼儿园本来应该要到 8 月才放暑假（受疫情影响，5 月才开学），但是最近天天下暴雨（2020 年六月底、七月初湖南省连连暴雨，多地发生洪灾），学校出于对学生安全的考虑，就提前至 7 月 18 日放暑假，开学时间待定。

二 预估

（一）生态系统理论下案主的照顾现状分析

1. 微观：案主处于身心快速发展阶段

案主作为一名 6 岁的儿童，正处于身体快速成长和发展的阶段。儿童身体的成长需要通过食物获取营养，在现阶段，案主还不能够做到生活自理，在饮食起居等方面都需要家长的照顾。儿童心理方面的成长需要家人的陪伴与关爱，良好的认知行为习惯的养成则需要家长、老师等的协助。儿童早期积累的认知、情感等方面的技能会对儿童进入小学之后的学习态度、学习习惯和学习方法产生影响。[①] 案主在暑假过后就会幼升小，一些学龄前的认知行为习惯也将伴随小如今后的学习成长。在隔代照料的生活环境下，案主养成了一些不好的生活习惯，如案主爱吃零食，且正处于换牙的关键时期，由于小如没有早晚刷牙的习惯，所以案主已经有多颗龋齿。因此，从小如自身年龄阶段和成长状态来看，小如需要家长为其提供更加高质量的照顾。

2. 中观：父母长期缺位于案主的成长

小如出生于江苏省苏州市，在小如 0～8 个月时，一直跟随父母居住，在这一阶段，小如的父母是小如的主要照顾者。小如 8 个月大时，小如的母亲将小如送回湖南老家，交由小如的祖父母照顾。此后，小如的主要照顾者变为小如的祖父母。小如的母亲十天半个月会给小如打一次电话，过年会回家，在家中短暂陪伴小如生活一段时间。小如的父亲也在苏州工作，与小如的母亲相比，小如的父亲与小如联系得更少。小如的父亲性格内向、不善言辞，因此从未主动给小如打过电话。由于小如老家的居住条件有限，小如的父亲过年也不回湖南，所以小如与父亲已经两年多没有见面也没有电话联系，两者之间处于一种断联的状态。

由此可知，小如的母亲仅在每年过年前后照顾小如，在平时的节假日或日常时间中，小如与母亲之间仅仅通过电话联系来维持母女之间的情感联系。小如的父亲则在小如的成长过程中处于一种"消失"状态，既没有为小如提供直接照顾服务，也没有任何情感维系。

[①] 贾丙新：《国家、家庭与儿童发展——东南亚地区早期儿童照顾与教育政策供给体系研究》，硕士学位论文，江南大学，2017，第 54 页。

3. 中观：祖父母照顾意识落后

小如的祖父母是小如8个月到6岁的主要照顾者。小如的祖父母是传统的"男主外、女主内"家计分配关系，祖父不善言辞，主要负责挣钱养家，而祖母心思细腻，主要负责家人的日常生活起居。因此，小如在家中主要的亲人是祖父母，但实际的照顾者却只有祖母一人。小如的祖母的受教育程度为小学四年级，能够认识一些日常生活中运用较多的文字，对小如的日常生活照顾原则是：吃饱、穿暖、不受伤，而对于小如性格、习惯的培养则是一种任其"野蛮生长"的态度。小如的祖母对于小如的卫生习惯培养尤为疏忽，她表示自己平时事情较多，所以并不会要求小如饭前便后洗手，也不会要求小如早晚刷牙，小如在学校会有老师帮忙剪指甲，但是在家里则没人帮小如剪指甲。在小如的学习方面，小如的祖母能够辅导小如幼儿园的数学作业，但是对于汉语拼音等语文学科的内容束手无措。小如的祖母感慨，随着小如年龄的增长她已经越来越难照顾好小如了。

4. 宏观：社会支持力量匮乏

在小如所在的幼儿园中，小如主要接受来自幼儿园老师的照顾和教育。上学的时候，小如的祖母早上会将小如带到马路边等待校车的到来，校车会直接将小如送入幼儿园，然后由幼儿园的老师为小如提供一整天的照顾和教学工作。小如的祖母表示小如去上学后，自己能够更加专心地做家务或干农活，幼儿园提供的照顾极大地减轻了小如祖父母的照顾压力。由于小如的家离县城较远，小如家所在的社区缺少公共交通工具，不利于小如及其家人出行，即使县城有一些课外兴趣培训班，小如也没有机会参加。

在社区方面，小如没有受到来自社区的照顾。小如所在的X村中没有留守儿童相关统计数据，社区缺少对于留守儿童的关注。X村资金紧张、设施不全，村部没有留守儿童之家，也没有儿童活动中心或者是图书室等休闲场所，仅仅一个篮球场和一些破旧的健身器械。小如家属于建档立卡户，其帮扶责任人每个月会到小如家进行一次家访，也会为小如家链接一些经济资源，这些资源能够改善小如家的生活条件。小如的帮扶责任人在小如家仅与小如的祖父母进行沟通交流，对小如的关注很少。小如所在的县城有两家社会工作服务中心，其中一家有一些针对农村留守儿童的服务项目，但是由于人员和资金有限，这些项目服务的留守儿童也有限，因此小如没有接受过社会工作人员的服务。

总体来看，小如除了祖父母和学校老师提供照顾服务，没有其他的社会支持力量提供照顾服务。

（二）案主的照顾需求分析

1. 促进祖父母提升照顾意识

如今已经 6 岁的小如经常会把手弄得很脏、爱打赤脚、不刷牙导致多颗龋齿等。这些表现都体现出了小如个人卫生意识有待加强，需要改善不好的卫生习惯，进而养成良好的行为习惯。小如与祖父母生活在一起，一方面，小如祖父和祖母干完活很难保证个人外在的卫生；另一方面，小如的祖父母本身受教育程度有限，缺乏良好的卫生意识，因此也会缺少对小如卫生习惯的培养。依据班杜拉社会学习理论可知，小如对外部世界缺乏一个正确的认知，当外界没有提供给小如一些教育时，小如往往会自行模仿周边人的行为。因此，为了小如的健康成长，需要促进小如个人卫生意识的提升，帮助小如养成良好的卫生习惯。

由于小如年龄较小、自制力较差，因此对于小如卫生意识的提升和卫生习惯的培养需要一个长期的过程。相比较而言，作为小如主要照顾者的祖父母学习能力和接受能力都较强，因此，小如个人卫生意识的提升就需要促进小如祖父母照顾意识的提升。通过提升其祖父母对于卫生教育的认知，促进小如的祖父母监督小如养成良好的卫生习惯。

2. 加强亲子间的沟通联系

父母为了改善家庭生活条件从而外出务工，实属无奈之举。但不可否认，父母在子女的成长过程中扮演着重要的角色，拥有不可替代的作用。在无法改变外出务工这一现状的前提下，父母对于子女的照顾与陪伴只能通过电话和视频的方式来体现。但小如与父亲近两年以来一直处于断联的状态，且小如的父亲两年没有回家，使得父亲在小如的成长过程中长期缺位，这极其不利于小如的性格发展完善。因此，小如与父亲之间的联系需要重新建立起来，在联系的基础上还应该促进父女之间关系的改善，让小如在成长过程中感受到父爱。此外，小如的母亲与小如通常十天半个月才会通一次电话，这个频率对于需要母亲陪伴照顾的小如来说比较低。因此，小如与其母亲之间的联系也有待进一步加强。

3. 为案主直接提供照顾服务

在为案主祖父母和父母提供服务进而改善小如的照顾环境之余，笔者可以直接为小如提供服务。这一直接照顾对于其家人提供的照顾而言是一种补充性的服务。在长达两个月的暑假里，小如的祖父母忙于修建房子，没有时间陪伴小如，更加没有时间带小如出门玩耍，且社区没有合适的活动空间，也没有与儿童相关的休闲娱乐活动可供小如参加。而小如正处于语言、思维、动手能力快速发展的时期，他人的陪伴能够促进小如思维的活跃度、语言表达能力和动手能力的提升。因此，笔者在服务时间较为充裕时，可以通过绘本共读、绘画、做手工等方式丰富小如的暑期生活，弥补家庭照顾者的不足。此外，为案主提供直接照顾服务能够与祖父母和父母提供的照顾进行配合，让案主能够更好地成长。

三 制订服务计划

（一）服务目标

笔者介入农村留守儿童照顾的目标不在于替代家庭照顾者为农村留守儿童提供照顾服务，而是要在案主现有的照顾上提供具有社会工作特色的补偿性照顾服务。因此，笔者将本次照顾服务的总目标设定为：促进案主的父母和祖父母照顾意识的提升，提升案主祖父母的照顾能力，让案主的父母及祖父母明白良好的亲子关系及陪伴对儿童健康成长的重要性，从而改善案主的家庭照顾环境。

个案照顾的分目标为：促使案主的祖父母意识到儿童养成良好的卫生习惯的重要性，加强对案主良好的卫生习惯的培养；与案主的父母取得联系，提高案主母亲与案主之间的联系频率，促使案主的父亲主动联系案主，改善亲子关系；在为案主家人提供介入服务的基础上，通过绘本共读、绘画、做手工等活动直接为案主提供照顾服务，以此弥补家庭照顾者的不足，丰富案主的暑期生活。

（二）服务计划

综合考虑案主和笔者的时间因素，案主刚刚放暑假，而笔者因疫情原因迟迟未返校，预计将于九月初返校，因此这一服务预计为期两个月（2020年7月~2020年9月）。由于两个月的服务时间较短，所以笔者计划增加服务的次数和单次服务的时长。最终笔者与案主及其祖父母商议决定，在案主暑假期间为案主提供照顾服务，每周服务两次，每次服务时长为两个小时，其中针对案主直接提供照顾服务一个小时，针对案主的家人间接提供照顾服务一个小时。即每周为案主提供直接照顾服务两次，针对案主祖父母提供介入服务一次，针对案主的父母提供介入服务一次。

四 具体服务过程

（一）提升祖辈照顾意识和照顾能力

在前期的接案和预估阶段，笔者与案主的祖父母有过几次沟通交流，对于案主祖父母的照顾意识有了初步的了解，也明确了针对案主祖父母提供介入的方向为促进案主祖父母对案主的卫生照顾意识和安全教育意识提升。为达成这一目标，笔者为案主的祖父母进行了六次的介入服务（见表2-1）。

表2-1 对案主祖父母进行介入的过程

介入阶段	介入时间	介入内容	介入目的
一	2020.7.18	深入了解案主祖父母对案主的照顾方式，引导案主祖父母意识到对案主的照顾存在的疏忽	促使案主祖父母意识到对案主的照顾存在疏忽
二	2020.7.24	与案主祖父母一起探讨问题背后的原因，寻找对案主照顾不足的解决措施	促进案主祖父母卫生照顾意识提升
三	2020.7.29	共同观看安全教育视频	提升案主祖父母安全教育的能力
四	2020.8.5	共同观看安全教育视频	提升案主祖父母安全教育的能力
五	2020.8.14	回顾前几次服务的内容，让案主祖父母看见改变，鼓励案主祖父母巩固改变	回顾总结反思，为结案做准备
六	2020.8.20	总结并反思服务过程，正视介入成果	巩固服务成效

案主家原来居住的房子为木房子，居住条件简陋且存在一定的安全隐患。为了改善居住条件，案主家正在修建新房子，而为了节约人力成本，许多的活都由案主的祖父母亲力亲为，这也就意味着案主的祖父母平时会比较繁忙。对于笔者上门提供服务，案主的祖父母表示欢迎，同时笔者为了不影响案主的祖父母干活，所以将介入的时间均定为案主祖父母休息的时间。

1. 第一阶段：了解案主祖父母对案主的照顾方式

第一次提供介入服务时案主及其祖父母刚刚吃完午饭，案主的祖父母在家中休息，案主则独自一人在旁边玩扑克牌。笔者向案主的祖父母表明了来意，是来为他们二位提供介入服务，案主的祖父母表示不清楚要做什么，但他们会积极配合笔者。

> 笔者：伯伯、伯母，我今天来是正式为你们提供第一次服务，所以可能要打扰你们休息了。
>
> 案主祖母：我们也不知道你具体要怎么做，但是你说对小如的成长有益，所以你怎么说我们就怎么做。
>
> 笔者：感谢你们的配合。其实也不用你们特意做什么事情，今天来就是跟你们简单地聊聊天，了解一下你们对小如的照顾情况。
>
> 案主祖父：我们照顾她就是让她能吃饱、穿暖、不受伤就行了。我们事情比较多，她上学期间就待在学校，放假了就自己在家玩，我们没有太多的时间顾及她。不过小如这孩子也比较听话，不需要特别的照顾。
>
> 笔者：小如的确是一个很听话、很懂事的孩子。
>
> 案主祖父：小如的生活都是她奶奶照顾的，我基本上都在干活，偶尔才会辅导一下小如的作业。
>
> 案主祖母：我们现在还能给她讲讲加减法，但是她再大一点，我们就不会做她的那些题了。

案主祖父母对小如的事情比较上心，只要是为了小如好，他们是愿意付出的。这一态度也使得笔者在开展服务时能够得到案主祖父母的积极配合，减小了笔者开展工作的难度。从案主祖父母的表述中可以看出，案主祖父母对他们提供的照顾并不是很满意，并且深深地担心以后对小如的照顾会越来越吃力。因此，笔者在接下来的对话中需要对小如祖父母为小如提供的照顾进行肯定，也需要对小如祖父母内心的担忧进行宽慰。

> 笔者：小如的身高、体重都很正常，她也很爱笑。所以伯伯和伯母把小如照顾得很好。你们尽自己最大的能力去照顾小如，小如和她的爸爸妈妈都知道，他们内心一定也是很感激你们的。
>
> 案主祖母：唉，其实让小如的爸妈照顾小如才是最好的，我们年龄越来越大，能照顾小如的地方越来越少了。
>
> 笔者：随着小如年龄的增长，她需要照顾的地方也会越来越少，您不用太担心。

　　从与案主祖父母的对话中，总是能够感受到案主祖父母没有太大的信心照顾好小如。因此，需要深入挖掘不自信背后的原因。

　　笔者：我感觉你们对于自己对小如的照顾好像不太满意？（澄清）

　　案主祖母：我们每天太忙了。没有让小如像别人家的孩子那样被照顾好。你看小如身上脏成什么样子了。

　　小如的祖母对小如的个人卫生不是很满意，她将原因归结为家中事务繁忙。对此，笔者通过自我披露等方式试图让案主祖父母对于个人卫生有一个理性的认知。案主的祖父母逐渐认识到注意个人饮食卫生和口腔卫生更为重要。他们表示家里有牙刷和牙膏，但是他们没有督促小如，小如也就不刷牙。

　　笔者：我也是农村长大的，我小时候身上也总是脏脏的。（笔者自我披露）爱玩是小孩子的天性，在农村玩难免更容易将衣服弄脏。

　　案主祖父：小如还是小孩子，这是很正常的。

　　笔者：是的，那你们平时有跟小如特别强调要注意卫生吗？

　　案主祖母：有跟她强调过，我经常叫她不要把衣服弄脏了。我们在工地干活，小如也跟着我们一起，她还帮我们搬砖。她一个小孩子，也的确很难不把衣服弄脏。

　　笔者：衣服脏了洗洗就好了。只要不让脏东西进入嘴里，那么问题都不大。比如说饭前便后洗洗手、每天早晚刷牙……

　　案主祖母：我每天做完饭就叫他们爷孙俩吃，对小如洗没洗手我没有特别关注过。小如的妈妈给她买了牙刷，但是她也没有刷牙。

　　笔者：我看小如正在换牙，而且她大笑时能看见她嘴里有几颗虫牙。

　　案主祖父：牙刷、牙膏家里都有，我们没督促她，她也就没刷牙。

　　笔者：小孩子自制力比较差，所以还是需要家长多督促提醒。

　　经过笔者的引导，案主的祖父母逐渐意识到了自己应该加强对案主个人饮食卫生和口腔卫生的督促。根据接案和收集资料阶段得到的信息，平时案主祖父母没有对案主进行安全教育，案主穿裙子时会叉开腿坐，从而会露出自己的小短裤。因此，笔者还需要引导案主的祖父母意识到他们对案主安全教育的缺乏。为了达到这一目的，笔者将话题引向小如接下来即将进入小学学习面临的危险因素将会增多方面。

> 笔者：小如再开学就上一年级了吧？
>
> 案主祖父：是的，上小学就没有校车了，上下学需要家长接送。
>
> 笔者：那你们的照顾任务又增加了。
>
> 案主祖父：是的，但也没办法。
>
> 笔者：小如进入小学，学校更大了，人也更多了，小如要在学校小心一点啊！
>
> （小如听见笔者的话后，笑了笑）
>
> 案主祖母：我们平时也跟她说过在学校要注意安全。但是，我们没什么文化，也只能这么讲一句，也不会多说别的了。小如到底有没有将注意安全记在心里，我们也不知道。
>
> 笔者：所以，你们平时有叮嘱小如注意安全。但也只是说一句"在学校要注意安全"，是吗？
>
> 案主祖母：是的，别的我们也不知道还要说什么。

笔者了解到，案主的祖父母因为自身受教育程度有限，所以平时虽然有叮嘱案主注意安全，但却不能将问题细化，不能给年幼的小如明确的教导。

2. 第二阶段：探寻问题背后的原因

经过第一次访谈，笔者对于案主祖父母为案主提供的照顾有了更加深入的了解。案主的祖父母愿意全心全意地为案主提供照顾，但是一直担心随着年龄的增长，自己能照顾案主的地方会越来越少。而且因为家中事务繁忙，所以总是感觉没有将案主照顾好，如，案主的衣服总是脏脏的。此外，在笔者的引领下，案主的祖父母也意识到案主在新的学习环境中面临的危险因素更多，需要更加注意安全。但是案主的祖父母却苦于自己受教育程度不高，不会教育案主注意安全。

为了解决案主祖父母在儿童照顾方面的苦恼、提高案主祖父母的照顾能力，就需要促进案主祖父母深入思考自己为何没有将案主照顾好以及如何才能改变这一现状。因此，在第二次访谈的过程中，笔者将访谈的重点放在了引导案主祖父母思考问题背后的原因。访谈开始后，笔者带着案主的祖父母对上次访谈的内容进行了回顾。

> 笔者：伯伯、伯母，你们还记得我们上次聊天的内容吗？
>
> 案主祖父：我们就一起聊了聊对小如的照顾。
>
> 笔者：是的，就是通过我们之间的对话，我发现你们对小如的事情很上心，但是也一直觉得自己对小如的照顾不周，没有像别人家那样照顾好小孩子。比如认为小如衣服总是脏脏的，是因为你们比较忙。
>
> 案主祖母：是啊，我把小如的衣服洗得很干净，但是我们平时忙，没时间去带她玩，她只能跟着我们一起，陪我们干活，所以衣服总是很脏。
>
> 笔者：是的，此外，我们还说到了小如即将上一年级，她面临的危险因素也随之增加，因此需要对小如进行安全教育。但是你们总是觉得自己除了说"注意安全"就不知道说什么了。
>
> 案主祖父：对啊。我们没文化，不会讲道理。
>
> 笔者：伯母，您觉得小如总是将身上衣服弄得很脏是因为您太忙了，没时间带小如玩，是吗？
>
> 案主祖母：是的，邻居家没那么忙，就待在家带孙子，将孙子带得很白净。
>
> 笔者：伯母，每个人家里的情况不一样。你们现在正在修房子，所以比较忙也是在所难免的，我相信等你们忙完这段时间，就会有更多的时间带小如玩耍。
>
> 案主祖母：也是，我们这也是没办法。
>
> 笔者：修房子是一个好事情。而且上次我们也聊过，小如年龄小，在农村玩耍难免会将衣服弄脏，与之相比个人饮食卫生和口腔卫生更重要。
>
> 案主祖母：你上次也提到过。就是要让小如饭前便后洗手、每天刷牙？
>
> 笔者：是的。这都是关乎小如个人身体健康的事情。
>
> 案主祖母：你这么一说，好像也对，衣服脏了可以洗，脏东西吃进去了是真的对身体不好。
>
> 笔者：是的，小如的虫牙要是再发展下去伤到牙神经了，到时候就

会牙疼。而且小如现在正在换牙的时期，坚持刷牙、保持口腔卫生，长出来的牙齿会更好看。

案主祖父：我们从来没有深入想这些，我们看见的都是表面问题。我们没有每天刷牙，也就没有要求小如每天刷牙。

案主祖母：今天听你这么一说，今后要注意提醒小如了。

经过访谈，案主祖父母逐渐意识到自己家的情况跟别人家不一样，小如年龄较小，爱玩是天性，且再跟着他们在工地上玩，难免会将衣服弄得很脏。相比较之下，更为重要的是小如的个人饮食卫生和口腔卫生。对于问题背后的原因，案主祖父母将之归结于自己看问题只是看表面，并没有意识到小如个人饮食卫生和口腔卫生的重要性。而笔者认为，因为过往生活经历和教育背景，案主祖父母没有意识到保持个人饮食卫生和口腔卫生的重要性。

对案主祖父母忽略案主个人饮食和口腔卫生背后的原因进行探讨后，笔者要让案主的祖父母意识到自己不能够很好地为案主提供安全教育背后的原因。

笔者：您说希望案主注意安全，但每次又不知道说些什么，是吗？

案主祖母：是的。

笔者：那您觉得是什么原因导致您不太会安全教育呢？

案主祖父：我们嘴巴笨，不会说话。

笔者：那您觉得我嘴巴笨吗？

案主祖父：你是研究生，你嘴巴怎么会笨。

案主祖母：你读书多，你肯定会说话。

笔者：（笑笑）伯伯、伯母，按照你们那么说，我应该也算是嘴巴笨的。因为我在安全教育方面懂得也不是很多。我也是需要学习才能知道如何保护好自己。

案主祖母：你们在学校能学习，我们天天在工地，只能跟砖头打交道。

笔者：也就是说你们觉得你们其实是缺少学习的机会？

案主祖父：我们是没地方学习，也没想过去学习。

笔者：那如果我从网上找一些相关的学习视频，您愿意跟我一起看看吗？

案主祖父母：那当然好啊。

对于案主祖父母在安全教育方面为何没有话可说，案主祖父母将之归结于嘴笨。但在笔者的引导下，案主的祖父母逐渐认识到自己不会安全教育是因为缺少对安全教育知识的学习。对此，笔者提出找一些相关的网络资源一起学习，案主的祖父母对此表示认可。

在此次访谈最后，案主祖父母表示从今天开始会督促小如早晚刷牙，饭前便后洗手。接下来笔者会从网络上找一些安全教育的视频，与案主及其祖父母一起观看。

3. 第三阶段：用行动改变问题

在两次访谈之后，案主祖父母对于自己的照顾方式有了更为全面的认识，他们意识到了自己的照顾方式仍然存在的一些不足，即忽视了案主的个人饮食卫生和口腔卫生，也不太擅长提供安全教育。经过第二次服务后，案主祖父母更加注意对案主个人饮食卫生和口腔卫生的照顾，他们也期待与笔者一起观看安全教育视频。

在第三次服务时，案主的祖父母表示自己最近有刻意地提醒小如饭前便后要洗手、早晚要刷牙。前两次为案主祖父母提供介入服务的同时，笔者也通过绘本共读的形式为案主提供卫生教育，使得案主对于保持良好的卫生习惯有了更多的认识。因此，在案主祖父母的督促下，小如已经开始坚持早晚刷牙，每次吃饭前也都会洗手。但是仍发现案主的指甲里有很多的脏东西，且手指甲长短不一。

笔者：伯母，您平常会帮小如剪指甲吗？

案主祖母：我没帮她剪，她在学校有老师帮忙剪。

笔者：小如，那你在家指甲长长了怎么办呢？

小如：（笑笑）我用嘴咬掉。

笔者：这样子啊！指甲里有很多黑色的脏东西，用嘴咬会将脏东西吃进肚子里的哦！

小如：可是我不会剪指甲，家里也没有指甲剪。

案主祖母：我们平时都是用大剪刀剪的。

笔者：伯母，小如现在还小，她不会自己剪指甲。她用嘴咬指甲一方面很不卫生，另一方面也会养成不好的习惯。养成用嘴咬指甲的习惯后，一般都会将指甲咬得越来越短，甚至有可能咬到指甲都无法保护手指头。

案主祖母：我们平时也没有注意这些。

笔者：小如在幼儿园时老师关注的方面会比较多，但今后小如上小学了，可能还是需要家长帮忙剪指甲，等她再长大一点就可以自己剪了。

案主祖母：剪个指甲也不麻烦，只是我们真的没关注这么细小的问题，我还要去买个指甲剪。

笔者：这个事情不急，可以等您下次上街的时候再买。我包里有指甲剪，可以先给小如剪一下。

帮案主剪指甲是新发现的问题，不在本次服务的计划之内。而第三次的服务计划是与案主的祖父母一起观看安全教育视频。因此，在与案主的祖母沟通好帮助案主剪指甲的问题后，笔者表示先一起观看安全教育视频，随后待案主的祖父母去工地后，笔者帮案主剪指甲。

笔者与案主及其祖父母一起观看中国首部校园安全教育系列电影科教片《呵护生命 平安成长》，这部科教片共有十集，每集二十分钟左右，每集的安全教育主题均不一样。笔者、案主及其祖父母一起观看了几集比较重要的主题：中小学生应对侵害的预防与自我防护、中小学生的食品卫生安全、中小学生如何避免交通事故、中小学生应对火灾的自我防护、中小学生体育活动的安全防护。

在观看视频的过程中，小如注意力集中，并且有不懂的地方会问笔者，有想要讨论的也会与笔者讨论。案主祖母则表示这个安全教育很重要，自己平时忙，没有时间给小如讲这些内容，案主祖母要求小如在观看视频后要记住那些内容，保护好自己。

第四次服务时，案主祖母已经购买了指甲剪，自从小如剪指甲后，小如的小手也洗得比以前干净了。最近一段时间，小如会自己主动刷牙，有时候案主祖母也会提醒小如刷牙。小如父亲知道小如每天都刷牙后，给小如买了新的牙刷和牙膏寄回家。第四次服务的主要服务内容仍然是与案主及其祖父母一起观看安全教育视频。在这次安全教育视频观看完后，笔者提出了一个需要案主祖父母在今后的安全教育中尤其注意的点：告诫小如应该保护好自己的隐私部位，不能让别人看、触摸。如果有人试图触摸自己的隐私部位，应该第一时间告诉老师和家长。

笔者：伯母，不知道您注意到没有，小如每次穿裙子的时候也会将腿叉开坐，这样使得她的小内裤都露出来了。

案主的祖母随即明白了笔者的意思，于是看了一眼案主，并对案主说："女孩子不可以叉开腿坐。"

笔者：小如，重要的不是不能叉开腿坐，而是不能让别人看见你穿的小内裤。

小如听见笔者和祖母的话后马上调整了自己的坐姿。

笔者：小如，你是女孩子，女孩子穿漂亮裙子的时候就要像公主一样，你看绘画本上面的公主，是不是都没有叉开腿坐啊，都是将两条腿并拢坐的对不对？（小如点点头）我们的衣服和裤子盖住的地方就是我们的隐私部位，不可以让别人随便触碰哦。（小如又点点头）那如果别人要碰你的隐私部位，怎么办呢？
小如：（笑笑）不知道。
笔者：别人要碰我们的隐私部位的时候，你就大声地跟他说："不可以！你再这样我就要告诉我爷爷奶奶了！"（小如一边笑一边点头）那小如你来说一遍："不可以，你再这样我就要告诉我爷爷奶奶了！"
小如：（小声）不可以，我要告诉爷爷奶奶了！
笔者：大声一点，吓跑坏人。
小如：（声音稍大）不可以，我要告诉我爷爷奶奶了！

笔者在对小如进行这一安全教育的时候，案主的祖父母均在认真倾听，并默默点头。

笔者：伯伯、伯母，小如现在还小，有些事情告诉她一遍，她可能会忘记，所以呢，在小如今后的成长过程中，还是需要你们多给她讲讲如何保护好自己。如果你们有些话不太会组织语言，也可以让小如的小姨给她讲。

案主祖母：你教得很好。你说的这些，我们以前真的没有注意到，更别说跟小如讲了。

虽然针对案主祖父母提供的间接照顾服务才到第四次，但这是与为案主提供直接照顾服务同时进行的，所以到第四次服务时，案主的个人卫生习惯已经开始有所改变，案主成长过程中的安全教育也开始从无到有，因此使得整个服务过程取得了一些较好的成效。

4. 第四阶段：巩固成效

整个照顾服务持续了一个月，案主祖父母在儿童照顾意识方面已经有所改变。按照计划，针对案主祖父母提供的介入服务只剩下两次，因此在第五次服务时，笔者带领案主祖父母对整个服务进行了回顾，通过回顾让案主祖父母看见这一段时间以来自己的改变。

笔者：伯伯、伯母，时间过得很快，转眼将近一个月了。我这段时间经常来打扰你们，你们觉得对于你们来说有没有帮助？

案主祖父：当然有。我们以前只知道不让小如受冷、受饿，也没过多地跟她讲要天天刷牙……没有对她有那么多要求。

笔者：所以你们是觉得你们对待小如的要求变严格了吗？

案主祖母：也不是严格，就是比以前照顾得更细（致）了。以前的确是没管过她洗手、刷牙、剪指甲的事情。现在跟她多说说，她也的确是比以前更讲卫生了。她现在自己会说要刷牙，有时候她爷爷从工地回来，她会要她爷爷先洗手再吃饭。

笔者：那您觉得您照顾她的压力有没有增加？

案主祖母：这能有什么压力，小如很听话，我们就是动动嘴，多提醒提醒小如。

笔者：我看小如现在的指甲剪得很好，是您帮她剪的吗？

案主祖母：我还是会忘记帮她剪指甲的事情，因为工地上的事情太多了。是小如自己让我帮她剪的。有时候她也会自己拿指甲剪剪指甲，不过她还不太会用指甲剪。

　　笔者：小如很聪明，不过还是要提醒她注意安全。

　　通过对服务过程的回顾，案主祖父母表示相比较于以前，现在对案主的照顾变得更加细致了，这些改变也并没有增加他们的照顾压力。通过直接为小如提供照顾服务和案主祖父母近一个月对小如的督促，小如的个人卫生意识已经有了很大的提升，小如在饭前便后会洗手、坚持早晚刷牙，也不再用嘴咬指甲。第六次服务时，笔者对案主祖父母和案主的改变进行了肯定，并鼓励案主及其祖父母继续将这些改变保持下去。至此，针对案主祖父母提供的服务正式结束。

　　（二）加强亲子间的沟通与联系

　　案主小如只有 6 岁，在其祖父母的照顾下，案主性格较为活泼开朗，表现了超出同龄人的懂事。案主的父亲已经连续两年没有与案主见面也没有任何联系，这一现状已经影响到小如与父亲之间的关系（提到父亲时，小如经常沉默不语，避而不谈其父亲）。所以笔者将通过间接照顾服务，即，增加案主与其父母之间的沟通，改善亲子关系。针对案主父母提供的服务主要以微信聊天和打电话的方式进行。

　　1. 与案主母亲取得联系

　　在资料收集阶段，谈及案主父亲与案主断联两年，案主祖母意识到这样对案主的成长不利，但是自己并没有什么办法去解决这一问题。于是笔者在正式为小如提供照顾服务之后，便主动添加了案主母亲的微信，并向案主母亲介绍了自己及自己提供的服务。案主母亲表示非常感谢笔者为小如提供服务，并诉说了自己因为要养家而不得不外出打工的辛酸以及对小如的歉意。

　　案主母亲：谢谢你对我们小如的陪伴，我妈妈也给我说过你为小如做的服务，感觉你就是小如的良师益友！

　　笔者：不客气的，姐姐，我很喜欢小如，小如是一个很聪明、很听话的女孩子。

　　案主母亲：是啊，我和她爸爸在外面打工，都没有时间陪她。

　　笔者：我能够理解，在苏州的确有更多的就业机会。没办法陪伴，可以多打电话联系。

案主母亲：谢谢你的理解。我们是需要多打电话回家，但是因为工作比较忙，所以经常忘记给她打电话。

笔者：你们可以多在小如在家的时候打电话，比如等小如放学后。然后可以定个闹钟提醒一下自己。

案主母亲：嗯嗯，是个好办法。其实我和她爸爸准备挣点钱将家里的房子弄好后就回家照顾她。

笔者：这样安排很好，能陪在小如身边是最好的。伯伯和伯母把小如照顾得很好，你们可以放心。

2. 促使案主父母明白父亲对女儿的重要性

与案主母亲有了联系后，笔者经常图文并茂地将为小如服务的情况反馈给她，这也增加了她对自己女儿的了解。为改善小如和其父亲之间的关系，笔者与案主母亲就这一问题进行了一次电话沟通。

笔者：小如的父亲现在在旁边吗？

案主母亲：在的，但是他性格比较内向，也不太会说话，所以他可能不太想接电话。

笔者：我理解，毕竟每个人性格不一样嘛！（尊重）但是听说小如的父亲两年来一直没有回过家，也没有给小如打过电话，您能具体说说原因吗？

案主母亲：唉！不回家是因为家里没有地方住，今年把房子修好之后，她爸爸会回家的。不给小如打电话也是因为她爸爸不太会讲话，而且他听不懂我们当地的方言。

笔者：今年回家就太好了，小如现在对她爸爸太陌生了。关于打电话，我觉得只要小如的爸爸能主动给小如打过来，小如会接听的，而且他们可以用普通话来交流。我平时与小如沟通就是讲的普通话。（建议）

案主母亲：那行吧，我等下跟她爸爸商量一下。

笔者：好的，他们父女之间重新建立联系还是要通过您在中间牵线。迈出第一步可能会比较难，但是给自己的女儿打电话，没什么大不了。

　　案主母亲：小如的爸爸很爱小如的。上次你发了小如刷牙的照片给我，她爸爸就马上给她买了新的牙具寄回家。

　　笔者：我看见了。但是爱是应该要表达出来的，小如年龄小，如果不说明白，那么她可能就会认为爸爸不爱自己。

　　案主母亲：小如的爸爸不敢打电话，还有一个原因，就是他怕跟小如打电话打多了，小如会想他。其实，她爸爸比我还想小如呢！

　　笔者：不打电话就会让小如与父亲之间的关系变淡，让小如以为爸爸不爱她。电话打多了，父女之间的感情好，小如会更想他。但是，"很想爸爸"与"感觉爸爸不爱自己"，哪个对小如的负面影响更大呢？而且我相信，就算小如的爸爸没有给小如打电话，小如也是想爸爸的。

　　案主：你说得很有道理，我会转告给她爸爸的！

　　通过与案主母亲电话联系，笔者对于案主父亲不给案主打电话的原因有了更加深刻的认识。第一个原因是案主父亲性格内向、不善言辞。第二个原因是案主父亲是河南人，听不懂 X 村的方言。第三个原因是案主父亲担心跟小如联系多了，小如会想爸爸。对于这些原因，笔者表示理解，并且提出了自己的一些建议，而案主母亲表示笔者的建议很有用，她会做好中间人，让案主父亲多给案主打电话。

　　3. 促进案主父亲与案主联系

　　在与案主母亲电话沟通过后，案主父亲最终给小如打了两年来的第一个电话。笔者在案主家见到案主时，案主主动告诉笔者她爸爸给她打电话了，眉眼之间藏不住的喜悦。于是，笔者在当天就与案主母亲进行了联系，对案主父亲迈出第一步给予肯定。

　　笔者：姐姐，听小如说她爸爸给她打电话了啊？

　　案主母亲：是的。她爸爸前几天跟小如通过电话了。但是没说几句话就挂了，他们两个都不知道说些什么。

　　笔者：因为小如两年没见到爸爸了，也没有跟爸爸通话，所以一时之间可能感觉有点害羞。不过能够打电话就已经很好了，父女之间多沟通、多交流，话题会慢慢多起来的。

案主母亲：嗯嗯，其实我昨天跟小如打电话了，我问她要不要跟爸爸说话，小如说不跟爸爸说话。

笔者：小如还是比较害羞，她是很喜欢爸爸的。她告诉我她爸爸给她打电话了，她可开心了。

案主母亲：是吗？那下次再让她爸爸给她打电话试试。不过，她爸爸感觉没什么话跟小如说，就连我有时候都没什么话跟小如说。

笔者：没有一起生活就没有共同的经历，从而没有共同的话题。你们可以多问问小如的爱好、日常生活和学习。比如说小如的爸爸下次给小如打电话可以问问小如：收到爸爸给你买的牙刷和牙膏了吗？喜不喜欢这些东西？小如不知道跟你们说什么，但是你们问她问题，她肯定都会回答的。（建议）

案主母亲：是个好主意，我转告她爸爸，我们下次多找点话说。

笔者：其实也不用刻意找话题。你们只要把你们内心对她的关心、爱意表达出来，小如就能够感受到。

后续经过多次的沟通，案主父亲慢慢地与案主建立了电话联系。虽然每次通话时间不长，但是父女俩经过几次电话联系后，当笔者再跟案主谈及父亲时，案主不再像以前一样沉默了。在服务的最后，案主即将开学，案主父亲又给案主寄来了新的书包和一块手表。当笔者到案主家后，案主高兴地将自己的新书包和手表拿给笔者看。

笔者：这是谁给你买的？

案主（笑）：是爸爸。

（三）丰富案主日常生活

案主幼儿园毕业，暑假过后即将进入小学上一年级。由于案主没有暑假作业，加之案主所在的幼儿园是因为洪涝灾害而突然放假，案主的书籍也没有带回家，所以这一直接照顾服务不涉及作业辅导。但整个暑假的时间较长，为了使案主保持学习的状态，也为了能够进一步丰富案主的生活，因此为案主提供了画画、绘本共读和手工课等服务。希望能够通过直接照顾服务培养案主的兴趣爱好，促进案主动手能力的提升。为案主提供的直接照顾服务共有 12 次，其中有 2 次是与案主的祖父母一起观看安全教育视频，其余 10 次包括画画 4 次、绘本阅读 3 次、手工课 3 次。

设置共同画画环节是基于在收集资料阶段笔者了解到案主比较喜欢画画，而且其小姨还曾给案主买过一整套的画笔和一些绘画本。案主喜欢画画，在画画的过程中特别投入，而且一直有自己的主见。在案主画完画后，笔者将案主的作品通过微信发给了案主母亲，以此取得与案主母亲之间的联系，也加强了案主母亲对案主的了解。

绘本共读环节，笔者与案主共读了两本绘本，一本是《肚子里有个火车站》，另一本是《牙齿大街的新鲜事》。这两本绘本的颜色较为丰富，故事内容也很生动，最重要的是符合案主的教育需要。《肚子里有个火车站》是教导小朋友吃东西不能狼吞虎咽，也不能胡吃海塞，而是应该合理、健康饮食；《牙齿大街的新鲜事》则是教育小朋友要养成良好的卫生习惯，要坚持刷牙，否则虫子会在小朋友的牙齿上建造属于它们自己的商业街。这两本绘本的共读，不仅能够丰富案主单一的暑假生活，而且具有一定的教育意义，为案主卫生意识的提升和卫生习惯的养成奠定基础。

两本绘本中案主比较喜欢的是《肚子里有个火车站》。笔者与案主一起读完这一本绘本后，案主居然主动要求再读一遍。

案主：我们再看一遍这个书吧？

笔者：你很喜欢这本书？

案主：是的，太有意思啦！

笔者：哦？那你能说说哪里有意思吗？

案主：这个书里的小女孩肚子里居然有个火车站，而且还有好多精灵。这个女孩子吃了一大个冰激凌后，小精灵都干不动活啦。

笔者：她肚子里的精灵生气了，对不对？

案主：是的。小精灵生气了，小女孩就会肚子疼。

笔者：所以，我们不能像那个小女孩一样一次性吃好多好多的冰激凌，对不对？

案主：是的。

前两次手工课上笔者选择了教案主折纸，包括纸船、千纸鹤、青蛙、纸风车、皮卡丘等。案主在学习折纸的过程中态度谦虚，能够一步一步跟着笔者去做，不懂的时候会停下来询问笔者，由此可见案主在学习时拥有认真与谦虚的态度。第三次手工课的内容是剪纸贴画，将卡纸上的各种图案用剪刀剪下，然后贴在册子上，形成自己的创意贴画。这一服务能够锻炼案主的耐心与细心，使案主能够静下心来专注于一件事，有助于培养案主良好的品质。笔者在服务的过程中时刻注意着案主的一举一动，因为在案主使用剪刀时要保证案主的安全。

直接照顾的方式能够为案主提供一定的社会支持，弥补祖辈照顾者的不足，丰富案主的生活。此外，通过直接照顾服务与间接照顾服务相互配合，能够更好地达成服务目标。

第三节　介入效果评估和反思

一　效果评估

为了对儿童照顾服务取得的成效有一个更清晰的了解，笔者运用半结构访谈的方式进行了结果评估。评估的对象包括案主、案主祖父母、案主母亲。

通过对案主祖父母、案主母亲的访谈了解到，他们在笔者提供服务之前，并没有意识到自己忽略了案主如此多的需求，而在笔者为案主提供了照顾服务后，他们自身的一些想法发生了改变，案主也养成了一些良好的行为习惯。

案主母亲：老实说，我和小如的爸爸这么多年以来对小如的关心的确不够。之前我们一直认为自己在外面为小如挣钱就可以了，毕竟小如在家有我父母照顾。最近这一段时间，在你的提议下，我给小如打电话打得更多了，小如的爸爸现在也会给小如打电话，我打电话的时候她爸爸也会接过电话跟小如讲话。

笔者：服务能够取得成效也是因为有你们的配合。现在我们的确取得了一些效果，我希望你们能够一直将这种改变保持下去，并且最好能够在平时的通话中多关心关心小如的生活，了解小如的生活习惯。

案主母亲：嗯嗯，你说得很有道理，谢谢你一直以来对我们家的付出。你们这个专业很好，真的做的是对老百姓好的事！

笔者：哈哈，姐姐，你客气了。能够真的对你们提供到帮助，我也非常开心。

在预估阶段，笔者预估案主的服务需求为：促进祖父母照顾意识改变、加强亲子间的沟通与联系、为案主提供直接照顾服务。经过数次的间接服务和 12 次直接服务后，既定的服务目标均较好地达成，在很大程度上满足了案主的照顾需求。

在个案服务之前，案主祖父母提供的是最简单的温饱照顾，缺少对案主的个人卫生习惯培养，也缺少对案主的安全教育。通过笔者的介入服务，案主祖父母对于案主的卫生照顾意识有了一定的转变，不再将卫生照顾简单定义为衣物的干净与否，而是开始帮助案主剪指甲，督促案主饭前便后洗手、坚持早晚刷牙。在安全教育方面，案主祖父母在服务之前不知道具体有哪些安全隐患，不知道如何教育案主注意安全，通过服务，案主祖父母知道安全教育包括饮食安全、交通安全、提防他人侵害等，还知道了对案主进行性别教育。总体来看，案主祖父母经过个案服务后，照顾意识获得了提升，直接促进案主获得更高质量的照顾服务。

在服务之前，案主的成长环境存在一个很大的问题，即案主父亲两年没有回家，也没有与案主有任何的联系，这直接导致案主与其父女关系疏离，感情淡漠。笔者通过间接服务，多次与案主祖父母、母亲沟通，让他们意识到了在儿童成长过程中父亲承担的重要角色以及发挥的重要作用。通过与案主母亲、祖父母的合作，促使案主与其父亲再次获得了电话联系，父女两人时隔两年后终于有了沟通交流。

直接提供的照顾服务从案主放暑假开始到案主上学时结束，每周两次的服务频率，在大程度上弥补了案主祖父母因为忙而没有时间陪伴案主、带案主出门玩的遗憾，内容丰富且具有吸引力的服务，丰富了案主的暑期生活，对案主的语言表达、动手能力方面有了一定的提升。

表 2 - 2　个案服务结果评估

介入对象	介入内容	介入前	介入后
案主祖父母	提升卫生照顾意识、安全教育意识	温饱照顾；卫生照顾只涉及衣物干净与否，缺少卫生习惯培养；安全教育意识淡薄。	家里购买了指甲剪，案主祖母会帮案主剪指甲，会督促案主饭前便后洗手、坚持早晚刷牙，卫生照顾意识有了转变；看过安全教育视频后，安全教育的意识和能力有所提升。
案主父母	加强亲子间的沟通与联系	案主与母亲十天半个月打一次电话，与父亲断联两年；案主与母亲关系一般，提到父亲时案主沉默不语。	案主母亲与案主一周打一次电话，案主父亲会单独打电话给案主，父女之间有了互动；与母亲之间话题变多，提到父亲时案主开始有话说。
案主	直接为案主提供照顾服务	祖父母忙，自己一个人玩扑克牌等玩具。	有笔者每周两次、每次一个小时的陪伴，通过画画、手工、绘本阅读等让案主度过了一个丰富的假期。

　　总体来看，这一个案服务在既定的时间内，较大程度地完成了既定的服务目标，切实为案主带来了个人、家庭环境方面的改变，且促进了个人与环境更好的互动，有助于案主今后更好地成长，但服务效果的持续性还有待进一步观察。

二　个案工作介入留守儿童照顾的专业性反思

（一）明确社会工作者角色定位

　　为凸显出社会工作的专业性就需要将社会工作者在留守儿童照顾中的角色进行明确的定位。留守儿童是儿童中的特殊群体，其主要照顾者本应该是其父母，但是由于留守儿童成长环境的特殊性，所以留守儿童在成长过程中的主要照顾者就变为了祖父母、其他亲属，甚至可能是留守儿童自身。在留守儿童照顾中，社会工作者只是众多照顾主体之一，是留守儿童家庭主要照顾者的伙伴，是留守儿童的次要照顾者。

　　在明确角色定位之后，社会工作者就需要在自己的角色权限之内为留守儿童提供服务。作为留守儿童主要照顾者的伙伴，社会工作者要在尊重的基础上，与留守儿童的主要照顾者多沟通、多交流，相互合作，共同为留守儿童提供照顾。此外，社会工作者还应该加强与留守儿童其他照顾主体的互动。一方面，社会工作者要积极增加自身和留守儿童家庭主要照顾者与政府、社区、学校等照顾主体的联系；另一方面，社会工作者要发挥自身优势，为留守儿童链接更多的资源。

在为案主提供照顾服务的过程中，笔者始终与案主、案主祖父母、案主母亲保持良好的专业关系，且与案主的主要照顾者加强沟通，协力为案主提供更好的照顾。由于案主没有资源链接方面的服务需求，所以笔者就没有与政府等其他照顾主体联系。

（二）严格按照个案社会工作流程提供服务

相较于志愿者，社会工作者提供的服务往往是更为专业的，原因在于志愿者为留守儿童提供服务时仅提供他们能提供以及他们想提供的服务，而社会工作者则是在接案后与案主及其家人建立专业关系，然后通过访谈、调查等方式收集与案主相关的资料，分析案主的照顾需求，最后运用社会工作专业理论，以理论为基础制订服务计划，并按照计划来提供照顾服务。社会工作者介入农村留守儿童照顾服务的每一个步骤都是进行下一个步骤的前提，环环相扣的服务过程是社会工作服务与志愿服务的区别，也是专业性的体现。

在为案主提供服务的过程中，笔者严格按照社会工作服务步骤进行，并根据案主的服务需求制订了翔实的服务计划，最终达到了既定的目标，使得社会工作者介入留守儿童照顾服务的这一个案取得了成效。

（三）社会工作专业方法的运用

社会工作由西方舶来，在中国生根发芽，逐渐发展出适合中国本土运用的社会工作方法。社会工作与心理学、社会学等其他学科的区别很大一方面就在于社会工作的专业方法、专业技巧。在为留守儿童提供照顾服务的过程中，笔者要注意服务过程中社会工作方法的运用。

在为案主提供照顾服务的过程中，笔者始终接纳、尊重案主祖父母对案主提供的照顾服务。笔者与案主祖父母、案主母亲进行沟通的时候运用了较多的沟通技巧，在与案主母亲进行沟通交流的时候专注倾听，同理案主母亲为生活奔波的不易以及她对案主的歉意。这些专业方法的运用极大地帮助笔者与案主及其家人保持良好的专业关系，促进笔者与案主及其家人相互合作，共同为服务目标而努力。

三　个案工作介入留守儿童照顾的优势

（一）弥补家庭照顾者的照顾局限性

2016 年，民政部对全国留守儿童摸底排查，发现 0～16 岁留守儿童有

902 万。其中大多数留守儿童由祖父母或者外祖父母提供隔代照料。农村留守儿童的祖父母或是外祖父母受教育程度普遍较低，因此，他们为留守儿童提供的仍然是传统的照顾方式。即，只照顾留守儿童的温饱。这一照顾方式用于照顾当代儿童明显是不够的。但是受客观因素限制，他们无法提供更加科学、合理的照顾。

国家的儿童照顾政策涉及时间、资金、服务三个方面。时间方面，提供产假、育儿假等假期；资金方面则是针对贫困家庭提供专项津贴等，我国目前还没有普惠制的儿童津贴；服务指各种托育服务。[①] 市场为儿童提供托育服务。社会工作者提供儿童照顾服务可以基于社会工作三大工作方法，如，目前在各大中小城市广泛开展的"四点半课堂"就属于运用社区工作方法为留守儿童提供照顾服务。

在本章中，笔者运用个案工作为留守儿童小如提供照顾服务，与小如的祖父母、母亲就小如的情况进行沟通交流，促使小如的照顾者照顾意识的提升。笔者为小如提供的安全教育、绘本共读等服务均是小如的祖父母难以为小如提供的。这在一定程度上弥补了小如的家庭主要照顾者对小如照顾的局限性，这些服务也是国家、市场等照顾主体无法为留守儿童直接提供的。

（二）满足留守儿童的深层次照顾需求

儿童照顾包括生活照顾、身心健康、文化教育等内容，留守儿童的照顾者为其提供的往往只是生活照顾，且生活照顾往往只是满足温饱。随着留守儿童的成长，他们会有更深层次的照顾需求。社会工作者所提供的服务涉及方方面面，能够为留守儿童收集相关信息、调动各界的资源等，这些能力能够更大程度地满足留守儿童内心深层次的照顾需求。

在为小如服务的过程中，笔者就通过绘画、绘本共读、手工课等丰富了案主的暑期生活，满足了案主内心的陪伴需求。笔者通过与案主母亲联系，促使案主与断联两年的父亲重新有了电话沟通和情感交流，弥补了父亲在案主生命中的空缺。这些服务对案主今后的身心健康发展均有积极的作用，而这也是案主祖父母甚至是父母没有注意到的小如深层次的需求。

（三）为留守儿童提供精准的照顾服务

个案社会工作介入留守儿童照顾服务需要社会工作者付出极大的精力。

---

① 周晓春、韩旭冬、张肖蒙、尹姝亚、聂睿：《留守儿童抗逆力提升的历奇干预：基于混合方法试验研究的项目可行性探讨》，《社会工作与管理》2021 年第 4 期。

无论是从资料收集到预估，还是从服务计划的制订到实施，整个过程都需要社会工作者耐心、细心地从留守儿童个人的特殊情况出发。这也就意味着，社会工作者为留守儿童提供照顾服务的过程一定是针对留守儿童具体的需要所开展具体的服务，即，社会工作者运用个案工作介入留守儿童照顾服务中，社会工作者为留守儿童提供的是一种针对留守儿童个人化的、精细化的服务，能够满足不同留守儿童不同的服务需求。

为切实满足案主的需求，笔者对案主家庭、学校、社区等多方面的资料进行了收集。经过分析后预估出案主在祖父母照顾意识提升、亲子关系改善、陪伴等方面的需求。针对案主的需求，笔者制订出了精准的服务方案，从案主及其祖父母、父母三个角度提供照顾服务。不同的儿童照顾需求会有所不同，但总体来看，无论案主的照顾需求是什么，社会工作者都能够针对留守儿童的情况提供精准的照顾服务。

四　个案工作介入农村留守儿童照顾的不足

（一）社会工作发展现状与服务需求相悖

社会工作在我国沿海大城市发展较好，在欠发达城市则处于起步阶段，而偏远农村地区又存在大量留守儿童，亟须社会工作者提供服务。这就使得我国社会工作的发展现状与农村留守儿童对社会工作服务的需求相悖，因此这在很大程度上限制了社会工作者开展农村留守儿童照顾服务。

近年来，国家相关部门提出要发挥社会工作专业人才在农村留守儿童关爱保护工作中的作用[①]，但是在欠发达城市，地方政府资金不足直接限制了地方政府购买社会工作服务。社会工作机构与政府之间是关系密切的合作伙伴，政府购买不足会限制社会工作机构的发展，社会工作发展滞后则又无法促进民生服务的提供。社会工作是一个服务民生的行业，社会工作者不同于志愿者，社会工作者需要依靠自己的工作维持基本的生活，行业待遇较低是社会工作领域难以留住人才的重要原因之一。没有社会工作专业人才，社会工作机构的服务质量就难以得到保证。

隶属于湖南省西北部的 X 村目前需要社会工作者提供留守儿童照顾服

---

① 孙文中、孙玉杰：《家庭生态系统：农村留守儿童关爱服务体系的建构路径》，《社会工作与管理》2019 年第 4 期。

务，却又没有足够的资金购买服务。这一方面限制了当地社会工作机构的发展，另一方面又无法满足广大留守儿童的照顾服务需求。湖南省自 2018 年以来开始在乡镇（街道）建设社工站的"禾计划"项目，其建设的方式为政府购买社工机构乡镇社工站建设项目，社工机构招聘、管理社工人才，社会工作机构为一个乡镇社工站仅配备一至两名社工开展民政领域的社会工作。这在一定程度上破解了基层民政力量不足的难题，也促进了湖南省社会工作行业的发展，增加了社会工作的就业岗位，但这仍然难以满足广大城乡居民的社会工作服务需求。

（二）个案介入对人力资本需求较大

从个案社会工作的工作特性来看，这一方法能够为个人或者家庭提供具有针对性的长期服务，这是个案社会工作的优势同时也是不足。在运用个案社会工作为农村留守儿童提供照顾服务的过程中，个案社会工作特性导致的不足仍然无法避免，即，运用个案社会工作为农村留守儿童提供照顾服务需要消耗社会工作者大量的时间精力；对于社会工作机构来说，需要耗费大量的人力资本。目前社会工作机构大多都面临专业人员不足的问题，这从一定程度上限制了社会工作介入农村留守儿童照顾。

在为案主提供服务的过程中，笔者作为社会工作者在整个过程中耗费了巨大的时间精力。在提供服务之前，笔者进行了相关服务的文本性学习，在接案到结案的过程中，笔者基本保持一周两次去服务对象家，一次待两个小时左右的时间。除了直接上门提供服务，笔者还有服务之前的准备工作、服务后的总结反思工作、针对案主父母的间接服务工作等。笔者之所以能够在两个月内完成工作量如此大的个案服务，主要得益于笔者是在家等待返校的学生，有充足的时间精力为案主提供这一服务。如果将这一服务的提供者换成在岗的社会工作机构社工，这对于他们来说是巨大的工作量，因为一个在职社工不可能只服务一名个案案主。

个案社会工作介入农村留守儿童照顾需要耗费巨大的人力资本，并不仅在儿童照顾服务领域。这是个案工作特性所致，所以难以避免。因此更为关键的是，要想办法去优化服务，减少这一弊端带来的影响。

（三）介入服务仅针对微观和中观系统

运用个案社会工作提供农村留守儿童照顾，往往是针对案主个人、案主的家人、案主的学校等进行介入服务，服务的层面仅仅涉及微观层面和中观层面，农村留守儿童照顾的宏观层面难以进行介入。运用个案工作提供照顾服务是一个"以生命影响生命的过程"，对于个人和家庭来说能够取得显著的成效，但是从整个社会层面来看，则需要较长的时间取得成效。

在本章中，笔者主要针对案主的微观系统（案主本人）、中观系统中的家庭（案主祖父母、父母）提供介入服务，对于案主的宏观系统（社区、儿童照顾政策）则没有进行相关服务。

因此，积极促进宏观政策和社会大环境的改变，能够给农村留守儿童提供更好的照顾环境，能够更快速地惠及广大农村留守儿童。在社会大环境改变的基础上针对农村留守儿童个人及其家庭提供个案服务，我国农村留守儿童的照顾现状才能有更加显著的改变。

第三章　社会工作介入校园欺凌的实践研究

——以小学生校园欺凌行为为例

第一节　校园欺凌情况简介

一　校园欺凌的现状

近年来，由于网络媒体的快速发展，同学之间疯狂扇耳光、揪头发、辱骂等现象的欺凌视频逐渐出现在大众的视野。频频曝光的校园欺凌事件不断地挑战着社会的底线。校园欺凌产生的负面效应会持续伴随着学生的成长，对学生的校园生活有着十分重要的影响。虽然家长和老师对校园欺凌给予了高度关注，但是家长和老师对待欺凌事件大多"心有余而力不足"。欺凌事件的发生对学生的成长、学校的发展乃至社会的发展都十分不利。显然，防治校园欺凌行为已经成为社会公众共同的呼声。因此，为了降低甚至从源头上杜绝校园欺凌事件的发生，对学生进行校园欺凌行为的预防教育十分必要。

国家、政府以及社会各界人士都对校园欺凌问题给予了高度的关注。在《国务院教育督导委员会办公室关于开展校园欺凌专项治理的通知》中提到，为了促进学生身心健康的发展和创建平安和谐的校园环境，学校要对学生开展以校园欺凌治理为主题的专题教育，各校要制定完善的校园欺凌的预防和处理制度、措施，建立校园欺凌事件应急处置预案。教育部等九部门在《关于防治中小学生欺凌和暴力的指导意见》中，明确表示相关部门要对校园欺凌行为做到积极有效的预防，对于校园欺凌中的欺凌者必须依法依规采取适当的矫治措施予以教育惩戒。国务院办公厅印发的《关于加强中小学幼儿园安全风险防控体系建设的意见》中强调了建设中小学幼儿园安全风险防控体系的重要性，要求相关人员当发现欺凌行为时，要做到及时的防治，对于造成严重后果的校园欺凌事件，必须对欺凌者坚决做到依法处置，为学生营造和谐的校园氛围。2017 年，南京大学社会风险与危机管理研究中心和中南大学社会风险研究中心发布的《中国校园欺凌调查报告》中指出，语言欺凌的发生率在欺凌行为中的占比达到 23.3%，远远高于其他欺凌行为。这项报告为校园欺凌的管理方法指明了方向，加深了社会公众对校园欺凌的了解。

目前，关于校园欺凌的政策文件陆续出台，与其相关的法律法规也在逐步完善。社会各界对校园欺凌问题十分关注，政府部门也对此付出了许多努力，但是仅仅政策的支持并不能从根本上解决校园欺凌这一严峻且棘手的问题，这时就需要专业的机构或专业的方法，协同处理校园欺凌问题，及早发现、干预和制止校园欺凌行为。

二　校园欺凌的定义

关于欺凌行为的研究始于 20 世纪 70 年代，欺凌一词最早在 1978 年由挪威学者欧维斯提出，他认为，校园欺凌是受害者在某段时间内被一个或多个学生有意地、反复地、持续地施以负面行为，致使被欺凌者的身体或心灵受到了某种程度的伤害。[1] 欧维斯和罗兰把欺凌定义为"一个或多个人反复地多次遭遇来自另外一个人或几个人的消极行为"。[2] 在中国，孙临美和林玲将欺凌定义为"通过直接或间接的方式，故意地对他人施加伤害，使他人的身体、心灵等都受到不同程度的创伤，并且引起他人难过、厌烦等反应的行为"。[3]

校园欺凌主要涉及欺凌者、被欺凌者和旁观者三种角色，欺凌者在实施欺凌的过程中利用威胁、恐吓等形式逼迫被欺凌者屈服，在校园欺凌中扮演"强者"的角色，由于长时间实施欺凌行为，如果不能得到及时的教育，欺

---

[1] Olweus, D., *Bullying at School: What We Know and What We Can Do*, (Oxford: Blackwell, 1993), pp. 59 – 61.

[2] Olweus D., Roland, E, "Mobbing: Bakgrunn og tiltak. Oslo: Kirkeog," *Undervisnings Departementet* 3 (1983): 2

[3] 孙临美、林玲：《儿童校园欺凌问题的现状 归因及对策》，《校园心理》2009 年第 3 期。

凌者的欺凌行为会越发严重，甚至在成年后产生越轨行为，走上违法犯罪的道路。被欺凌者由于长期遭受校园欺凌，对学校产生恐惧，其身体成长和心理健康发展会受到影响，身体和心理受到双重创伤，有的被欺凌者最终甚至会选择自杀这种极端的行为结束生命。对于旁观者来说，荷兰图尔库大学主持研发的"KiVa"项目（KiVa 是荷兰语的缩写，"Kiusaamista Vastaan"，其对应的英文为"against bullying"，即"反欺凌"）中提到，发生欺凌事件时，旁观者对待欺凌事件的态度对欺凌事件的发展也有着十分重要的影响，如果旁观者对欺凌行为采取置之不理的态度，可能会助长欺凌者的欺凌行为，如果旁观者及时制止或者向被欺凌者伸出援手，可能会避免被欺凌者遭受更严重的伤害。[1] 除此之外，有时候旁观者可能会因不能帮助被欺凌者而感到内疚、自责、无措，对其心理产生一定的创伤。校园欺凌的常见形式主要有身体欺凌、言语欺凌、社交欺凌、网络欺凌等。

三 校园欺凌的防治

关于校园欺凌的防治策略可以从学校、班级及学生三个层面进行，还可以对欺凌事件的当事人从认知及情绪方面进行积极的预防。陈璇认为，当学生作为旁观者目睹欺凌行为后，更加容易激发其"潜在"的欺凌倾向，以致在遇到矛盾发生冲突时，会不由自主地选择暴力解决问题。因此，在发生欺凌事件后，欺凌者、被欺凌者乃至旁观者应该得到及时的干预。[2] 对欺凌者要进行法制教育和合理的惩戒，对于被欺凌者和旁观者要进行恰当的心理疏导，避免进一步恶化。范政、王淑合提出学校要构建心理预防干预机制，心理辅导对卷入校园欺凌的学生十分必要。在校园欺凌事件发生后，要及时对被欺凌者进行心理疏导，以免他们出现更加严重的问题，及时地对被欺凌者采取合适的预防措施。[3] 对于欺凌者，学校要迅速处置和制止其欺凌行为，从根本上解决问题，使欺凌者认识到自身的错误并且及时反省和改正，从而

---

[1] Kärnä, A. et al., "A Large-scale Evaluation of the KiVa Antibullying Program: Grades 4 – 6," *Child Development* 82（2011）: 311 – 330.

[2] 陈璇：《青少年校园欺凌行为的风险因素及预防机制研究——基于广东省珠海市的实证研究》，《青少年犯罪问题》2019 年第 5 期。

[3] 范政、王淑合：《校园被欺凌者易被欺凌的影响因素及干预对策》，《现代教育科学》2019年第 3 期。

避免衍生出更复杂的问题。对于旁观者，学校也要及时地给予关注并且鼓励他们将看到的校园欺凌情况详细地反映给学校。崔博雅指出，学校应当对老师进行预防校园欺凌行为的专业培训，提升老师对校园欺凌行为的应对能力，当欺凌行为发生时，可以有效地制止校园欺凌行为，使欺凌事件可以及时得到解决并且最大限度地降低欺凌行为带来的危害；专业的心理老师应当及时为学生提供科学专业的心理辅导，尽最大可能降低欺凌事件对学生的伤害，弥补欺凌行为对其心理产生的创伤；学校应该全方位设置网络监控，发现欺凌行为应当立即采取措施进行制止，为学生打造一个健康平安的校园环境。[①] 刘晓梅倡导采取复合措施积极有效地处理校园欺凌问题，并且综合考虑我国校园欺凌问题的特点指出，一方面要通过整治学校周边环境，提高学生的自我保护能力；另一方面要关注校园欺凌受害者的恢复，积极推行刑事和解，为学生构筑一座坚实有力的"防火墙"。[②]

国外关于校园欺凌防治策略的研究较为丰富，如，挪威学校严格制订"零容忍"方案，积极干预和制止校园欺凌行为，对校园欺凌问题采取"零容忍"的态度。随着校园欺凌逐渐得到社会的关注，如今各个国家相继制订了许多校园欺凌防治方案，如，西班牙的"玉梭鱼"方案、美国的"坚定立场，伸出援手：向欺凌宣战"方案等都取得了显著的成效，为解决校园欺凌问题提供了更多的思路。[③]

第二节　社会工作介入校园欺凌过程

在社会工作介入校园欺凌的相关案例中，社会工作者主要采取小组工作的方法。通过到学校中开展"向欺凌说不"校园防欺凌小组活动，一方面，帮助学生树立正确的认知，引导学生做欺凌的改变者和防欺凌的参与者，营建良好的校园氛围；另一方面，帮助学生掌握情绪管理的方法，在产生消极情绪时可以采取恰当的方法做到适当的应对和管理，促进和改善同学

---

① 崔博雅：《我国中小学校园欺凌现象及干预治理研究》，《科教文汇》（中旬刊）2019 年第 1 期。
② 刘晓梅：《以复和措施处理校园欺凌问题》，《青年研究》2007 年第 7 期。
③ Jimerson, S. R., Furlong, M. J., *The Handbook of School Violence and School Safety* (New York: Routledge, 2006), pp. 383 – 394.

间的人际关系，从源头上杜绝校园欺凌行为的发生，为学生构建和谐校园、平安校园。以南京市 Q 小学校园防欺凌小组活动为例，以小组成员为核心，社会工作者担任主导者、引导者、观察者等，以社会学习理论和"情绪 ABC"理论为基础，运用鼓励、倾听、支持、澄清、反映、小组自决等专业技巧，鼓励小组成员积极参与到小组活动中，加强社会工作者和小组成员之间的信息交流，以顺利开展小组工作介入预防小学生校园欺凌行为的服务和研究。

一 调研总体情况

（一）抽样方法

本调查在南京市 Q 小学展开，为了了解学生对校园欺凌的认知情况，社会工作者于 2019 年 9 月进入 Q 小学。本次调查对象为 Q 小学五年级学生。采用整群抽样的方法，选取五年级为本次调查的抽样框，再运用简单随机抽样的方法，从五年级所有班级中选取 2 个班级构成本次调查的样本。社会工作者首先向参与调查的同学说明来意和注意事项，接着为了使同学们更加深刻地理解问卷内容，社会工作者就"什么是校园欺凌""什么是欺凌者、被欺凌者和旁观者"等内容进行详细的解释。同学们在班级集中填写调查问卷，10 分钟之后由社会工作者统一收回。本次调查共发放问卷 100 份，回收率 100%，其中有效问卷 95 份，有效率 95%。

（二）样本情况

1. 调查对象的基本情况

在 95 份有效问卷的填写中，男生有 53 人，女生有 42 人。其中，有 24 名同学是学生干部，占 25.26%；超过半数的同学认为自己学习成绩一般，极少数同学认为自己的成绩非常不好。60 名同学认为自己的性格偏外向，35 名同学认为自己的性格偏内向，占比分别为 63.16% 和 36.84%。

2. 调查对象的家庭情况

被调查的学生父母大多是大专及以下学历，以高中/中专为主，极少数为大学本科及以上学历，整体受教育程度较低。综合调查结果和实际情况分析，被调查者父母多数从事个体经营或外出务工，极少数为企业职工。

（三）Q 小学学生校园欺凌行为认知情况分析

1. Q 小学学生对校园欺凌行为的理解不全面

校园欺凌有很多表现形式，殴打、带有侮辱性的身体侵犯是身体欺凌，同学组成小团体来孤立、排挤其他同学属于关系欺凌，辱骂、带有攻击性的言论是言语欺凌，在网络上传递谣言或进行恐吓等行为属于网络欺凌。从"你所理解的校园欺凌体现在哪几个方面？"一问中，可以看出同学们对校园欺凌行为的表现不能准确判断，同学们对身体欺凌和言语欺凌的选择较多，甚至有少数同学对此表示不了解（见表 3 - 1）。

表 3 - 1　校园欺凌行为的表现形式　（N = 95）

单位：次，%

校园欺凌的表现形式	频数	比例
身体欺凌（殴打、带有侮辱性的身体侵犯）	66	69.47
关系欺凌（孤立、排挤，组成小团体）	51	53.68
言语欺凌（辱骂、带有攻击性的言论）	72	75.79
网络欺凌（在网络上传递谣言或进行恐吓等）	12	12.63
不了解	10	10.53

同学之间起"别称"，有的时候可能是为了区分两个同名的同学或者是朋友间的称呼，有的时候则是带有恶意的取笑行为，会使被取笑同学的自信心受挫；同学之间发生打架、吵架等情况，有的时候是发生矛盾引起冲突，有的时候则是以强凌弱。同样的一种行为，有的可能是同学之间的玩笑或者偶尔吵架，有的可能是校园欺凌。由问卷的调查结果可以发现同学们无法正确区别校园欺凌与玩笑、冲突、暴力（见表 3 - 2）。

表 3 - 2　难以区别的行为情况　（N = 95）

单位：次，%

难以区别的行为	频数	比例
欺凌与玩笑	47	49.47
欺凌与冲突	20	21.05
欺凌与暴力	28	29.47

2. Q 小学学生认为校园欺凌的发生与情绪、性格息息相关

为了进一步了解学生对校园欺凌事件的欺凌者和被欺凌者的看法，问卷设计了关于欺凌者和被欺凌者特征的问题。有研究表明，欺凌者的性格多为外向，很容易被激怒，情绪极其不稳定，自我控制能力相对较差，一件极其微小的事情都可能成为欺凌者情绪变化的爆发点；被欺凌者的特征与欺凌者存在明显差异，被欺凌者的性格大多内向、外表屡弱、性格敏感，部分被欺凌者的想法较为悲观，同时也会有缺乏安全感和自信心的情况。[①]

对 Q 小学的问卷调查显示，同学们认为"脾气暴躁蛮横的学生"和"喜欢上网玩暴力游戏的学生"更容易成为欺凌者（见表 3 - 3）。

表 3 - 3　欺凌者特征情况（N = 95）

单位：次，%

欺凌者特征	频数	比例
脾气暴躁蛮横的学生	69	72.63
拉帮结派的学生	47	49.47
喜欢上网玩暴力游戏的学生	51	53.68
成绩差的学生	24	25.26
有家庭背景的学生	22	23.16

"性格软弱的学生"和"身体瘦弱的学生"更容易成为被欺凌者（见表 3 - 4）。有 58.95% 的同学认为高年级与低年级之间更容易发生校园欺凌事件。

表 3 - 4　被欺凌者特征情况（N = 95）

单位：次，%

被欺凌者特征	频数	比例
身体瘦弱的学生	51	53.68
性格软弱的学生	68	71.58
人际关系不好的学生	36	37.89
外表不讨人喜欢的学生	26	27.37
家庭贫困的学生	42	44.21
行为怪异的学生	31	32.63

---

① 韩琳、李明军：《中小学校园欺凌行为研究分析》，《新西部》2019 年第 20 期。

3. Q 小学学生处理校园欺凌行为的态度较为积极

在"如果你目睹校园欺凌,你会怎么做?"一问中,同学们选择"寻求周围人帮助或报警"、"事后报告老师和家长"以及"当场上前制止",没有同学选择"默默无视"(见表 3 - 5)。

表 3 - 5 目睹校园欺凌的应对情况 (N = 95)

单位:次,%

目睹校园欺凌的应对情况	频数	比例
当场上前制止	10	10.53
事后报告老师和家长	46	48.42
默默无视	0	0
寻求周围人帮助或报警	49	51.58

遭受校园欺凌时,大多数同学选择"向老师和家长求救""报警寻求法律帮助",分别有 1.05% 的同学选择"找朋友帮助报复"和"默默忍受",没有同学选择"试图讨好欺凌者以求安全"(见表 3 - 6)。有 93.68% 的同学表示,如果有同学邀请参加校园欺凌,就一定不会参加。

表 3 - 6 遭受校园欺凌的应对情况 (N = 95)

单位:次,%

遭受校园欺凌的应对情况	频数	比例
向老师求救	65	68.42
向家长求救	35	36.84
找朋友帮助报复	1	1.05
默默忍受	1	1.05
试图讨好欺凌者以求安全	0	0
报警寻求法律帮助	20	21.05

由此可见,Q 小学学生处理校园欺凌行为的态度较为积极,在目睹校园欺凌或者遭受校园欺凌时,大多数学生都会积极应对,选择正确的方式处理问题。并且同学们表示,老师和家长对校园欺凌的关注度非常高。

4. Q 小学学生对校园欺凌的产生原因和危害的了解不深刻

校园欺凌的成因主要包括个人因素、家庭因素、学校因素和社会因素四个方面。研究表明，校园欺凌与不良的家庭教养方式有着密切的联系，学生在家庭中受到过度宠爱或冷落，都会对其产生消极的影响；学生是否接受过法制教育、安全教育和心理健康教育也会对校园欺凌的发生有一定的影响；社会环境中存在的暴力因素，如网络暴力游戏、吸毒、虐待儿童等社会现象，也会影响校园欺凌的发生。① 然而，Q小学学生对校园欺凌的产生原因认识得并不深刻，大多数学生认为发生校园欺凌主要是由于缺乏心理指导和法制教育、学生自控能力差以及一些影视网络媒体的误导，分别占70.53%、55.79%和45.26%，他们忽视了家庭因素也是产生校园欺凌的主要原因。

调查问卷显示，67.37%的同学认为校园欺凌产生的最大危害是造成心理创伤，选择"会出现以暴制暴的情况""使学生畏惧学校，逃避学校""影响同学友谊"的占比分别为30.53%、27.37%和14.74%。同学们认为在校园欺凌中，校园欺凌会对被欺凌者造成心灵创伤，产生十分严重的危害。

5. Q小学学生的需求分析

通过对Q小学学生的问卷调查进行分析，可以得出以下结论：

（1）Q小学学生对校园欺凌行为的理解不全面；

（2）Q小学学生认为校园欺凌的发生与情绪、性格息息相关；

（3）Q小学学生处理校园欺凌行为的态度较为积极；

（4）Q小学学生对校园欺凌的产生原因及危害的了解不深刻。

以上结论更加明晰了Q小学学生在校园防欺凌小组活动中的需求：

（1）帮助学生对校园欺凌有正确的认知，正确界定校园欺凌，深刻了解校园欺凌的成因和危害。

（2）帮助学生掌握预防和应对校园欺凌的方法，当发生校园欺凌或面对校园欺凌事件时，可以采取有效的措施进行合理的解决。

（3）帮助学生掌握情绪管理的相关方法，提高同学们的情绪调节能力，更好地达到预防校园欺凌行为的目的。

二 "向欺凌说不"校园防欺凌小组活动方案设计及实施

预防校园欺凌行为的活动以教育小组的形式进行，参与本次"向欺凌说

---

① 孙时进、施泽艺：《校园欺凌的心理因素和治理方法：心理学的视角》，《华东师范大学学报》（教育科学版）2017年第2期。

不"校园防欺凌小组活动的小组成员为 Q 小学五年级一班的 47 名同学，社会工作者根据 Q 小学学生的需求精心制订小组活动方案，认真设计每一次活动的环节和内容，力求达到小组目标。

（一）小组活动方案设计原则

校园欺凌有效的解决方式应以预防为主，力求在欺凌行为发生前进行及时干预，防微杜渐。小组活动方案以参与性和情境性为主要设计原则。以小组成员为核心，充分应用情境辨析、小组讨论、绘本演绎等灵活多样的互动形式，鼓励小组成员积极参与小组活动，成为其中的积极成分，加强社会工作者和小组成员之间的信息交流和反馈，使小组成员可以深刻地学习校园防欺凌相关知识以及掌握情绪管理的技巧和方法。

（二）小组活动目标与计划

1. 小组活动目标

通过观看视频、案例分享、绘本演绎和小组讨论等方式，加强小组成员对校园欺凌的认知，明晰校园欺凌的界定、类型、产生原因，深刻了解校园欺凌产生的危害；结合正确的行为指引，帮助小组成员掌握应对校园欺凌的方法，实现从知识、态度到技能的提升；鼓励小组成员学会控制情绪和合理发泄情绪，当产生消极情绪时学会理性思考，学会调节和悦纳情绪，培养其情绪管理能力，懂得做情绪的主人。

2. 小组活动计划

"向欺凌说不"校园防欺凌小组活动以学习校园防欺凌知识和掌握情绪管理方法与技巧为主要内容。为了引导小组成员关注校园欺凌问题，培养组员应对欺凌问题的能力和良好的情绪，共设计安排"一起成长计划""你了解校园欺凌吗""初识情绪""没有谁是胜利者""谁影响了我的情绪""不做沉默的旁观者""我的情绪'我做主'""和谐的校园我来建"八场活动，在活动中将校园防欺凌知识和情绪管理技巧进行有机的结合，不断完善小组成员的认知系统和提高行动能力。具体小组活动安排见表 3 - 7。

表 3 - 7　小组活动安排

活动时间	活动主题	活动目标
第一次 2019 年 9 月 23 日	一起成长计划	营造融洽友好的小组氛围，制定小组规范。

活动时间	活动主题	活动目标
第二次 2019 年 9 月 30 日	你了解校园欺凌吗	增强小组成员的防欺凌意识，帮助小组成员正确辨识校园欺凌行为。
第三次 2019 年 10 月 14 日	初识情绪	帮助小组成员正确认识和了解情绪，引导小组成员辨别和表达自己的情绪。
第四次 2019 年 10 月 21 日	没有谁是胜利者	让小组成员正确认识校园欺凌问题，了解产生欺凌行为的原因、欺凌行为导致的后果。
第五次 2019 年 10 月 28 日	谁影响了我的情绪	鼓励小组成员学会控制和合理发泄情绪，学会理性思考，运用有效的行为方式积极面对情绪。
第六次 2019 年 11 月 4 日	不做沉默的旁观者	使小组成员认识到预防校园欺凌是每个人的责任，提高其对预防欺凌行为的积极性；提高小组成员的表达、沟通和思考问题的能力。
第七次 2019 年 11 月 11 日	我的情绪"我做主"	培养小组成员的情绪管理能力，学会控制情绪，懂得换位思考。
第八次 2019 年 11 月 18 日	和谐的校园我来建	激发小组成员参与到预防校园欺凌事件中的积极性；建立班级防欺凌共识。

（三）小组活动方案实施

1. 第一次活动"一起成长计划"

（1）活动时间：2019 年 9 月 23 日下午 2:10～3:05

（2）目标：社会工作者与小组成员形成初步认识，并且向小组成员介绍"向欺凌说不"校园防欺凌小组活动安排，使小组成员了解开展小组活动的目的以及内容；通过"破冰游戏"加强小组成员之间的沟通和交流，培养组员的合作精神；社会工作者向组员说明小组的意义，并且引导组员合作，共同制定小组规范。

（3）活动地点：南京市 Q 小学

（4）实施过程（见表 3－8）

表 3－8 "一起成长计划"流程

时间	目标	内容
5 分钟	小组成员认识社会工作者	社会工作者向小组成员做自我介绍。
5 分钟	小组成员了解开展小组活动的目的和内容	社会工作者向小组成员介绍小组的目的、内容以及安排。
5 分钟	完成前测问卷	小组成员填写前测问卷。

时间	目标	内容
20 分钟	分组；促进小组成员彼此交流，培养组员间的合作精神	将班级 47 名同学分为 8 组。进行"集体创作"游戏，由社会工作者指定一个画题，每个组员轮流在黑板上作画，每人只能画一笔，画得最完整、最好的一组获胜。
10 分钟	小组成员制定小组规范	组员通过讨论制定小组规范，并记录在卡纸上。
5 分钟	加强小组成员的集体感	组员互相分享参加本场活动的感受和意见，使小组成员认识到每个人的意见都是重要的，加强小组成员的集体感。
5 分钟	总结本次活动	社会工作者对本场活动进行小结，并且告知组员下次活动的内容、时间和地点。

在正式开展活动之前，社会工作者向小组成员做了自我介绍，并且向组员说明了小组活动的主题、目的、内容，以及邀请小组成员填写情绪调节自我效能感量表的前测问卷。为了使活动更加顺利和有效地开展，社会工作者将参与"向欺凌说不"校园防欺凌小组活动的 47 名同学分为八组。由于新的小组组成，为了促进小组成员的交流和培养成员间的合作精神，"破冰游戏"在小组活动中十分重要，社会工作者组织小组成员进行"集体创作"游戏，社会工作者将黑板分为八个区域并且指定画题为"小白兔"，小组成员每人只能画一笔，画得最生动、最完整的小组获胜。小组成员齐心协力，你一笔、我一笔认真地在黑板上作画，通过游戏的调节，小组氛围瞬间活跃起来，组员参与活动的积极性也得到了显著的提高。

小组氛围得到活跃之后，社会工作者再次向组员明确小组活动的主题是"预防校园欺凌"，接着进入本场活动最重要的环节——制定小组规范。社会工作者向组员说明小组规范的作用，并且强调各小组成员要认真制定每一条小组规范，对制定好的小组规范要做到严格执行。刚开始组员对如何设定小组规范毫无头绪，社会工作者及时注意到组员们的情况，对小组成员耐心引导，在社会工作者的引导下，大家开始争先恐后地说出自己的想法，随着讨论渐渐激烈，有的小组成员因为想法不同而发生了争执，出现活动现场较为混乱的现象。社会工作者担任主导者，告诉组员小组规范的内容要考虑是否合理、执行有无困难等因素。如果有一直争执不定的小组规范，大家可以遵从"少数服从多数"的原则进行筛选，制定出最终的小组规范，并且可以选一名组员作为记录员，将小组规范认真记录在卡纸上。经过小组成员的激烈讨论，最终每个小组都制定出了满意的小组规范。

在本次"向欺凌说不"校园防欺凌小组活动的尾声，社会工作者鼓励组员踊跃发言，积极分享参加本场活动的感受和意见，使小组成员认识到每个人的意见都是重要的，增强小组成员的集体感。小组成员表示之前从来没有参加过类似的小组活动，也没有制定过小组规范，感觉很新奇，并且对接下来的小组活动充满了期待。最后，社会工作者对本场活动内容进行总结，希望组员可以认真遵守小组规范，积极参与接下来的小组活动。

（5）活动小结

本场小组活动是小组的初期阶段，社会工作者主要担任主导者、引导者和观察者，运用的专业技巧以鼓励、赞赏、倾听和小组自决为主。小组成员虽然都来自同一个班级，但是之前从未组成一组，所以缺少了默契，组员之间也略显生疏。虽然"破冰游戏"调节了小组氛围，但是前期小组的整体氛围较为尴尬，组员参与感也较弱。在接下来的小组活动中，社会工作者要注意观察小组成员的状态，加强组员之间的沟通，促进组员之间的交流，营造更加融洽的小组氛围，使小组成员可以积极参与到小组活动中。

2. 第二次小组活动"你了解校园欺凌吗"

（1）活动时间：2019 年 9 月 30 日下午 2：20 ～ 3：05

（2）目标：社会工作者向小组成员讲解校园欺凌行为的含义、特征以及常见形式，使组员可以正确辨识哪些行为属于校园欺凌行为，进而增强小组成员的防欺凌意识，培养小组成员的非欺凌情感。

（3）活动地点：南京市 Q 小学

（4）实施过程（见表 3 - 9）

表 3 - 9 "你了解校园欺凌吗"流程

时间	目标	内容
5 分钟	组员了解小组活动安排	社会工作者为组员简单介绍本场活动的目的、内容以及安排。
10 分钟	组员初步了解什么是校园欺凌	让组员在纸上写下自己所认为的校园欺凌行为。
10 分钟	使组员深入了解校园欺凌的含义	社会工作者组织小组成员进行情景演绎《豆豆的独白》，并在情景演绎结束后给出校园欺凌行为的定义。
10 分钟	让组员可以清楚地辨析校园欺凌行为，并了解校园欺凌的形式	社会工作者为组员描述校园中的情景，由组员辨析是否属于校园欺凌行为，并了解校园欺凌的形式。

续表

时间	目标	内容
10 分钟	总结本次活动的成果	社会工作者对本场活动进行小结，并且告知组员下次活动的内容、时间和地点。

本场活动最重要的内容是使组员了解校园欺凌行为。活动开始，社会工作者让组员在纸上写下自己所认为的校园欺凌行为，帮助组员初步了解什么是校园欺凌，组员们在纸上写下了"打人、骂人、起绰号、孤立同学"等行为，社会工作者对组员们积极思考的行为做出表扬。与此同时，为了使组员深入了解校园欺凌的含义，社会工作者组织小组成员进行情景演绎——《豆豆的独白》，八个小组每组派出一名"小演员"，社会工作者发放台词卡片，每名"小演员"将自己代入到"豆豆"的角色中，为组员讲述"我好痛苦，不知道自己做错了什么，为什么没有人愿意和我玩？""回到教室，我发现书本都被撕碎了，我的桌子上还刻着一个大大的'滚'字，我抬头看看其他同学，他们都一副若无其事的样子，我要怎么办？""同学们都不喜欢我、嘲笑我、孤立我，有时候甚至还骂我、打我，我不敢告诉爸爸妈妈，也不敢告诉老师，只能写在日记里。"等独白，"小演员"们将自己代入到角色中，声情并茂地讲述了自己的遭遇。在情景剧表演完成后，社会工作者引导组员思考："在豆豆的身上发生了什么事？""看了豆豆的故事，你的心情是怎样的？""如果你是豆豆，你会怎么想又会怎么做呢？"组员们积极发言，表示很同情豆豆，为豆豆的遭遇感到难过。然后社会工作者结合组员们所认为的校园欺凌行为和《豆豆的独白》，给出校园欺凌的正确定义，在情景剧的辅助下，小组成员对于校园欺凌的理解更加清晰。

接着，社工为组员描述"当你与你的朋友因为谁踢球踢得更好而打了一架""当有人在操场上跑步时偶然撞到了你""因为婷婷有点胖，班上经常有同学笑她是'肥猪'"等情景，通过情景辨析让同学们了解校园欺凌与玩笑、冲突、暴力的区别，能够准确判断校园欺凌行为。

最后，组员就"你们认为哪些行为属于校园欺凌？"问题发言，组员表示"打人、推人、谩骂、起绰号、嘲笑、孤立同学、在网络上散播谣言"等行为都属于校园欺凌行为，社会工作者将同学们的发言写在黑板上，并且将校园欺凌行为分为身体欺凌、言语欺凌、社交欺凌和网络欺凌四种形式。

（5）活动小结

本场小组活动仍然是小组的初期阶段，社会工作者角色以主导者和观察者为主，运用的专业技巧主要包括反映、澄清、鼓励、尊重等。本阶段小组成员对于小组有了初步的认识，组员之间相处较为融洽。在情景剧表演环节，组员们十分热情，都希望参与到情景剧表演中。在社会工作者提出问题时，虽然大多数组员都能跟上社会工作者的思路，做到积极思考，但是仍然有部分组员参与度不高。所以，为了充分调动组员的积极性，在情景辨析环节，社会工作者改变了互动方式，请全体成员起立，通过手势互动来判断"是"与"否"，在这一环节小组成员参与感十分强烈，每位小组成员都积极思考，对于社会工作者描述的情景进行认真的判断。由此，在接下来的小组活动中，社会工作者要重视与小组成员的互动方式的多样性，充分提高小组成员的参与度，使小组成员积极参与到小组活动中，更大程度地彰显小组活动的成效。

3. 第三次小组活动"初识情绪"

（1）活动时间：2019 年 10 月 14 日下午 2∶20～3∶05

（2）目标：社会工作者引导组员分享记忆深刻的事件，帮助小组成员正确认识和了解情绪；通过组织小组成员进行"我是表演小能手"和"我是情绪分类小能手"游戏，引导小组成员学会辨别和表达自己的情绪。

（3）活动地点：南京市 Q 小学

（4）实施过程（见表 3－10）

表 3－10 "初识情绪"流程

时间	目标	内容
5 分钟	组员了解活动目标	社会工作者为组员简单介绍本场活动的目的、内容以及安排。
10 分钟	组员初步认识情绪及其影响	组员分享自己记忆深刻的一件事情，并说明当时的情绪是什么样的，对自己和他人产生了什么影响。
10 分钟	使组员学会认识和表达情绪	进行"我是表演小能手"游戏，通过表演猜测卡片上的表情，表演结束之后进行分享。
10 分钟	组员对情绪进行正确的分类	进行"我是情绪分类小能手"游戏，分组对情绪卡片进行分类。
10 分钟	总结评估本次活动	社会工作者对本场活动进行小结，并且告知组员下次活动的内容、时间和地点。

在第三次小组活动中，小组成员的参与度相较于前两次小组活动更高，积极性得到明显的调动。在社会工作者带领组员初步认识情绪环节，需要组员分享自己记忆深刻的一件事情，说明当时的情绪是什么，对自己和他人产生了什么影响，组员踊跃发言，活动现场氛围瞬间活跃起来。在接下来的"我是表演小能手"环节，小组成员在印有"高兴、生气、难过、愤怒、失落"等情绪卡片的提醒下进行情绪表演，在活跃氛围的同时使组员们正确认识和表达情绪，紧接着进入"我是情绪分类小能手"环节，组员之间积极配合，将情绪卡片进行正确分类。在两个环节的互动中，各小组成员跃跃欲试，但是由于时间的限制，部分小组成员没有进行情绪卡片的表演，表现出一点点的"失落感"。活动最后，社会工作者对本场活动进行小结，并且告知组员下次活动的内容、时间和地点，组员们都表示对下一次小组活动充满了期待，也希望可以在活动中有更多的游戏机会和表演机会。

（5）活动小结

本次小组活动开展较为顺利，基本达成让小组成员认识和了解情绪的活动目标，并且小组成员积极参与小组活动，对于社工提出的问题能够做到踊跃发言。在本场小组活动中，社工主要担任观察者和引导者，运用的专业技巧主要包括倾听、鼓励、聚焦等。本场小组活动仍然处于小组活动的初期阶段，本次活动游戏和互动的环节较多，现场氛围过于活跃，社工没有做到及时控制活动场面，导致现场活动秩序较为混乱，多数小组成员也忽略了小组规范的存在，甚至由于声音过于吵闹，影响了其他班级的课堂进展。在下一次小组活动中，社工要维持好活动现场秩序，并且提醒小组成员要时刻谨记小组规范，严格遵守小组规范。

4. 第四次小组活动"没有谁是胜利者"

（1）活动时间：2019 年 10 月 21 日下午 2:20~3:05

（2）目标：通过校园欺凌相关视频和校园欺凌事件的案例介绍，让组员深入了解产生校园欺凌行为的原因以及欺凌行为导致的后果。

（3）活动地点：南京市 Q 小学

（4）实施过程（见表 3-11）

表 3-11 "没有谁是胜利者"流程

时间	目标	内容
5 分钟	引入活动主题	社会工作者提醒组员在活动中注意遵守小组规范，简单回顾上次活动的内容后引入本次活动主题。
15 分钟	使组员了解校园欺凌行为产生的原因	利用多媒体播放视频，让组员们讨论：实施欺凌行为的原因。
10 分钟	让组员更加充分、全面地了解校园欺凌的产生原因	用 PPT 展示近几年来新闻报道的重大校园欺凌事件，通过案例介绍，社会工作者为组员总结产生校园欺凌行为的原因。
10 分钟	让组员认识到校园欺凌行为产生的危害	1. 小组讨论：校园欺凌行为会产生哪些危害？ 2. 通过 PPT 向小组成员展示校园欺凌行为产生的危害。
5 分钟	总结评估本次活动	社会工作者对本场活动进行总结，对表现好的组员进行赞扬，鼓励其他组员向表现好的组员学习，并告知组员下一次活动的内容、时间和地点。

小组活动进入第四场，节奏较为稳定，在活动正式开始之前，社会工作者提醒组员在活动中注意遵守小组规范，让组员意识到小组规范的重要性。接下来，进入活动主题，为了让组员更加全面地了解校园欺凌的产生原因，社会工作者为小组成员播放校园欺凌视频，引导组员们思考"实施欺凌行为的原因"，并且用 PPT 展示影响较为严重的校园欺凌事件，通过案例介绍，社会工作者为组员总结校园欺凌的产生原因，加深小组成员对产生校园欺凌原因的了解。最后一个环节是使小组成员认识到校园欺凌行为带来的危害，明确告知小组成员，由于青春期自主性、独立意识等思想逐渐形成，容易出现情绪激动、内心敏感、误会他人等现象，当出现此类现象时，应该控制好自己的情绪；而当发现自己有被欺凌的可能时，应该进行有效的沟通和交流，与同学保持和谐友爱的关系。

该环节主要运用了社会学习理论，利用校园欺凌事件视频和案例，引导小组成员对校园欺凌事件进行思考和讨论，使组员们深刻了解产生校园欺凌行为的原因以及校园欺凌行为导致的后果。

（5）活动小结

本场活动进入小组活动的中期阶段，开展得也较为顺利。在本场小组活动中，社会工作者主要担任主导者、引导者，运用的专业技巧主要有反映、澄清、鼓励、总结。在活动正式开始之前，由于社会工作者提醒组员们要注意遵守小组规范，所以本次小组活动保持了良好的活动秩序。并且组员之间的沟通交流意识明显加强，在小组讨论环节各个组员都能参与讨论，积极发表见解。但是由于此次活动多为社会工作者利用多媒体进行 PPT 讲解，在活动尾声部分同学们不能完全集中注意力，期待活动可以快点结束，参与感变弱。在接下来的活动中，社会工作者需要制定合适的环节，增强活动的趣味感，吸引组员的注意力，尽可能使全部小组成员充分参与到活动中，保证小组活动开展的有效性。

5. 第五次小组活动"谁影响了我的情绪"

（1）活动时间：2019 年 10 月 28 日下午 2:20~3:05

（2）目标：通过组织小组成员开展"火山爆发之情绪体验"游戏，帮助小组成员了解积极情绪和消极情绪产生的影响以及消极情绪不及时处理时产生的危害和影响；通过"猩猩照镜子"的故事，引导组员认识控制情绪的重要性，当产生消极情绪时，组员可以做到合理控制和发泄。

（3）活动地点：南京市 Q 小学

（4）实施过程（见表 3 - 12）

表 3 - 12　"谁影响了我的情绪"流程

时间	目标	内容
5 分钟	组员了解本场活动安排	社会工作者为组员简单介绍本场活动的目的、内容以及安排。
10 分钟	了解不同情绪所带来的影响	通过游戏"火山爆发之情绪体验"，了解积极情绪和消极情绪产生的影响以及消极情绪不及时处理时产生的危害和影响。
10 分钟	学习五脏与情绪关系图	以"心情气象台"为主题进行互动，学习五脏与情绪的关系。
10 分钟	了解控制情绪的重要性	通过讲述"猩猩照镜子"的故事，引导组员了解控制情绪的重要性，当产生消极情绪时，要懂得控制情绪并且选择合理的方式进行发泄。
10 分钟	总结本次活动成果	社会工作者对本场活动进行小结，并且告知组员下次活动的内容、时间和地点。

本场活动由游戏"火山爆发之情绪体验"开场，通过游戏使小组成员体验不同的情绪，了解积极情绪和消极情绪产生的影响，并且引导组员体会消极情绪不及时处理的感受，更加深刻懂得如果不及时处理消极情绪所产生的危害。在游戏过程中，组员都想进行表演，导致部分组员之间出现矛盾、发

生了争执，社会工作者对组员发生争执的情况及时进行处理，告知组员小组是一个小集体，在小组内要互相谦让，每名组员都有参与游戏的机会。并且顺应本次活动主题，告诉组员情绪管理的重要性，要学会换位思考。在社会工作者的调解下，小组氛围得到了缓和。在以"心情气象台"为主题的互动中，社会工作者和组员一起学习五脏与情绪的关系，组员们表示这样的互动十分有趣。接着，进入本场活动的重要环节，了解控制情绪的重要性，社会工作者通过"猩猩照镜子"的故事，为组员讲述两个猩猩分别进入一个满是镜子的房间，带有积极情绪的猩猩看到镜子中开心的猩猩，和"它们"愉快地玩了起来，在离开屋子的时候仍然恋恋不舍；而带有消极情绪的猩猩，看到镜子中满是生气的猩猩，与"它们"打了起来。故事讲述结束之后，组员为此感慨，有的组员主动分享了听完故事的感受，表示"情绪管理真的太重要了""严重的消极情绪造成的后果真是太可怕了"。

在活动最后，社会工作者做出活动总结，好的情绪和稳定的情绪能激励我们有更好的表现，而情绪在校园欺凌事件中也十分重要，很多校园欺凌事件都是由于没有及时控制激动的情绪而发生的，因情绪激动而选择了错误的方式处理事情。

（5）活动小结

在活动中，社会工作者主要运用"情绪ABC"理论，利用句子分享和讲述故事的方法，使组员们了解到不同的情绪会产生不同的影响，认识到消极情绪会导致的后果，引导组员们在产生消极情绪时可以做到积极地调整，学会悦纳情绪，做情绪的主人，进而促进组员之间的和谐关系。

在本场活动中，社会工作者角色以小组引导者、协调者和观察者为主，运用的专业技巧主要包括倾听、鼓励、支持、总结等。小组活动开展过程中，游戏设计导致人员参与和分配不均，使小组成员之间发生了争执，在接下来的活动中，应该注意游戏参与度的问题，尽最大可能让组员全员参与，并且如果组员之间发生争执和冲突时，社会工作者要做到及时制止、妥善处理。

6. 第六次小组活动"不做沉默的旁观者"

（1）活动时间：2019年11月4日下午2:20～3:05

（2）目标：通过绘本演绎，使组员了解旁观行为产生的原因和影响，进而提高小组成员对预防欺凌行为的积极性；并且引导组员进行绘本重改，提高小组成员表达沟通和思考问题的能力。

（3）活动地点：南京市 Q 小学

（4）实施过程（见表 3 - 13）

表 3 - 13　"不做沉默的旁观者"流程

时间	目标	内容
5 分钟	引入本次活动主题	组员分享：是否目睹过校园欺凌事件？当时的情况是怎样的？你是怎么想的，怎么做的呢？
10 分钟	使组员了解旁观行为产生的原因及影响	由小组成员进行分工，合作完成绘本演绎《不是我的错》，并且在表演完成后，扮演被欺凌者的组员分享心情和感受。
15 分钟	提升小组成员沟通和思考问题的能力	1. 绘本重改：组员合作将《不是我的错》原台词进行修改，为故事换个美好的结局； 2. 表演结束后，扮演被欺凌者的组员分享心情和感受。
10 分钟	让组员深入体会旁观行为带来的影响	1. 小组讨论：旁观行为会带来什么影响？ 2. 社会工作者从被欺凌者、欺凌者和旁观者三个角度进行总结，介绍旁观行为带来的影响。
5 分钟	总结本次活动成果	社会工作者总结本次小组活动的成果，告知组员下次准时参加活动。

　　第六次小组活动的重点是使小组成员认识到预防校园欺凌是每个人的责任。通过组员分享"是否目睹过校园欺凌事件？当时的情况是怎样的？你是怎么想的，怎么做的呢？"引入本次活动主题。组员举手发言，其中一名组员表示"有目睹过校园欺凌事件，是几名高年级的同学在欺凌一名低年级的男同学，我感觉被欺凌的男生很可怜，我很害怕，我想帮他可是我又不敢上前制止"，还有组员表示"没有目睹过校园欺凌，如果看到了应该不敢上前制止，会选择告诉老师"。社会工作者对同学们的发言做出回应，并且告诉组员看见不好的事情发生时，我们应该付出我们的爱，挺身而出帮助别人，但是在帮助别人的同时也要记得保护自己。

　　紧接着社会工作者组织组员进行《不是我的错》的绘本演绎，每组派出一名组员，由一名组员扮演被欺凌者，其余组员扮演旁观者，其他组员则要思考"故事中发生了什么""看了这个故事，你有什么想法""为什么没有人伸出援手"，参与表演的组员用心表演，揣摩每一句台词的语气，其他组员在观看过程中认真思考问题。在表演结束后，扮演被欺凌者的组员表示，当听到大家对他说"不管我的事""难道我有错吗"时，他感觉非常难过。接下来，社会工作者建议大家进行绘本重改，将台词换一种方式表达出来，为故事换个美好的结局。在小组讨论之后，扮演旁观者的组员们将台词变为"他是不是在哭，我应该去安慰他""你别难过了，我陪你去找老师，老师一定会有办法的"等温暖人心的话语，扮演被欺凌者的组员表示听到这些话，不再感到无助和孤独，感觉自己一定可以找到解决办法，远离校园欺凌。活动最后，社会工作者从被欺凌者、欺凌者和旁观者三个角度进行总结，介绍旁观行为带来的影响，并且告知小组成员下一次活动的内容、时间和地点。

（5）活动小结

本场活动属于小组活动的高潮阶段，社会工作者主要担任引导者，主要运用的专业技巧有倾听、肯定、澄清、总结。在环节中，组员的参与度非常高，并且可以做到组员之间共同探讨。将《不是我的错》绘本演绎和绘本重改后演绎，使组员感受到在遇到校园欺凌时，冷漠旁观和伸出援手所带来的不同的结果，鼓励组员们在遇到校园欺凌的时候，不要做冷漠的旁观者，在保护自己的前提下，要向被欺凌者伸出援手。本次小组活动达到小组预期，但是由于绘本演绎环节占据过多时间，留给组员充分思考的时间有限。

7. 第七次小组活动"我的情绪'我做主'"

（1）活动时间：2019 年 11 月 11 日下午 2∶20～3∶05

（2）目标：社会工作者向组员介绍"ABC 快乐法"，帮助小组成员掌握情绪管理的方法，使组员学会悦纳情绪，做情绪的主人；并且通过有关哲理的句子分享，引导小组成员学会换位思考，站在不同的角度看待问题。

（3）活动地点：南京市 Q 小学

（4）实施过程（见表 3－14）

表 3－14 "我的情绪'我做主'"流程

时间	目标	内容
5 分钟	让组员了解本场活动的目的和内容	社会工作者为组员简单介绍本场活动的内容、目的以及安排。
10 分钟	懂得换位思考，可以站在对方的角度看待问题	分享"把自己当成别人"和"把别人当成自己"的句子，引导组员从不同的角度看待同样的问题会产生不同的结果。
10 分钟	学习情绪管理技巧	向组员讲述情绪八条管理技巧。

时间	目标	内容
10 分钟	掌握情绪管理方法	向组员讲解"ABC 快乐法",当产生消极情绪时,可以进行理性思考,使组员学会掌控自己的情绪,做情绪的主人。
10 分钟	总结评估本次活动	社会工作者对本场活动进行小结。

第七次小组活动的重点是帮助小组成员掌握情绪管理的方法,懂得运用情绪管理的技巧。社会工作者通过分享"当你感到欣喜若狂时,请把自己当成别人,内心的喜悦会平和一些;当别人感到伤心难过时,请把别人当成自己,同情别人的不幸"。引导组员学会换位思考,懂得从不同的角度看待同样的问题会产生不同的结果。并且为组员讲述情绪管理的技巧以及"ABC 快乐法",一件事情既有正面影响也有负面影响,当产生消极情绪时,要学会反问自己,为什么会出现这种想法,出现这种想法要怎么做才是正确的,鼓励组员们用积极情绪来疏导自己,进而战胜消极情绪。在活动尾声,社会工作者告诉组员情绪如同水,水能载舟亦能覆舟,要学会掌控自己的情绪,做情绪的主人。

(5)活动小结

本场小组活动中,社会工作者担任引导者、支持者,应用的专业技巧主要为鼓励和总结。在本次小组活动结束之后,组员们表示情绪管理的技巧和方法在日常生活中非常受用。从组员的反馈可知,本次小组活动的目标基本达成。本次小组活动由于时间限制,社会工作者在讲解过程中与组员互动较少,组员的反馈有限,在接下来的活动中,社会工作者要注意与组员保持有效的沟通和互动。

8. 第八次小组活动"和谐的校园我来建"

(1)活动时间:2019 年 11 月 18 日下午 2:20~3:05

(2)目标:小组成员以"我要做一个改变者"为主题制作校园防欺凌宣传海报,加强小组成员参与到预防校园欺凌事件中的积极性;引导小组成员共同建立班级反欺凌公约,达成防欺凌共识。

(3)活动地点:南京市 Q 小学

(4)实施过程(见表 3-15)

表 3 – 15 "和谐的校园我来建"流程

时间	目标	内容
5 分钟	组员了解活动安排。	感谢大家准时参加最后一次活动；社会工作者介绍本次活动的具体安排。
15 分钟	激发小组成员对预防校园欺凌事件的积极性	各小组以"我要做一个改变者"为主题制作一幅校园防欺凌宣传海报。
15 分钟	建立班级防欺凌共识	讨论建立一份班级的反欺凌公约，经所有小组成员签名后粘贴在教室。
5 分钟	完成后测问卷和自我评估问卷	填写后测问卷和自我评估问卷。
5 分钟	结束小组活动	社会工作者对每一位组员的积极配合表示感谢。

最后一次小组活动的重点再次回归到预防校园欺凌行为上。为了充分激发小组成员对预防校园欺凌事件的积极性，使小组成员主动参与到校园防欺凌行动中，社会工作者组织小组成员以小组为单位，以"我要做一个改变者"为主题制作一幅校园防欺凌宣传海报。并且让组员进行校园防欺凌宣传海报的展示，以及进行设计思路和制作想法的阐述。接下来，由全体组员共同讨论建立一份班级的反欺凌公约，经过所有的小组成员签名后粘贴在教室，达成班级防欺凌共识。在活动的尾声，社会工作者请所有小组成员填写后测问卷和自我评估问卷表并且对大家的积极配合表示感谢，部分组员对于小组活动的结束也表现出不舍。

（5）活动小结

在本场小组活动中，社会工作者担任引导者和协助者，运用的专业技巧包括引导、肯定、总结等。

第三节　介入效果评估和反思

一　介入效果评估

社会工作者在校园防欺凌小组中主要运用了访谈法、情绪调节自我效能感量表和自我评估问卷对社会工作者介入预防校园欺凌小组的效果进行分析。在校园防欺凌小组活动结束后，社会工作者在五年级一班的学生中采用方便抽样的方法随机选取五名进行集体访谈，在访谈过程中了解小组成员对校园欺凌相关内容的掌握情况，为了充分了解小组活动是否达成预防校园欺凌行为的目标，社会工作者也对 Q 小学德育主任进行了访谈。社会工作者分别在小组活动正式开始前和小组活动结束后请小组成员填写情绪调节自我效能感量表，对组员的情绪自我调节能力进行前测和后测，通过对比两次测量的数据，了解小组成员在情绪调节和情绪管理中的变化，检验活动的成效。在活动结束后，社会工作者请组员填写自我评估问卷表，根据问卷填写情况可以更加清晰了解整体介入效果。

（一）情绪调节自我效能感量表结果

本次小组活动运用的前后测量表为 Caprara 等编制的情绪调节自我效能感量表的中文修订版，总量表 Cronbach α 系数为 0.87。该量表计分方式为"非常不符合—非常符合"代表"1 ~ 5 分"，得分越高表明情绪调节自我效能感越高。[①] 评估采用独立样本 t 检验对比小组成员前测和后测自我效能感维度的差异（见表 3 - 16）。

表 3 - 16　情绪调节自我效能感量表前测和后测对比

自我效能感		指标	平均值 ± 标准差		t	p
			前测	后测		
表达积极情绪的自我效能感	表达快乐、兴奋情绪的自我效能感	令人高兴的事情发生时，我会表达自己的愉悦之情	4.28 ± 0.93	4.51 ± 0.98	− 1.564	0.125
		参加聚会时我会尽情表达自己快乐的情绪	4.15 ± 1.10	4.28 ± 1.10	− 0.568	0.573
		面对感兴趣的人或物时，我会积极表达我的兴奋之情	3.83 ± 1.05	4.43 ± 0.93	− 4.115	0.000
	表达自豪情绪的自我效能感	当运动员为国争光时，我会感到非常荣耀	4.77 ± 0.60	4.74 ± 0.77	0.172	0.864
		预期目标实现时，我会对自己感到满意	4.47 ± 0.88	4.51 ± 1.02	− 0.280	0.781
		我会为自己的成功雀跃	4.06 ± 1.19	4.23 ± 1.07	− 0.892	0.377

[①] 王玉洁、窦凯、高涛：《青少年自我控制与情绪行为问题的相关性》，《中国学校卫生》2017年第 2 期。

续表

自我效能感		指标	平均值 ± 标准差		t	p
			前测	后测		
管理消极情绪的自我效能感	管理生气、愤怒情绪的自我效能感	受到父母或其他重要人物责备时，我可以控制自己的消极情绪	3.47 ± 1.32	3.68 ± 1.12	− 1.068	0.291
		遇到扫兴的事情后，我可以快速摆脱气愤的情绪	3.62 ± 1.28	3.96 ± 1.16	− 2.069	0.044
		当我生气时，我能尽量避免发脾气	3.34 ± 1.34	3.94 ± 1.22	− 2.557	0.014
	管理沮丧、痛苦情绪的自我效能感	孤独时我能让自己远离沮丧	3.38 ± 1.51	4.15 ± 1.14	− 3.359	0.002
		面对批评，我能够不灰心	3.64 ± 1.24	4.21 ± 0.95	− 4.147	0.000
		未获应得的称赞时，我能够减轻内心的失落感	3.81 ± 1.26	4.17 ± 1.01	− 2.231	0.031
		面对困难，我能够不气馁	4.09 ± 1.02	4.32 ± 1.09	− 1.475	0.147
	管理内疚、羞耻情绪的自我效能感	感到内疚时，我能够处理好内疚的情绪	3.77 ± 1.16	4.15 ± 1.06	− 2.174	0.035
		因能力不足未能实现目标，我能尽量避免消极情绪	3.70 ± 1.25	4.19 ± 1.06	− 3.440	0.001
		感到羞耻时，我可以调节自己的情绪	3.62 ± 1.41	4.23 ± 1.03	− 3.267	0.002

通过情绪调节自我效能感量表的前测和后测的数据对比，发现在表达快乐、兴奋情绪的自我效能感维度中，"令人高兴的事情发生时，我会表达自己的愉悦之情"和"参加聚会时我会尽情表达自己快乐的情绪"的平均分得到提高，但是不够显著；而"面对感兴趣的人或物时，我会积极表达我的兴奋之情"一项的后测数据显著高于前测数据。在校园防欺凌小组活动中，社会工作者注重引导小组成员对于消极情绪的管理和控制，帮助其掌握消极情绪的管理方法，极少涉及积极情绪的相关内容，因此在表达快乐和兴奋情绪这一维度中，均分得到一定程度的提高，但并不显著。

在表达自豪情绪的自我效能感维度中，"预期目标实现时，我会对自己感到满意"和"我会为自己的成功雀跃"的后测数据呈现上升的趋势，而

"当运动员为国争光时，我会感到非常荣耀"一项的后测数据呈下降的趋势，在对量表的前测和后测数据进行对比分析后，发现一名同学的后测量表和前测量表的选项存在较大差异，社会工作者在了解具体情况后得知，在填写后测问卷的过程中，因为问题和选项过多，这名同学在填写时出现了马虎的现象，所以量表的前测数据和后测数据存在明显差异。

在管理生气、愤怒情绪的自我效能感维度中，"受到父母或其他重要人物责备时，我可以控制自己的消极情绪"的前测均分与后测均分虽然有差距，但是不够显著。"遇到扫兴的事情后，我可以快速摆脱气愤的情绪"和"当我生气时，我能尽量避免发脾气"两项的后测数据显著高于前测数据。表明校园防欺凌小组活动的开展取得一定的效果，当小组成员产生消极情绪时，可以合理地控制消极情绪。

在管理沮丧、痛苦情绪的自我效能感维度中，"孤独时我能让自己远离沮丧""面对批评，我能够不灰心""未获应得的称赞时，我能够减轻内心的失落感"的后测数据显著高于前测数据，而"面对困难，我能够不气馁"一项的数据也得到了上升，由于面对困难可以做到不气馁这一现象具有一定的客观性，在仅有的几次活动中无法做到更加深入的情绪辅导，这一现象也要考虑发生的具体因素，所以数据的提高并不显著。

在管理内疚、羞耻情绪的自我效能感维度中，"感到内疚时，我能够处理好内疚的情绪"、"因能力不足未能实现目标，我能尽量避免消极情绪"和"感到羞耻时，我可以调节自己的情绪"的后测数据显著高于前测数据，说明小组成员在两个月的八次小组活动中，情绪管理能力得到发展，特别是对消极情绪的管理能力得到巨大提升。小组成员的情绪调节效能感水平得到明显的提高，这也直接说明了"向欺凌说不"校园防欺凌小组活动产生良好的效果。

（二）访谈结果

"向欺凌说不"校园防欺凌小组活动结束后，社会工作者分别对 Q 小学五年级一班的五名学生和德育主任进行了访谈，通过访谈可以直观地反映校园防欺凌小组活动的介入效果。在与学生的集体访谈中，了解学生对校园欺凌的类型、特征、危害和形成原因等相关知识的掌握情况，并且和学生交流参加校园防欺凌小组活动之后的感受。在与德育主任的访谈中，向德育主任了解同学们参加校园防欺凌小组活动后发生的改变以及其对本次活动的评价。

由社会工作者与学生的访谈内容可知，通过"向欺凌说不"校园防欺凌活动的开展，小组成员对校园欺凌有了正确的认知；了解了校园欺凌的产生原因，小组成员可以做到对产生原因进行详细的阐述；对校园欺凌的类型、特征也可以十分清楚地表达。与此同时，小组成员都深刻认识到校园欺凌的危害，均表示要拒绝校园欺凌，做到"向欺凌说不"，积极地参与反校园欺凌的行动。

由社会工作者与德育主任的访谈内容可知，学校老师和学生对"向欺凌说不"校园防欺凌活动的效果较为满意。同学们掌握了校园防欺凌知识和情绪管理的方法，并且得以应用，同学间的争执变少了，班级氛围更加和谐融洽，同学们做到了从知识、态度到技能的提升。

（三）自我评估问卷结果

在八次的小组活动结束之后，社会工作者请小组成员填写自我评估问卷，以评估"向欺凌说不"校园防欺凌小组活动的成效。

在小组成员的自我评估中可以看出，大部分小组成员对学习到的校园欺凌相关知识和情绪管理方法持有满意的态度，认为此次"向欺凌说不"校园防欺凌小组活动的开展对自己十分有帮助。小组成员在活动中学习到了校园欺凌的危害、产生原因、预防和应对措施等相关知识，有信心在遭遇或者旁观校园欺凌事件时，可以采取正确的方式处理。并且在活动中也掌握了情绪管理的方法，当产生消极的情绪时可以做到有效的调节，懂得了正确面对情绪和处理情绪。活动结束后，同学们对本次"向欺凌说不"校园防欺凌小组活动给予了很高的评价，并且表示要做一名"反欺凌者"，杜绝校园欺凌现象出现在自己的班级和校园中。总体来看，校园防欺凌小组活动开展得较为成功。

二 小组工作介入预防校园欺凌行为的反思

在 Q 小学开展"向欺凌说不"校园防欺凌小组活动中，社会工作者引导组员观看和了解校园防欺凌的相关视频和新闻案例、融入《豆豆的独白》情景演绎和《不是我的错》绘本演绎及重改演绎，通过直接观察、表演和讨论的形式，让组员探讨校园欺凌的相关问题，组员互相分享自己对校园欺凌相关问题的理解和看法，加强组员对校园欺凌的认识。同时，通过情绪游戏的互动、情绪故事内容的分享等，使组员学会悦纳情绪。通过概念界定、观看视频、绘本演绎等形式，引导组员正确辨别"校园欺凌"，调整其不正确的社会认知，培养其良好的社会行为习惯，从而影响组员的直接行为结果，引领组员加入校园防欺凌的队伍中。在服务结束后，社会工作者进行了经验总结与反思。

（一）预防校园欺凌行为，丰富多样的小组活动起关键作用

当开展校园防欺凌小组活动时，小组活动形式的多样性和丰富性对能否完成小组目标起关键作用。社会工作者应该避免单纯的知识灌输，而应该通过小组活动的多样性和丰富性，让小组成员积极参与活动，在乐趣中学习到知识，达到服务目标。在"向欺凌说不"校园防欺凌小组活动中，社会工作者加入情景辨析、绘本演绎等环节，取得了十分满意的活动成效。小组成员为五年级的小学生，其对于刻板的概念理解困难，而运用情景辨析的形式，不仅可以使抽象的概念更加具体化、形象化，帮助组员进行理解，而且可以增加活动的趣味性，加强小组成员的参与感。在《豆豆的独白》情景演绎和《不是我的错》绘本演绎及重改演绎中，通过角色扮演、情景模拟等多种多样的活动形式，使小组成员对欺凌者、被欺凌者和旁观者三种角色进行体验和了解，让组员零距离感受校园欺凌带来的危害，加强小组成员对校园欺凌的认识，从而提高其校园防欺凌意识，最大限度地减少校园欺凌行为的发生。

（二）预防校园欺凌行为，充分发挥服务对象的主动性

在本次小组工作介入预防校园欺凌行为研究中，均以服务对象为核心，充分发挥服务对象的优势，以服务对象的真实需求为出发点。在小组活动中考虑并充分发挥小组成员的主体性，调动其积极性，使小组成员意识到自身可能是卷入校园欺凌事件的主体，可能对校园欺凌事件起着十分关键的作用，通过一起讨论校园欺凌的特征、危害等，使其对校园欺凌有更加深入的了解。在小组活动中，社会工作者作为引导者，使小组成员在活动过程中可以得到成长，在社会工作介入校园欺凌行为的预防研究中，达到"授人以渔"的目的，让小组成员真正认识到，他们有义务维护校园安全，有责任促进校园和谐，进而坚定社会工作"助人自助"的价值理念。

（三）预防校园欺凌行为，将社会工作专业技巧贯穿始终

在"向欺凌说不"校园防欺凌小组活动过程中，社会工作者不仅要掌握活动的总体进程和节奏，也要担任小组活动的主持，在活动过程中时刻观察小组成员的表现，根据小组成员的表现和反应，及时调整活动安排。在此过程中，社会工作者要合理使用聆听、鼓励、支持、澄清、反映等技巧，扮演好观察者、引导者、支持者、倾听者等，将社会工作专业技巧贯穿始终，发挥社会工作专业的优势，力求每一场小组活动效果达到最佳，达到小组活动的目标。

（四）反思

在开展服务的过程中也存在一些遗憾。首先，在服务对象的选择方面，本次服务以一个班为服务对象，在参与小组活动的同学中，极少数同学是欺凌者或被欺凌者，大多数同学都是旁观者。由于服务对象包括校园欺凌行为中的三种角色，而不是校园欺凌行为中的一种角色，所以在进行小组活动的预防介入时，活动内容的设计和安排要适用于欺凌者、被欺凌者和旁观者三种角色，但相对而言，内容比较烦琐，实施的过程中无法全面兼顾。其次，在问卷、访谈等调查方式的运用方面可以更加丰富，从而增强说服力。除学生对校园欺凌行为认知情况的问卷和自我评估问卷，本次服务还运用了情绪调节自我效能感量表对组员进行前测和后测以及对部分小组成员和德育主任进行访谈。根据情绪调节自我效能感量表两次测量的数据了解到小组成员在情绪调节、管理方面的变化，在访谈内容和自我评估问卷结果的分析中得出学生对校园欺凌相关内容的认知能力得到提升，在一定程度上"向欺凌说不"校园防欺凌小组活动取得了不错的效果。

第四章　儿童社区服务研究

——以 B 社区困境儿童服务为例

第一节　困境儿童基本情况

一　困境儿童概念

按照联合国儿童问题特别会议所提出的《适合儿童生长的世界》，困境儿童也被称为有特殊需要的儿童、最脆弱的儿童、最需要帮助的儿童等。在 21世纪初，"困境儿童"的概念逐渐出现在我国的学术界和政府文件中。2013年 6 月，民政部发布的《民政部关于开展适度普惠型儿童福利制度建设试点工作的通知》（民函〔2013〕206 号）对儿童进行了分类。将儿童群体分为孤儿、困境儿童、困境家庭儿童、普通儿童四个层次，其中，困境儿童分为残疾儿童、重病儿童和流浪儿童三类，困境家庭儿童分为父母重度残疾或重病的儿童、父母长期服刑在押或强制戒毒的儿童、父母一方死亡另一方因其他情况无法履行抚养义务和监护职责的儿童、贫困家庭的儿童四类。这是在国家层面对困境儿童的分类界定。2016 年发布的《国务院关于加强困境儿童保障工作的意见》（国发〔2016〕36 号），其中，根据困境原因进一步补充了困境儿童的分类范围。包括因家庭贫困、自身残疾和家庭监护缺失或监护不当导致人身安全受到威胁或侵害的儿童。[①] 从此，困境儿童的概念有了

---

① 国务院：《国务院关于加强困境儿童保障工作的意见》，2016，http://www.gov.cn/zhengce/content/2016－06/16/content_5082800.htm，最后访问日期：2022 年 5 月 7 日。

政策层面的定义。

在我国学术界，众多学者尝试从不同角度梳理其概念的内涵和外延，但尚未能达成统一。多数学者对于"困境儿童"概念关注点集中于"困境"。行红芳对困境儿童的定义主要聚焦于父母照顾功能的缺失。[1] 高丽茹和彭华民进一步补充了困境儿童的定义范围，其包括无法满足自身基本需求而受到严重伤害的儿童。[2] 尚晓援和虞婕将困境儿童依照困境成因进行划分，建立了困境儿童三级概念体系，并根据具体情况进一步细分出残疾儿童、重病儿童、脱离家庭儿童和困境家庭儿童。[3] 满小欧和王作宝认为"困境"一词所指代的含义会随着社会的发展而改变，因此无法对困境儿童的种类进行具体描述。[4] 滕洪昌、姚建龙认为在定义"困境"时，更值得关注的是儿童权利潜在的被侵害危险。[5]

综上，本章将困境儿童定义为：个人内部因素和家庭外部因素致使个人基础生活和需求得不到保障，基本权利无法得到保护和实现，需要国家和社会给予福利支持和帮助的特殊儿童群体。个人内部因素包括生理和心理健康问题等，家庭外部因素包括家庭贫困、监护缺失、监护能力有限等。

二 困境儿童的福利制度

在我国社会制度转型的同时，传统福利供给模式的衰退使得人们强烈需要社会福利的发展，来解决原本剩余式的困境儿童福利模式不能有效满足困境儿童的生存和发展需求的问题。2013 年和 2014 年分别发布的《民政部关于开展适度普惠型儿童福利制度建设试点工作的通知》和《民政部关于进一步开展适度普惠型儿童福利制度建设试点工作的通知》，意味着适度普惠型的儿童社会福利制度开始在我国建设，同时标志着我国儿童福利服务的提供主体从一元型向多元型转变。2021 年 6 月新修订颁布的《未成年人保护法》

---

[1] 行红芳：《从一元到多元：困境儿童福利体系的建构》，《郑州大学学报》（哲学社会科学版）2014 年第 47 期。

[2] 高丽茹、彭华民：《中国困境儿童研究轨迹：概念、政策和主题》，《江海学刊》2015 年第 4 期。

[3] 尚晓援、虞婕：《建构"困境儿童"的概念体系》，《社会福利》（理论版）2014 年第 6 期。

[4] 满小欧、王作宝：《从"传统福利"到"积极福利"：我国困境儿童家庭支持福利体系构建研究》，《东北大学学报》（社会科学版）2016 年第 18 期。

[5] 滕洪昌、姚建龙：《困境儿童概念辨析》，《社会福利》（理论版）2017 年第 11 期。

明确了国家有义务保障未成年人的生存权、发展权、受保护权和参与权四个权利。① 同时，新法围绕这四大权利构建了"六位一体"的未成年人保护新体系，涵盖了家庭、学校、社会、网络、政府和司法六个方面的保护工作。新法的颁布及施行，是我国未成年人保护事业的里程碑。

众多学者对儿童福利政策和相关制度进行了相关研究，童小军强调了国家和家庭在儿童福利体系中的重要作用。② 彭华民等学者进一步提出可以采用"嵌入式"的福利供给模式，使得困境儿童福利的政策和服务更加便捷可行。③ 在困境儿童福利制度的实践层面，王梦怡、彭华民强调要杜绝福利供给分层现象。④ 高丽茹、万国威聚焦于困境儿童福利提供制度，认为儿童福利行政协调体系的不统一、各福利主体无法在福利提供中实现关系的对等，这些问题就导致多元福利的整合不协调以及福利传递的过程效率低下。⑤ 卢玮和林宝贤重视社区在困境儿童救助中发挥的重要作用，提出将救助服务下沉到社区，通过多元主体合作，营造出友好的社区氛围。⑥

总体来说，随着我国近年来社会福利制度由"传统型"向"积极型"转变，学者们在困境儿童方面的研究也与时俱进，充分结合了社会福利的发展方向，主要包括两个方面内容，一是以福利制度转型为核心，结合相关政策对适度普惠型儿童福利制度的构建进行探讨；二是通过实地调研，分析了目前儿童福利政策在试点实践中出现的问题。

三　困境儿童的社区服务

近年来西方许多国家应用社区为本的整合性儿童服务模式，如，英国2005年更新的《儿童福利法案》中规定了儿童保育机构和其他非营利组织在区域层

---

① 《中华人民共和国未成年人保护法》，http://www.moj.gov.cn/Department/content/2020-10/17/592_3258322.html，最后访问日期：2022年5月7日。

② 童小军：《国家亲权视角下的儿童福利制度建设》，《中国青年社会科学》2018年第37期。

③ 彭华民、屠蕴文、张双双、梁祖荣：《福利提供机制、福利服务提供与福利理念传递研究——以Z市困境儿童福利制度构建为例》，《社会工作》2020年第2期。

④ 王梦怡、彭华民：《地域与户籍身份：城市困境儿童的福利排斥》，《河海大学学报》（哲学社会科学版）2019年第21期。

⑤ 高丽茹、万国威：《福利治理视阈下城市困境儿童的福利提供——基于南京市FH街道的个案研究》，《学术研究》2019年第4期。

⑥ 卢玮、林宝贤：《困境儿童分类保障政策成效研究》，《青年探索》2019年第6期。

面的合作关系，并与其他公共服务部门进行合作，为儿童提供服务。① 中国有关部门也在积极探索建立社区儿童服务体系，并将该服务体系作为中国儿童保护的一个重要机制。

随着国家对社区在儿童保护中作用的重视，我国学者在这方面开展了调查研究。不少专家都强调了社区在困境儿童服务制度体系中的重要作用。金红磊认为社区作为社会治理的基本单位，发挥着连接政府和社会组织的作用，可以有效地促进多方在解决困境儿童社会救助的问题上合作联通。②

黄君、彭华民将我国当前社区困境儿童服务实践的类型分为项目制和嵌入式。前者是指政府部门以"项目"的形式将资金分配给相关非营利社会组织，由这些组织为困境儿童提供保护服务。后者将困境儿童保护嵌入到现有的行政服务体系中，例如，构建以社区为平台的未成年人社会保护制度体系，以行政体制的力量来提供保护。③ 董艾轩提出，对于困境儿童的保护需要以社区为基础，他创新性地提出了通过社区、非营利性社会组织、社会工作者三者之间的联动配合实现福利供给的机制，即"三社联动"机制，最大限度地保障儿童的基本利益。④ 毕晓、凌文豪认为社区首先应当建立档案，对社区内的困境儿童进行动态的、针对性的分类管理，其次应当为困境儿童营造友好的社区环境，最后还应该构建一个沟通机制，方便政府和社会组织的交流。⑤

社区作为社会的基本单位，与儿童生活的方方面面密切相关。通过社区可以及时发现哪些儿童需要帮助，哪些儿童存在风险，并向他们提供有效保护。许多专家都认为在困境儿童保护中，依靠社区建立并完善多元福利体系是非常重要的。

2014 年发布的《民政部关于开展第二批全国未成年人社会保护试点工作的通知》，其中就提出要通过地区试点实践，探索建立多元、有效的困境

---

① 邓锁：《从家庭补偿到社会照顾：儿童福利政策的发展路径分析》，《社会建设》2016 年第 3 期。

② 金红磊：《困境儿童福利可及性：内涵界定与制度构建》，《江西社会科学》2021 年第 41 期。

③ 黄君、彭华民：《项目制与嵌入式：困境儿童保护的两种不同实践研究》，《南通大学学报》（社会科学版）2018 年第 34 期。

④ 董艾轩：《以社区为基础的我国困境儿童救助保护体系研究》，《劳动保障世界》2018 年第 15 期。

⑤ 毕晓、凌文豪：《福利多元主义视角下完善我国困境儿童社会福利体系研究》，《社会福利》（理论版）2017 年第 12 期。

儿童保护制度体系。目前比较常见的困境儿童社区服务模式之一是项目制保护实践，即由政府以项目发包的形式将资金拨付给相关的社会组织。这些项目往往落地于社区，通过项目整合政府各部门资源，共同促进困境儿童成长。

第二节　社会工作参与社区困境儿童服务实务

社会工作者根据服务对象及其需求的不同，运用个案工作、小组工作、社区工作三大方法提供实务。其中，个案工作主要应用于问题和需求较为综合复杂的儿童，定期给予他们心理关怀；小组工作通过组建抗逆力成长小组、亲子关系[①]促进小组和安全知识教育小组，帮助困境儿童增强自身抗逆力、改善亲子关系和提高安全意识；社区工作通过组织社区活动、整合社区资源帮助困境儿童强化社会支持系统。社会工作参与对于满足困境儿童心理关怀需求和社会支持需求、整合社区资源方面效果明显。本章以南京市 B 社区为例，讲述社会工作者如何从实务层面为社区困境儿童提供服务。

一　B 社区困境儿童基本情况及需求分析

（一）B 社区及社区内困境儿童基本情况

B 社区位于南京市主城区，是一个以安置小区为主的社区，存在离婚率高、外来人口多、随迁儿童多等特点。截至 2020 年，辖区有常住人口 10856 人，其中，儿童 1000 多人，B 社区登记在册的困境儿童有 10 人，其中 6 名为监护人无力监护或监护缺失的儿童、3 名贫困家庭儿童、1 名其他需要帮助的儿童。B 社区共有两名负责儿童福利工作的社区工作人员，他们需要为 B 社区包括困境儿童在内的全体儿童提供福利供给的服务。服务内容包括以下三部分：一是为困境儿童建立个人档案，记录每个儿童个人和家庭实际情况和需求，落实相关政策提供的各项保障；二是在社区服务中心开辟专门的空间作为儿童之家、青少年活动中心，为困境儿童服务的开展提供合适的场所资源；三是区民政局购买非营利性社会组织的服务，借用专业的力量来弥补社区困境儿童保护中存在的不足。社区收集的困境儿童信息较为全面，覆盖困境儿童的年龄、性别、监护人以及家庭具体情况（见表 4 - 1）。

---

① 本章亲子关系不仅包括父母与子女的关系，也包括祖父母辈与孙辈的祖孙关系。

表 4-1 B 社区困境儿童的基本情况

单位：岁

序号	姓名	年龄	性别	困境类型	问题简述
1	CZH	10	男	无力监护	身体健康；LJ 小学二（4）班；父亲视力残疾一级，母亲视力残疾一级
2	WZQ	9	男	贫困家庭儿童	身体健康；FX 小学三（3）班；父母身体健康，监护正常
3	LJQ	9	男	无力监护	身体健康；FX 小学二（8）班；母亲未婚生子，父亲不详，母亲精神残疾三级，现由外公外婆代监护
4	HYH	13	女	贫困家庭儿童	身体健康；JJY 小学六（2）班；父母离异，由母亲监护，与奶奶、母亲同住，母亲患有丙乙肝、耳聋、严重哮喘
5	ZZH	9	女	贫困家庭儿童	身体健康；LJ 小学一（4）班；父母离异，由母亲监护，母亲患有肺癌
6	GYS	9	男	监护缺失	身体健康；LJ 小学二（2）班；父亲入狱，母亲离世，现由爷爷奶奶照顾
7	WKX	11	女	无力监护	身体健康；FX 小学五（2）班；父母无力监护，母亲肢体残疾二级，父亲智力残疾三级
8	LQ	15	男	其他需要帮助的儿童	患有注意缺陷与多动障碍、对立违抗性障碍；厌学、辍学；脾气暴躁，无法管教；父母离异，母亲再婚不管孩子，父亲长期在医院戒毒
9	JZC	10	男	监护缺失	身体健康；JJY 小学三（2）班；母亲车祸去世，父亲精神失常
10	SYY	10	女	无力监护	身体健康；BJ 小学二（4）班，父亲听力二级，母亲听力一级

（二）问题界定

经过前期的资料收集和对社区内困境儿童及家庭的实地探访后，B 社区困境儿童主要存在以下问题。

1. 心理方面的问题

儿童的身心发展尚未健全，因而对于挫折和困难的心理承受力相较成人而言会低很多。尤其是部分身处困境中的儿童，他们往往无法以成熟、合适的心理去面对生活的苦难。对于部分贫困家庭的困境儿童来说，家庭在经济方面的困难导致很多儿童在成长过程中感到自卑。对于部分父母监护缺失或重病、重残的困境儿童而言，没有父母陪伴和缺少同龄伙伴陪伴的成长会使得他们在心理上缺乏来自家庭和朋友的关爱，也会导致心理出现问题，如孤僻、自卑、过度任性、孤独、叛逆等。主要有以下案例：一是困境儿童无法以正面的态度对待家庭的困境；二是个别儿童由于生病无法正常上学，身边缺少同龄玩伴而感到孤独。

> 之前她们学校说要申请贫困生，她回来跟我又哭又闹，说全校都没几个申请的，不肯让我去申请。（困境儿童 HYH 母亲）
>
> 我也想去打篮球、打羽毛球，但是约不到人啊。人家都在上课呢，没有时间跟我出来玩。家里就三个老人，他们也不跟我打羽毛球。（困境儿童 LQ）

2. 生命照顾方面的问题

困境儿童正处于生长发育期，缺乏足够的自我照顾能力，对监护人的依赖性较强。然而监护人无力监护或监护缺失正是困境儿童分类中最为常见的两种类型。究其原因，一方面是部分困境儿童的直系亲属患有疾病，无力照顾孩子，孩子的衣、食、住、行完全依靠年迈的爷爷奶奶辈；另一方面，对于正在发育期的困境儿童而言，还属于需要被他人照顾关爱的阶段，往往不懂得该如何保护自己，判断力的不足也使他们不懂得该如何识别周围可能存在的种种潜在风险。此外，由于缺乏父母的监督和有效的家庭教育，困境儿童的生命安全容易受到外界的威胁。主要有以下案例：一是困境儿童监护人监护缺失，困境儿童患有疾病待长期治疗；二是家庭照顾存在缺失风险。

> 五年级之后他好像就变了个人一样，想要的东西如果没有及时满足，他就立刻跟你动起手来，把我身上打得青一块、紫一块，派出所警察都来过。后来带他去看了脑科医生，现在坚持吃药才好了一点。但是我也年纪大了，以后他可怎么办呢。（困境儿童 LQ 奶奶）
>
> 他妈妈有精神疾病，照顾不了他呀！而我们老两口都快七十岁了，不知道还能照顾他多久。所以我们平时也在教他做一些简单的家务，就是希望将来要是我们不在了，他也能把自己照顾好吧。（困境儿童 LJQ 外婆）

3. 经济方面的问题

困境儿童的家庭经济条件差，生活水平低。一些需要帮助的儿童面临着家庭贫困的问题。大部分贫困家庭家人生了重病，需要高昂的医疗费用或需要人力照顾，导致家庭经济支撑困难且缺乏足够的劳动力来创造财富，从而陷入了贫困的恶性循环。

> 我得了这个病连个健康证都办不了，而且三天两头要去医院化疗，哪家老板愿意雇这种员工呢？……前三种靶向药都已经对我没效果了，接下来第四种是自费的，唉……孩子爸爸对她好是很好，但他没工作，也没有钱。（困境儿童 ZZH 妈妈）
>
> 我现在一边带小孩，一边还要上班，小孩现在二年级，个子又矮，我们还忙着给她弄生长激素，一个疗程两万元啊。（困境儿童 SYY 奶奶）

4. 家庭关系方面的问题

特殊的家庭情况会在一定程度上影响家庭成员间的相处方式、交流态度，从而引发家庭教育问题。家是一个整体，家里的每一位成员都是组成家的重要元素，它规定每一位家庭成员都需要履行一定的角色职责与任务，当家庭中某一个元素出现问题则会影响到家庭的正常运行。对困境儿童家庭而言，无论何种困境都会给个体带来一定的影响。如，疾病或残疾所造成的家庭贫困会给家庭成员带来压力，而单亲抚养的子女无法获得父母完整的爱，会对父母产生隔阂。

> 我为她这个成绩经常是急得全身是汗。打也打过，骂也骂过，还是没用。唉，我们是没多少文化，跟她讲了多少遍自己要努力，好好上学才能有个好工作，不要像我们这样。说多了她也嫌烦，可是不说怎么办呢！（HYH 妈妈）

5. 学习教育方面的问题

部分困境儿童缺乏父母监护或者父母监护能力不足，所以他们的生活起居、教育等一般由祖辈照顾。由于长辈年纪大，受教育程度并不高，对于儿童的教育存在观念落伍、教育水平低的特点，无法实施正确的家庭教育。另一部分的困境儿童虽然和父母在一起生活，但由于父母自身受教育程度较低或忙于工作，没有能力也没有时间去教育、引导孩子。家庭教育缺失导致许多困境儿童学习成绩差，学习积极性不高。

（三）需求分析

针对 B 社区困境儿童主要存在的问题，可以梳理出以下五点需求：一是改善生活状况，重点是保护孩子的生命安全，增强自理能力；二是克服心理问题，重点帮助孩子战胜自卑心理、增强自信心、稳定情绪；三是开展学习帮扶，采取不同方式，培养他们的学习习惯、提高学习成绩；四是提升社交能力，学习人际交往技巧并扩大交友圈；五是促进亲子间沟通交流，营造良好的家庭氛围。

基于上述调研情况，社会工作者为该社区的困境儿童提供了一系列的专业服务。

二　提供心理关怀的实务

（一）性格自卑儿童的个案应用

个案工作作为社会工作三大方法之一，能够有针对性地满足服务对象的特殊需求。在开展项目服务前，社会工作者借助社区已有的资料对服务对象的基本情况有了大致了解。为了方便后续服务和活动的发展，社会工作者提前通过电话的方式与每位困境儿童的监护人取得初步联系，表明身份的同时要尽可能加上监护人的微信，方便进一步沟通。

随后通过入户走访掌握服务对象当前生活状况，并与服务对象及家庭建立联系。在正式展开介入工作之前，社会工作者首先需要向困境儿童及监护人进行自我介绍，获得对方的理解。在获得困境儿童家庭的认可基础上，与其签订同意接受服务的协议书。同时社会工作者需要为每位困境儿童建立专属的个人档案，存放服务过程中的所有资料，例如服务计划、每次访谈的记录、参加活动的新闻报道等。在这些准备工作均已完成后，社会工作者需要通过一系列访谈，对困境儿童个人和家庭的情况进行了解，进而根据所掌握信息对困境儿童在各方面存在的需求进行评估。最后，在社会工作专业价值观的指引下制订计划，并实施服务。下面我们根据困境儿童 JZC（以下简称小 J）的基本情况（见表 4-2），说明社会工作者是怎样利用个案工作方法为 B 社区的困境儿童提供服务的。

表 4-2　个案基本情况

姓名：JZC	年龄：10 岁	性别：男	受教育程度：小学
接触日期：2021.6	接触形式：面谈、探访	个案来源：区民政局	
基本情况	1. 2015 年，小 J 母亲在国外旅游时遭遇车祸去世，父亲因受不了打击，住进了 ICU 两个月，出院后精神失常。 2. 目前小 J 由爷爷奶奶抚养，奶奶 78 岁，爷爷 83 岁，依靠退休金生活。奶奶身体较健康，爷爷腿脚已出现退化问题。 3. 奶奶在这几年时间里一直与肇事司机打官司，至今无结果，也因此消耗了大量财物，但对于奶奶来说，这是个信念，一定要为儿媳妇争取应有的物质赔偿。			

1. 案例简介

在正式开展项目后，社区工作人员向社会工作者提供了社区内所有困境儿童的基本信息资料。在了解小 J 及家庭的基本情况后，社会工作者通过电话的方式与小 J 的奶奶取得了初步联系。由于诈骗电话较多，小 J 奶奶对于社会工作者的来电显得戒备心较重，明确表示不接受社会工作者单独上门拜访，要求必须有社区工作人员的陪同。

与小 J 奶奶见面后，对方仍表现得比较抗拒。为了打破僵局、拉近彼此距离感，社会工作者以辅导孩子作业为突破口，并表示会在周末、假期带孩子一起出去玩游戏、做活动。一番沟通下来，终于得到了小 J 奶奶的认可。

2. 预估与问题分析

社会工作者整合了与小 J 及其爷爷奶奶、社区工作人员等进行面谈以及在和小 J 家庭接触过程中通过观察获得的信息，在此基础之上，社会工作者进一步对小 J 存在的问题和需求进行分析界定，并与小 J 及其奶奶一同制定服务的目标和计划。

3. 问题诊断和需求分析

（1）提升表达能力的需求

社会工作者在和小 J 交流过程中发现，小 J 总是低着头或是躲避与社会工作者眼神交流，同时说话的声音很小。据小 J 奶奶描述，小 J 在学校也是如此，上课回答问题的时候需要老师走近身旁才能听清，非常不自信。

（2）情感表达的需求

小 J 的奶奶忙于处理小 J 妈妈的跨国官司，很多时候没有精力顾及小 J 的方方面面，尤其是情绪陪伴和心理照顾方面。在这个环境中，小 J 虽然很依赖爷爷奶奶，但是与爷爷奶奶沟通较少，遇到事情不愿意寻求别人帮助，处在自我封闭状态。

（3）人际交往的需求

小J本身是个性格偏内向的孩子，不擅长交友，在班上没什么要好的同学。同时由于小J在课余没有参加任何兴趣班、夏令营活动，没有机会接触更多同龄的伙伴，因而小J的交友范围很小。周末、假期的时候基本是一个人待在家，很孤独。

4. 服务对象的优势资源

（1）小J学习成绩优秀，做作业的主动性强、效率高。

（2）小J懂事且听话，平时会帮助爷爷奶奶分担家务。

（3）小J的爷爷奶奶都有退休金，加上相关政策提供的补助金，小J家庭的经济负担并不重，足够支持小J的成长。

（4）小J是社区建档关注的对象，会定期回访跟进情况。

5. 制订服务计划

根据小J的需求，社会工作者将服务计划设计如下。

（1）服务目标

①增强自信，使小J敢于大声表达；

②掌握人际交往技巧，扩大交友圈；

③与家人多沟通，改善家庭关系。

（2）介入策略

①定期与小J交流，获得小J信任

小J性格内向腼腆，不爱向旁人表达自己内心想法。社会工作者首先需要获得小J的信任，才能打开他的心扉，了解他内心真实的一面。之后再进一步邀请小J参与项目的小组活动、社区活动等。

②创造认识新朋友的机会，引导小J学习交友技巧

小J平时在学校没什么朋友，也不太和同学交流。社会工作者通过创造小J和同龄伙伴相处的机会，帮助小J在接触过程中学习如何与朋友相处。

③创造祖孙活动的机会，促进小J和爷爷奶奶交流

小J奶奶平时比较忙，与小J在一起玩的机会比较少。小J很依赖爷爷奶奶，但是自己不懂得表达。通过创造小J和爷爷奶奶共同参与、共同动手的活动机会，让小J能够敞开心扉，感受家庭的温暖。

④邀请小 J 参加相关小组活动

社区还有其他困境儿童存在敏感、自卑、内向的性格特点，由此项目社会工作者组织了抗逆力成长小组邀请相关儿童参加。通过小组活动帮助小 J 增强自我效能感，提高自信心。

⑤链接社区资源，弥补非正式资源缺位

链接高校大学生志愿者与小 J 结对帮扶，辅导作业、日常交流；链接爱心企业资源，组织看电影、郊游野餐等活动，丰富课余生活的同时扩大交友圈。

6. 服务计划实施过程

（1）鼓励小 J 勇敢表达想法

小 J 刚见到社会工作者时显得非常认生，一直低着头写作业。为了找到共同话题，社会工作者便问起作业完成情况，提出帮他检查作业。在检查作业过程中，社会工作者以发现的错题为契机和小 J 交流起来。小 J 学习很认真，在成绩方面很要强，所以在交流作业的时候较为积极。为了鼓励小 J 勇敢表达，社会工作者在讲解题目的时候故意讲错，引导小 J 主动提出来。

（2）与伙伴合作完成任务

社会工作者带着一位和小 J 年龄相仿的小志愿者来到小 J 家中，并给两人布置任务，共同制作电动甩干机。刚开始小 J 还比较腼腆，只顾着自己摆弄道具材料，不和伙伴交流，为此两人还起了小争执。于是社会工作者一边安抚、稳定小 J 的情绪，一边耐心开导，借用小故事告诉小 J 合作、沟通的重要性。最终二人顺利完成了甩干机的制作，社会工作者趁机给予小 J 表扬，正向加强服务效果。

（3）开展祖孙活动，拉近彼此距离

社会工作者提前与小 J 奶奶沟通后，设计了祖孙互动活动——包水饺。由社会工作者带着小 J 一同去菜市场买菜、买面，等奶奶回来后一起和面、制作馅料。在一起动手的过程中，小 J 和奶奶相互协作，奶奶负责主要工作，小 J 开心地在一旁帮忙。两个人边闲聊边包饺子，一老一小其乐融融。

（4）户外活动，结识新朋友

社会工作者组织了项目涉及的困境儿童家庭一同前往郊外野餐，丰富孩子们课余生活的同时也为大家创造了认识新朋友的机会。野餐之后设计游戏和表演节目环节，社会工作者特意安排小 J 当众演讲。既帮助小 J 增强了自信，同时也在无形中使其他同学增加了对小J的好感，有助于小J与小伙伴相处。

7. 结案，评估个案服务

当计划中设定的服务目标达成或小J认为自己需求已经得到满足后，整个个案服务便可以终止了。在服务结束后，便是对服务过程和结果进行评估的环节。过程评估是在项目运作过程的评估，实时的评估有助于社会工作者根据儿童的实际情况灵活调整服务内容。而结果评估就是在服务结束后，社会工作者对整个工作内容给服务对象带来的改变进行评估，检测服务的效果。

在本次个案服务中，社会工作者记录了每次服务之后服务对象小J发生的改变，并根据每阶段的变化及时调整下一次服务的目标和侧重点。通过本次个案服务，社会工作者为小J和奶奶创造了打开心扉、相互了解的机会，改善了祖孙关系；帮助小J勇敢地表达自己的想法，并锻炼了他在公众场合自我表现的勇气；使小J学会了该如何正确地与小伙伴相处，并通过带小J参加活动的方式，让小J认识了很多新朋友。因此，本次个案服务有效地满足了小J在心理方面的各种需求。

（二）"儿童抗逆力成长小组"应用

小组工作是社会工作者常在工作中用的实务方法。社会工作者通过组织具有类似问题或需求的困境儿童形成不同主题的小组，以小组活动的方法让服务对象在与组员交往过程中逐渐成长、改变。在社区实务过程中发现，小组工作与个案工作相配合往往能取得更好的效果，一方面可以通过小组活动对个案服务的成果进行巩固加强，另一方面也能够通过小组活动的过程验证个案服务的成效。

社会工作者通过前期对困境儿童的性格、兴趣爱好、亲子关系等进行评估和需求分析，为社区的困境儿童设计了三个不同类型的小组。为存在自卑、孤僻、不善言辞等问题的困境儿童开设"成长不倒翁"儿童抗逆力成长小组，增强儿童的自我效能感和面对问题、处理问题的能力；为亲子关系紧张的家庭开设"你的世界"亲子关系促进小组，让孩子学会理解父母，与父母沟通交流；开设"童伴成长"安全知识教育小组，通过观看相关影片、游戏问答等方式寓教于乐，增强儿童对安全知识的了解。

成长小组是社会工作领域较为常见的小组类型之一，所有通过小组形式，在小组工作者协助下，促进小组成员获得成长的活动都可称为成长小组。① 相较而言，成长小组比较关注于个体的成长或者是注重组员们的能力提升方面。

根据社会工作者对社区困境儿童入户调研的结果，可以发现多数困境儿童均存在性格自卑、敏感脆弱的问题，对于抗逆力的锻炼和培养有一定需求。而对于很多非困境儿童来说，也存在面对挫折、困难的心理承受能力差这一特点，即非困境儿童也有抗逆力提升的需求。对此，社会工作者开设了"成长不倒翁"抗逆力成长小组。需要注意的是，为了避免困境儿童产生对困境儿童"标签化"的负面影响，社会工作者在招募组员时采用"宣传招募为主，邀请招募为辅"的原则，即，小组活动的参与者不仅限于社区内的困境儿童，而是面向社区全体有需要的儿童，这样不仅可以解决困境儿童的问题，还能有效地从源头上预防其他未成年人陷入困境。

1. 小组的筹备

（1）小组目标

总目标：组员们能够改掉对自己的错误认识，提高抗逆力和自信心，以积极的态度面对生活。

具体目标：①正确认识自我，增强自我效能感；②正确认识生活中的困难，学会分析原因，增强对抗逆境的能力；③认识朋友的重要性，培养与同伴团结合作的精神；④学会控制情绪，以乐观积极的态度面对生活。

（2）小组方案的设计

①小组的特征

本次开展的小组类型为成长小组，要求小组成员为存在抗逆力提升需求的社区困境儿童和非困境儿童。考虑过长时间的活动会使儿童难以集中精神，所以本次小组计划每节活动时长控制在 60 分钟以内，并计划共开展五节小组活动。小组的活动日期为 2021 年 7 月 3 日 ~ 7 月 20 日，活动地点为社区活动室。

②小组成员的招募

根据前期 B 社区困境儿童的情况分析，社会工作者从中筛选并邀请了 5 名有相关需求的困境儿童参与小组活动。同时，社会工作者通过社会工作机构公众号、朋友圈等方式扩大小组活动宣传范围，招募更多社区儿童参与活

---

① 刘华丽：《浅议成长小组的社工模式》，《华东理工大学学报》（社会科学版）2003 年第 1 期。

动。在对报名儿童个人资料、报名动机等情况进行分析之后，最终确定由 5
名困境儿童和 3 名非困境儿童参与小组活动。

③小组活动方案（见表 4-3）

表 4-3　小组活动方案

节次	时间和地点	主题	目标	内容
1	2021 年 7 月 3 日 社区活动室	认识新朋友	社会工作者与组员们相互认识，制定小组规则	1. 轮流自我介绍； 2. 破冰游戏"小鸡晋级"； 3. "头脑风暴"：为小组取名、制定规则。
2	2021 年 7 月 7 日 社区活动室	自信你我他	提升组员自信心和自我效能感	1. 热身游戏"萝卜蹲"； 2. "人生价值拍卖会"：增进组员间的了解； 3. "夸夸会"：感受夸与被夸； 4. "如来神掌"：社会工作者先让组员猜测自己一分钟能鼓掌多少次，再实践对比。
3	2021 年 7 月 10 日 社区活动室	风雨同舟	认识合作的重要性，培养团队合作精神	1. 分组游戏"你画我猜"； 2. 分组游戏"生死与共"：组员需双脚站立在报纸范围内，两组间 PK，输的队伍需要减少报纸面积，直到有人站不稳脚落地； 3. 社会工作者分享关于合作的小故事，启发思考。
4	2021 年 7 月 15 日 社区活动室	逆流而上	学会直面挫折，提升解决问题的能力	1. 热身游戏"萝卜蹲"； 2. 分组游戏"奇思妙想"：社会工作者在黑板上写出物品名称，每个小组需要在 2 分钟内想出这件物品尽可能多的用途，想法越多、越新奇的组获胜； 3. 解谜游戏"解开千千结"。
5	2021 年 7 月 20 日 社区活动室	我的情绪我做主	学习情绪管理，结案准备	1. 热身游戏"海盗船长"； 2. 表演游戏：社会工作者设定不同的情景，让组员表演情绪反应，进一步引发组员对控制情绪方法的思考； 3. 社会工作者准备白纸，让组员在纸上写下自己对这段时间以来小组活动的感受，以及想对自己、伙伴、社会工作者说的话，并在小组分享。

2. 小组工作的具体介入过程

（1）开始阶段

本阶段的主要任务是让组员们和社会工作者形成初步关系，同时要共
同为小组制定一系列需要组员们共同遵守的规则，并通过介绍使组员们了

解小组的工作目标与内容。通过第一次小组活动的开展，使组员间以及组员和社会工作者间互相了解，逐渐形成良好的组员关系，并通过为小组起名字、想口号等方式增强组员对小组的归属感。在活动刚开始时，组员都比较认生导致小组气氛有些尴尬，但是经过趣味自我介绍环节和破冰游戏"小鸡晋级"环节之后，组员之间逐渐熟悉起来，不再紧张、拘泥。在为小组取名和分享感受的时候，组员们的积极性就高了很多。社会工作者在这一阶段既要注重调节小组氛围，调动起每个组员的情绪，关注到每一个组员是否都积极参与小组游戏中，也要注意控制好小组纪律。

（2）中期转折阶段

在这一阶段，组员的关系更加亲密，也更愿意表露自己的想法和感受，但也容易出现矛盾、冲突，社会工作者需要细心观察并及时调解，帮助组员增强对小组的认知和认同。若能够以合适的方式化解冲突，便有助于提升小组凝聚力。第二次小组活动刚开始时，由社会工作者引导成员们共同回忆上节活动时一起为小组起的组名和口号，并且再次强调遵守小组规则的重要性。通过"人生价值拍卖会"游戏对组员发散性提问，组员间的了解也更加深入；通过"夸夸会"游戏发掘他人的优点，感受赞美和夸奖的重要性。第三节小组活动主题为"风雨同舟"，社会工作者设计的游戏均需要分组合作，启发组员思考合作的重要性。这一阶段中，组员之间相互熟悉，在他人讲话的时候容易有个别的组员交头接耳或是嬉笑打闹，需要社会工作者及时控制小组进程，管理小组纪律。

（3）后期成熟阶段

这一阶段组员关系更加成熟稳定，能够很快进入状态。社会工作者此时担任的角色主要是协助者，对小组进程的推进起到引导和支持的辅助作用。第四节小组活动主要是锻炼孩子们的想象力和克服困难的能力。社会工作者通过"奇思妙想"游戏环节，让组员们在规定时间内想出关于一件物品尽可能多的用途，激发组员的想象思维。在分组比赛的游戏中，为了小组胜利组员们争先恐后地发表自己的想法，说出了很多稀奇古怪的用途，引得其他组员哄堂大笑。同时社会工作者设计了一个具有一定难度的解谜游戏"解开千千结"，让组员们在面对难题的过程中，借助合作的力量一步步探索，最终成功。这个游戏具有一定的挑战性，社会工作者只需要适当加以引导、示范，而不需要过多参与。经过社会工作者的启发，大家各自分享自己过去在学习、生活、游戏中遇到困难后的想法和解决的办法。

（4）结束阶段

这一阶段小组活动也接近尾声了，大部分组员通过前面几次小组活动都收获了新的友谊，所以在社会工作者表明这是最后一次小组活动时，很多孩子都发出了"啊？"的声音，脸上也显露出了不舍的情绪，叽叽喳喳地说着"不愿意结束，下周还想来参加"的话语。社会工作者提前考虑到了这个情况，于是一边提高音量维持小组秩序，一边用言语安抚组员。为了将组员从不舍的情绪中转移出来，社会工作者带组员们一起玩热身游戏"海盗船长"。随着组员把注意力投入到游戏中，小组的整体气氛也渐渐活跃起来。最后，社会工作者给每位组员发了一张明信片，让大家在明信片上写下自己参加小组以来的感受、改变以及想对组员们说的话，再由社会工作者收集好贴在小组活动纪念板上，给大家一起拍照留念。

3. 组员满意度调查和社会工作者自评

小组活动的评价可以分为服务对象评价和社会工作者自评，当小组活动完成以后，通过满意度调查了解组员对于小组活动的反馈情况，发现组员们对这次小组活动较为满意，基本达成了预期目标。第一，随着活动的开展，组员们意识到了自己具有自己没有发现的优点，增强了自信心，比之前更积极乐观。第二，小组成员在分组任务环节中懂得了团队合作的重要性，培养了团队合作的意识和精神。第三，通过组员互动、小组交流分享等环节，很多原本内向腼腆的组员获得很多表达的锻炼机会，增加了人际沟通技巧。除此之外，趣味丰富的小组游戏既丰富了组员的暑假生活，也让组员结交到了很多新朋友。

三　构建非正式支持网络的实务

儿童的社会支持系统是由儿童及其周围与之有接触的人以及儿童和这些人之间的交往活动所构成的系统。[1] 当个人获得更多来自外界的正向支持，他便能有更大的能量和勇气应对所面临的挫折。正式支持主要指国家、社区在政策、补助等方面提供的支持；非正式支持源于初级群体，例如家人、朋友、同学等。下文将主要介绍社会工作在家庭和朋辈支持方面增强非正式社会支持网络的实践内容。

---

[1]　易进：《儿童社会支持系统——一个重要的研究课题》，《心理发展与教育》1999 年第 2 期。

（一）家庭层面：监护人共同参与，提高亲职能力

对于儿童来说，家庭是能够给予他们最多、最直接支持和依靠的环境，能够为儿童提供他们成长过程中所需要的情感陪伴和教育指导，因而家庭对于儿童的成长具有不可替代的作用。从实际走访来看，B 社区困境儿童家庭中有 30% 存在父母无力监护的情况，孩子的主要监护人由祖父母辈担任，属于隔代教育；还有 40% 的家庭困境儿童虽然由父母照顾，但是由于父母患有疾病或残疾，对孩子的关心照顾有限。再加上家庭经济条件及教育理念限制，大多数困境儿童的监护人与孩子之间缺乏有效的沟通，未能建立正确的育儿理念和方法，亲职能力有待提升。

1. 邀请家长共同参与社区活动

一方面，考虑到 B 社区困境儿童的监护人日常工作繁忙和经济成本等各项因素，在本次困境儿童保护项目中，社会工作者并未单独安排针对困境儿童监护人的亲子讲座或亲职能力成长小组。另一方面，对处于青春期、成长期的青少年儿童来说，家长的陪伴能够给予他们一定的安全感，同时也有助于家长更了解孩子，打破隔阂，进而帮助困境儿童和家长改善关系、拉近彼此距离。根据上述原因，社会工作者在安排系列社区活动时，充分考虑了家长参与活动的情况，通过邀请、鼓励困境儿童的监护人参与到社区组织的各项活动的方式，增加监护人与孩子们相处的时间，共同创造温馨的亲子时刻。在邀请过程中，家长对亲职能力的小组活动参与的积极性并不是很高，但是如果是邀请家长和孩子一起周末、假日出游，家长和儿童的积极性都会明显更高。

在本项目中，社会工作者每月会开展一次出游活动，活动包括具有一定红色教育意义的红色电影观赏会，游览渡江胜利纪念馆，户外乡村生活体验，节日相关的文化学习、体验活动。表 4-4 是项目期间社会工作者为 B 社区困境儿童及家长组织的部分活动的内容简介。

表 4-4　部分社区活动的内容简介

序号	日期	活动主题	活动内容
1	9 月 20 日	《长津湖》观影活动：铭记伟大胜利，致敬英雄先辈	邀请困境儿童家庭共同观看以抗美援朝战役为背景的红色电影《长津湖》。观影前，由家长为孩子讲解相关历史故事；观影后，社会工作者特别安排了品尝冻土豆、炒面的环节，大家共同分享感受，学习革命精神，向伟大的民族先烈们致敬。

序号	日期	活动主题	活动内容
2	10月16日	"小小稻草人"农事体验活动	社会工作者邀请社区的老党员作为老师带领孩子们扎稻草人。在家长的协助下，孩子们学着老师的样子先是制作了稻草人的身体，之后又给稻草人穿上了家里带来的衣服。通过活动让小朋友们锻炼了动手能力。
3	11月20日	参观渡江胜利纪念馆	家长带着孩子来到渡江胜利纪念馆的大门前集合，由社会工作者作为向导带领大家共同游览纪念馆，同时介绍相关的历史故事，让孩子及其家长在游玩中学习。
4	1月18日	知年俗·品年味·学文化	社会工作者首先带领孩子们学习春节的传统文化、习俗，齐声唱年味童谣。社会工作者还特别邀请了专业的民俗老师，指导大家亲自动手制作糖画、草编、剪纸和泥塑，让孩子们在趣味活动的过程中体验传统文化之美。
5	2月13日	喜乐"童"庆元宵节	社会工作者首先带领孩子们一同学习了有关元宵节的系列知识，加深了孩子们对于中华优秀传统文化的了解。随后，社会工作者设计了童趣猜灯谜环节，将活动氛围推向了高潮。最后是手工制作灯笼环节，锻炼大家的动手能力。

这些活动通过链接爱心企业资源获得了较为充足的资金支持，从而能够让困境儿童的监护人一同参与其中，在活动过程中与孩子互动，增进亲子间的情感。与此同时，社会工作者在其中扮演教育者。例如，组织困境儿童家庭一同去农村制作稻草人的时候，趁着孩子们都在一边自由玩耍的机会，社会工作者便与聚在一起休息的家长聊起了孩子的近况。这其实类似于一次简单的小组活动，家长们互相分享与孩子相处的小故事，而社会工作者在其中加以引导，鼓励家长们要多了解孩子成长发展的过程、多关注孩子的情绪，给家长灌输正确的育儿理念和与孩子沟通的技巧、方法，帮助家长能够更好地与孩子沟通，提供情感支持。

2. 开展家庭服务，提供亲职指导

为了及时了解每个困境儿童家庭的近况，社会工作者定期安排了针对每个家庭的入户探访活动。由于本项目并未安排专门面向家长的小组活动，所以对于儿童监护人亲职能力建设的工作基本安排在每次上门探访过程中进行。在入户访谈的过程中，社会工作者会采用非结构式访谈的方式，询问儿童在家和在校的表现、学习情况、交友情况、与家人相处情况等。除了向儿童本人了解情况以外，社会工作者还会对监护人进行访谈，侧面了解孩子在家、在校的表现及亲子相处的情况。由于家庭对于正在成长的儿童会产生非常重要的影响，所以社会工作者也会对监护人的个人健康、经济、工作情况进行询问和了解。每次访谈后，社会工作者会对访谈过程以文字和图片的形式进行记录，并根据每个家庭的实际情况，客观地对家庭进行评价，对监护人进行必要的知识教育，并指导其对子女的行为习惯、学习、安全教育等方面做出合理的引导与帮助。转变监护人传统的家庭教育观念，给儿童们创造一个良好的家庭氛围。

（二）朋辈层面：依托社区平台，创造交友机会

朋辈群体是继家庭以后，给儿童提供情感方面支持的主要人群。同辈群体对于儿童自我同一性的形成会产生一定影响作用，且同辈群体的影响作用有时候已经超越了家庭和学校在这方面产生的影响作用。有研究者指出，同伴拒绝和消极的同伴关系在孩子的自我概念发展和在学校适应情况上会产生消极影响。[①] 根据前期走访调研，社会工作者发现项目所涉及的困境儿童由于家庭和自身性格原因限制，交友圈很小，基本仅限于班级同学，在周末和节假日也少有机会出去游玩或参加夏令营、冬令营之类的活动，所以没有很多认识新朋友、扩大交友圈的机会。本着具体可操作的原则，社会工作者依托社区这一平台，开展了丰富多样的群体活动。

1. 组织多种形式的小组活动

为了帮助存在类似需求或问题的儿童满足需求或解决问题，项目社会工作者在社区开展三个不同主题的小组活动，分别针对存在抗逆力提升需求、亲子关系改善需求和安全知识科普需求的儿童。由于每个小组的主体非常明确，在分组时也会根据儿童的不同情况进行安排，所以每个小组的组员基本都在某种程度上存在一定的相似性。儿童之间的相似性特点有助于彼此之间有共同语言。同时在小组活动开展的过程中，社会工作者安排了趣味热身游戏，比如"你画我猜""萝卜蹲""海盗船长"等，能够让困境儿童在玩乐的过程中提高彼此间的协作能力和默契。小组活动还安排组员敞开心扉的交流沟通环节，能够帮助组员们增进彼此间的了解，与此同时加深彼此间的感

---

① 严蓓颖、李玉华、俞劼、刘悦：《小学生同伴关系与学业适应的关系：有调节的中介模型》，《中国特殊教育》2021 年第 9 期。

情。这些小组活动为困境儿童认识、结交志趣相投的新朋友创造了有利条件。

2. 组织户外拓展活动

户外拓展活动为帮助扩大困境儿童的交友圈提供了一个更加自由的交友空间。原因在于项目社会工作者在组织这类活动时，考虑资源链接的需要和儿童交友的需要，参与活动的儿童既包括了社区内的困境儿童，也包括了非困境儿童，保证了活动参与人员的多样性。一方面，能够避免让困境儿童产生自己和别人是不一样的感觉，进而避免"标签化"的负面影响；另一方面，能够进一步扩大困境儿童的交友范围，通过安排小游戏的方式让困境儿童在玩游戏过程中结交朋友，摸索交友的正确方式，扩大自己的交友圈并加强与同龄伙伴之间的联系，进而获得更多来自同辈群体的支持。

四　多渠道整合社区资源的实务

为了巩固困境儿童的社会支持系统，满足困境儿童多元化、个性化需求，需要充分挖掘社区现有的人力资源、场地资源、企业资源等，例如，利用社区现有空房间、教室组织相关活动，鼓励并培训社区居民成为关爱、保护困境儿童的爱心志愿者，让困境儿童服务成为社区居民日常生活的重要组成部分，最终在社区内形成关爱困境儿童的良好氛围。

（一）链接高校志愿者资源

高校志愿者资源主要是指社区附近高校的大学生。一方面，每所高校都有青年志愿者协会、支教团等公益性组织，学校也鼓励大学生积极参与社会实践活动，这为项目链接高校志愿者资源奠定了一定基础。另一方面，随着近年来大学生整体素质的提高，很多人对公益事业的积极性很高，也愿意在课业之余参与一些公益活动；与此同时大学生的受教育程度相对较高，有能力帮助困境儿童指导功课。本项目中，为了解决 B 社区困境儿童普遍存在的课业问题设计了"伴读服务"，该活动主要通过高校志愿者为存在课业问题的困境儿童提供学业辅导和心理关怀，从而提升困境儿童的学习成绩。

本次项目链接的高校是位于 B 社区附近的大学。这所大学的公益氛围较为浓厚，校内不仅成立了专门青年志愿者协会，还设立了社会工作专业，同学们参与公益活动的积极性比较高，因而在志愿者资源的数量方面是非常充分的。由于之前的项目就曾经和该大学志愿者协会合作过，因而在本次 B 社区困境儿童保护项目中，社会工作者顺利对接到了该大学的志愿者来为社区困境儿童提供伴读服务。在伴读服务正式开始之前，社会工作者首先对这些大学生志愿者进行了系列培训，要求志愿者能够秉持着客观、尊重的态度面对将要接受服务的困境儿童，并且必须具备责任心。在简单的培训之后，机构与高校志愿者签订了志愿协议，从而保证志愿者在伴读服务过程中能够遵从社会工作的价值观。

伴读活动以阅读分享会为载体，通过大学生志愿者分享自己读书上学的经历，来与孩子们一同探讨"我们为什么要读书"。通过这个方式充分激发困境儿童的学习兴趣。阅读分享会安排在社区活动室，由于活动刚开展时服务对象大多有点腼腆和拘谨，所以活动中社会工作者设置了一些破冰小游戏，让大学生志愿者和困境儿童都可以加入其中，活跃气氛并减少彼此之间的距离感。热闹的游戏结束后，困境儿童还表现得有点意犹未尽，于是社会工作者趁机给大家介绍本次活动的主题，鼓励大家分享自己的阅读故事。在社会工作者和大学生志愿者的引导下，每位困境儿童都能介绍一本自己最近在看或者最喜欢的书。活动最后，大学生志愿者与困境儿童"一对一"结对，定期向困境儿童提供伴读服务，运用线上、线下等方式和困境儿童交流学习、生活，协助满足其课业辅导、心理关怀等需求。

（二）链接社区居民资源

居民群众是每个社区内最为丰富、最为普遍的人力资源，社区治理的改善、治理能力的提升离不开社区内广大人民群众的力量。在构建社区困境儿童的社会支持网络、帮助困境儿童融入社区、营造良好的关爱保护困境儿童的社区氛围方面，社区居民同样发挥着重要的作用。另外，政府积极引导社区居民踊跃地参与社区志愿活动，有助于激发社区活力，提升社区成员的归属感和社区凝聚力。[①]

在具体实践中，项目社会工作者开展了主题为"微心愿、暖心行"的心愿满足活动，这一活动就充分动员了居民为社区内困境儿童提供关心和帮助。活动前期，项目社会工作者通过电话或微信的方式向服务的十名困境儿童及家长说明了本次活动的主题和内容，并询问孩子们的心愿，之后整理并发布在机构和社区的公众号上，征集爱心人士为孩子们满足心愿。经过前期

---

① 李迎生、杨静、徐向文：《城市老旧社区创新社区治理的探索——以北京市 P 街道为例》，《中国人民大学学报》2017 年第 31 期。

充分的宣传和预热，本次活动的最终效果非常好，"微心愿、暖心行"的文章推出之后，社区居民都非常积极地响应和参与，不到十分钟的时间所有的心愿就已经被全部认领完毕，甚至有的居民想要一人认领多个心愿。由于疫情影响，为避免大规模人员聚集，在物资采购完毕后，心愿物资由社会工作者和爱心人士一起入户，分批次送交给许愿人。由于活动效果良好，首次"微心愿、暖心行"活动结束后的一个月内，另一个社区也开展了类似征集心愿的活动，进一步扩大了活动的影响力。

（三）链接爱心企业资源

企业将维持自身发展之外的剩余利润投入公益事业已经成为许多企业的共同做法。民营企业参加社会志愿服务项目存在一些优点，一是民营企业的社会效益宗旨和非营利性价值宗旨与志愿精神高度匹配，同时民营企业拥有较多的资金和社会资本；二是企业在志愿活动中的行为较少会受到政府的直接干预；三是市场多数的企业均为中小型企业，具有较高的市场灵活性、社会贴近性和社区嵌入性，员工对社区志愿活动参与的积极性高。[1]

项目承接机构在当地成立时间较长，积累了很多当地的企业资源，在项目实施过程中很多活动都获得了爱心企业的支持，例如，社会工作者策划的红色主题电影《长津湖》观影活动。这次观影活动除了邀请社区内十个困境儿童家庭，还链接上了爱心企业资源，是当地的一家医药公司。经过沟通协调，最终商定由企业负责承担电影票费用，并邀请企业职工带着孩子一同参与此次的观影活动，加深企业对于公益事业的参与程度。由于电影主题比较深刻且有一定历史知识，考虑到未成年人在理解方面可能存在一定困难，所以在正式观影之前，社会工作者提醒家长们要事先将抗美援朝相关历史知识以简单易懂的方式告诉孩子。在观影过程中，绝大多数儿童都表现得很认真，偶尔会和家长小声交流情节，每个人都深深地被人民志愿军的毅力和精神所感动。最后，社会工作者和孩子们一起品尝了冻土豆和炒面，分享了彼此的观影感受。

（四）链接新媒体资源

随着网络和数字化技术等的发展，新兴媒体在社会上形成了广泛的社会影响，这给社会工作提供了一个有利的宣传平台，既能通过媒体宣传，提高

---

[1]　吕小康、姜浩：《引入社会企业破解社区志愿服务的麦当劳化》，《城市观察》2020年第6期。

群众对社会工作专业的了解度，也能让更多人了解社区的弱势群体并参与相关服务，扩大服务影响力的同时增强社会的凝聚力。通过及时发送通讯稿的方式，充分地发挥和利用了新媒体时代下碎片式阅读的影响力，让更多人了解到困境儿童保护项目，参与到困境儿童保护工作中。

在本项目服务过程中开展了许多颇具特色的小组活动和社区活动，例如抗逆力成长小组、亲子关系小组、"微心愿、暖心行"活动，在每次活动中社会工作者都抓拍了精彩瞬间作为活动记录进行留存，在活动结束后根据活动展开情况撰写相关新闻稿，由机构负责人联系相关媒体发布。多家在当地具有一定影响力的新闻 App 和公众号都对本项目所开展的服务进行过报道。

第三节　实务反思

一　参与成效分析

社会工作者参与社区困境儿童服务，弥补了社区在困境儿童的心理关怀、非正式社会支持网络和社区资源整合这三方面存在的不足，对于社区困境儿童工作起到了补充、完善的作用。对社会工作者参与社区困境儿童服务的效果进行评估，总结其中值得其他项目学习和模仿的经验，能够进一步完善社会工作者参与社区困境儿童的服务。

（一）心理关怀层面

B 社区作为经济发达地区的社区，在社区建设、困境儿童福利体系构建方面比较完善，社区内的困境儿童在物质方面已得到较为完善的帮扶，但是困境儿童自身及家庭由于长时间处于困境，存在心理压抑、性格自卑、缺少可倾诉对象等问题，因而在项目服务中社工重点对困境儿童提供了心理上的关怀和辅导，及时干预孩子不正确的心理问题和行为。社工每周还会定期对困境儿童进行跟踪回访，既辅导孩子学习，也与孩子沟通交流，了解他们最近学习、生活情况，提供心理陪伴。社工根据服务对象的不同情况和实际需求为他们提供具有针对性的服务，并取得了一定的服务效果。

1. 帮助自卑儿童自信表达

在针对性格内向自卑的困境儿童小 J 的个案工作中，小 J 原本在和别人说话的时候总是低着头或者躲着不愿意说话，并且声音很小。社会工作者为了帮助小 J 增强自信，敢于表达自己的想法，以作业辅导为契机故意讲错题，引导小 J 主动纠错。并通过户外活动的机会，让小 J 尝试着在公众场合大声演讲。渐渐地，小 J 不再抗拒在公众场合表达自己的想法。

> 之前不太好意思在很多人面前讲话，好多人看着我，我就会很紧张。对自己很不自信，我说话的时候怕别的人笑话我。那次在大家面前讲故事、背诗，底下的小朋友和叔叔阿姨都在鼓励我，一直给我鼓掌，就让我感觉没那么可怕了。（困境儿童 JZC）

2. 帮助困境儿童学习人际交往技巧

项目安排了三个不同主题的小组活动，邀请了有需要的儿童参与。困境儿童参加小组活动的过程同样也是交朋友的过程。有的儿童由于自身性格内向、不善交际，所以在小组活动的时候依然不太愿意说话或者容易与其他组员产生矛盾。社工特别考虑到这一点，在小组和社区活动的时候对于儿童之间的相处格外注意，并且设计了需要孩子们相互协作的环节，在"成长不倒翁"抗逆力成长小组中安排了一节课来帮助孩子们理解团队合作和给他人不吝啬的赞美的重要性，一些原本有点和大家格格不入的儿童也逐渐融入群体。

3. 增强困境儿童的自我效能感和抗逆力

在"成长不倒翁"抗逆力成长小组中，社工安排了一节主题为"逆流而上"的活动，通过"解开千千结"这个具有一定难度的游戏锻炼了孩子们面对困难的耐心和解决困难的决心，提升了抗逆力。"夸夸会"游戏让孩子们认识到自己其实有很多优点和长处，增加了对自己的信心。

> 我以前常常会羡慕别的同学，觉得自己家庭条件不好、长得不好看、脾气也不好，觉得自己很不幸运。但是经过今天的活动，我没想到我在别人眼里竟然有这么多优点！其实这些我自己原本都不觉得有什么的，今天听他们一说，我感觉自己也并不是那么糟。（困境儿童 HYH）

与此同时，在社区活动中有许多能够让孩子们锻炼自己、表现自己的机会，例如，在"小小稻草人"农事体验活动、"知年俗·品年味·学文化"春节活动等社区活动中，社工安排了一些 DIY 的动手环节。虽然这些手工有一定的难度，但是孩子们能够在社工和家长的鼓励下认真完成，面对困难不轻言放弃，而是自己寻找解决办法。

> 这个草编蚂蚱在老师手里看起来好简单，左边折一下、右边折一下就完成了，可是到我手里就变得好难。我先是自己琢磨了一下，发现还是折不出来，然后我就问老师，老师就过来教我了。原来是我有一步左右折反了！后来我就自己编出来了！哈哈哈，我要回去拿给妈妈看！（困境儿童 ZZH）

4. 缓解困境儿童内心孤独感

本次项目的活动非常丰富，每两周会在社区活动中心安排读书会，由高校志愿者为社区的困境儿童提供伴读服务，平时会经常和孩子们保持联系，交流学习上的难题和日常生活中发生的趣事儿，在一定程度上缓解了独生困境儿童的孤独感。每个月带困境儿童一起去郊外玩耍、参观博物馆等活动，丰富了困境儿童的课余生活，避免了由于父母工作忙碌独自在家的困境儿童感到孤独。

> 我可期待老师们带我出去玩儿了，在家的时候爸爸、妈妈、奶奶都忙，经常没空陪我，而且有的我喜欢玩的东西他们也不感兴趣。（困境儿童 CZH）

（二）构建非正式社会支持网络

社会工作者通过参与社区困境儿童服务，帮助 B 社区的困境儿童构建非正式社会支持网络，一方面通过邀请家长与孩子共同参与活动，提高家长的参与度和积极性；另一方面通过组建亲子关系改善小组，帮助孩子学会理解父母、多与父母沟通。同时通过组织多样的小组活动和社区活动，为困境儿童营造了良好且自由的交友环境，从家庭层面和同辈群体层面弥补了原本非正式社会支持层面存在的不足。

1. 改善亲子关系

社会工作者借助小组工作的方法，组建了"你的世界"亲子关系促进小组，通过五节小组活动，使困境儿童在小组活动的过程中理解了父母或爷爷奶奶的不容易，学会理解长辈、学会与长辈进行良性沟通，缓和了与长辈紧张的关系。

> 我一直知道我妈对我好，她打我也是想让我能好好读书，有个好成绩。但是她之前总打我，特别是你们来了她还那样，让我觉得很没面子。不过现在的确是好一些了，至少有耐心听我说话了。（困境儿童HYH）

社会工作者通过邀请监护人共同参与社区活动的方式，对监护人进行了亲职能力的教育，让家长也要学会理解孩子、倾听孩子，同时增加了亲子间的相处时光，为亲子关系的改善创造了有利条件。

> 孩子长大了，不能总是打、骂，谢谢你们提醒我。我也发现了，跟孩子我自己光着急是没用的，我现在试着多听她说，还是得互相理解吧。（困境儿童HYH的母亲）

2. 扩大同龄交友圈

小组活动和社区活动都为困境儿童们创造了一个氛围友好的交友平台，既有社区里的困境儿童参与，同时也有一些非困境儿童参与，参与成员的异质性增加了困境儿童在其中交友的多样性，不仅可以认识与自己相似的朋友，也能认识与自己形成互补的朋友。在活动中，社工通过丰富有趣的环节设置和需要成员团结协作的游戏安排，让儿童能够在玩乐中自在地相处，自然地认识、结交新朋友，有效地扩大了困境儿童的同龄交友圈。

> 其实这些活动我并不是很感兴趣，主要是我一个人在家太无聊了。来这里的话，他们年纪都比我小，还会喊我大哥哥，哈哈哈，感觉就还行吧。（困境儿童LQ）

（三）社区资源整合层面

社会工作者参与社区困境儿童服务，协助社区整合困境儿童服务中的可用资源。在资源链接与整合方面，社会工作者发挥了重要作用，链接高校志愿者资源，为身处困境的孩子提供伴读服务，"一对一"结伴、定期提供课业辅导和心理关怀；链接社区爱心居民资源，营造良好的社区氛围；链接新媒体资源，提高保护困境儿童公益事业的社会关注度；链接爱心企业资源，为项目活动提供更多的资金支持。

1. 提升社区服务的专业性

社会工作者根据 B 社区困境儿童的实际需求策划服务内容和相关安排，运用专业理论和方法，提升了社区在困境儿童服务方面的专业性。

第一，坚持助人自助原则。社会工作者在帮助过程中注重锻炼困境儿童的个人能力，关注服务对象的发展性需求，从赋能的角度帮助服务对象提升面对问题、解决问题的能力。第二，不给困境儿童"贴标签"。项目开展的大多数活动会邀请非困境儿童家庭一同参与，并且在活动中不对二者明确区分，让每个孩子都能在平等相处中获得应有的体验，避免了标签化产生的负面影响。第三，注重保护服务对象的隐私和尊严。社工从第一次入户拜访开始便介绍了服务的内容和相关风险以帮助服务对象理解，确保服务对象的知情权；服务过程中留下的访谈录音、文字记录都进行加密保存，确保不会外泄；若部分服务图片需要用作新闻稿宣传，会对脸部模糊处理；社工在确定了服务对象相关情况和问题之后，与服务对象签订服务协议，让服务对象感受到尊重和重视。

2. 拓宽困境儿童服务的内容

社会工作介入社区为困境儿童提供服务，有助于整合社会多元化主体的资源，充分发挥多元化利益主体在困境儿童保护工作中的重要功能。社区资源的高效整合与合理使用，既帮助社区工作人员缓解了工作压力和负担，同时也使得困境儿童服务的内容更加多样。除了社区已经链接的政府资源，社会工作者还通过动员附近高校大学生，为困境儿童提供"一对一"的伴读服务，为其辅导学业。除此之外，社会工作者与爱心企业合作，链接社会资金资源和人力资源，既丰富困境儿童服务的内容，也在一定程度上减轻了社区工作人员的压力。

3. 营造社区关爱困境儿童的氛围

社会工作者通过组织"微心愿、暖心行"等活动邀请社区爱心居民加入关爱困境儿童的队伍中；通过链接新媒体资源，对项目所开展的各项活动进行有力的宣传和报道。新媒体资源和社区居民资源的链接与整合使更多民众对国家政府在困境儿童方面进行的工作有了更深入的了解，同时也对社会工作者这个职业有更清楚的认识，能够吸引更多人参与活动，扩大服务影响力的同时提高社会凝聚力，营造了良好的关爱困境儿童的氛围。

根据以上定性分析，社会工作者结合与困境儿童、家长的访谈内容和观察，发现社会工作者参与社区困境儿童保护服务，不仅为服务对象带来了较好的介入效果，也为社区工作人员分担了在困境儿童保护方面的压力。

二　社会工作介入社区困境儿童服务的反思

（一）项目运作过程反思

社会工作是一种以助人为宗旨，运用专业知识技能去解决社会问题的职业。政府通过项目发包的方式将弱势群体的帮扶工作交由社会工作者来完成。从理论上来看，社会工作者在弱势群体服务中具有不可替代的优势，包括但不限于科学而丰富的理论和研究视角、严谨而包容的价值观和原则、被多年来实践证明有效的实务方法等。虽然社会工作具有以上种种的优点，但是理论与实践之间并不总是能够完美划等号的，尤其是对于社会工作这种非常重视实务的专业。所以本项目在实际的运作过程中，项目社工的实务能力还存在不足，亟待提高。同时由于社会工作在我国本土的发展还未成熟，在人手和督导等方面尚不能完全达到要求。

1. 项目社工实务能力有待提高

社会工作是非常重视实务的专业，所以作为一名合格的专业社会工作者，既需要掌握丰富的理论知识，还需要在大量的服务实践过程中积累丰富的实务经验和技巧。在本项目中，项目社工使用了专业理论进行问题、需求的分析，运用个案工作、小组工作和社区工作的三大方法为困境儿童提供服务，虽然项目社会工作者在价值观、理念、原则和方法上具备了一定的专业素质，但是理论与实际运用之间仍有着不小的差距，实务能力的缺乏会影响服务的效果，会让服务对象质疑社会工作的专业性，不利于社会工作专业的长远发展。

2. 项目督导次数不足

南京市民政局 2015 年印发的《南京市社会工作督导选拔使用管理办法（试行）》（以下简称《办法》）对于政府购买或资助的社工项目的督导情况做了明确要求。对于购买资金不满 10 万元的项目，必须拥有至少一名督导人员来为该项目的社工提供督导工作。该《办法》还对督导者督导项目的频率和时长提出了要求，分别是每月大于或等于一次，每次时长大于或等于两个小时。本项目属于政府购买的社工服务项目，服务开展时间为一年。如果按照规定，那么本项目的社工在服务过程中应该至少接受了十二次的督导。但实际情况与要求的目标相距甚远，由于项目社工在经验性、专业性上还有所缺乏，加上社会工作服务对象实际情况的复杂性，所以社工在开展工作时难免会出现无法应对的情况或自身出现心理问题，却得不到应有的指导。在本次困境儿童保护项目中，社工在探访部分困境儿童家庭的过程中就遇到这样的问题，由于家庭情况的特殊，对于儿童监护人来说心理压力会比较大，有的家长倾诉的欲望表现得非常强烈，这导致社会工作者在一定程度上出现沮丧情绪，就需要督导及时发现其在工作中的情绪变化及出现的问题，才能提高社会工作者的服务质量。

（二）社区与社会工作机构合作反思

为困境儿童服务对于社区与社会工作机构来说，双方的工作重点不同，在为社区内的困境儿童输送服务、提供服务的过程中是各具优势的。社区对于居民来说认可度和熟悉度更高，有助于获得困境儿童家庭的信任，所以在组织活动、动员居民的时候社区工作人员会更加方便。但是社会工作者在服务的专业性和资源的灵活链接方面具有社区不可替代的优势。因此只有社区与社会工作机构协调配合，才能使困境儿童福利供给更高效、服务质量更优质。但是在实际项目运行的过程中，社区与社会工作机构在协调配合方面存在一定问题。

1. 工作人员之间缺乏联系

社会工作者在实际参与 B 社区困境儿童保护项目的过程中发现，从项目的开始到结束后评估的整个运作中，双方工作人员之间的联系都是非常少的。社区工作人员主要负责社区内外的各方面工作以及行政性的事务，其他工作则以工作繁忙为理由推脱。除此之外，社会工作者也缺乏和社区工作人员之间的沟通和交流。该困境儿童保护项目属于政府购买发包的项目，使得社区工作人员会产生这方面工作与自己无关的错误理解，导致原本应该是社区工作人员与社工协同发挥作用的项目变成社会工作者的"独角戏"，这使得多元主体的困境儿童福利体系的成效大大降低。

2. 社区后续发展动力不足

本服务项目的具体开展时间为一年，但困境儿童是会成长的，不同的阶段有不同的需求和特点。任何服务都不可能会产生一劳永逸的效果，想要项目成果能在社区得到长时间的保持，必然需要社区的相关人员不断巩固效果，也唯有如此才能最终协助这些困境儿童达到自我帮助和自我发展的目标。用一年期的服务帮助困境儿童满足全部身心需求，时刻保持着对未来的希望，积极面对生活困境是不现实的。即便是通过五次的小组活动，困境儿童的抗逆力有了很大的提升，但是后续如果没有持续的巩固，前面取得的效果也会渐渐淡化。本项目只开展了针对困境儿童的服务，没有涉及社区在困境儿童保护方面能力的训练，这就使得服务时间一旦到期，服务效果就难以巩固，导致社区后续发展动力不足。

三 完善社会工作介入困境儿童社区服务的对策

（一）开展培训提高社会工作的专业性和独立性

社会工作的专业性和独立性一直是社会工作在国内的本土化发展过程中被社会工作从业者所关注的重点问题。就社会工作专业性的提升而言，主要可以从两方面入手，一是夯实理论基础，二是加强实务训练。前者主要是通过高校教育，社会工作机构组织的培训以及专业性的相关讲座、研讨等方式实现，后者主要是通过为高校的社会工作专业学生提供合适的实践岗位、工作中落实督导的岗位责任等方式实现。

社会工作独立性的提升意味着社工的价值和能力得到了社区和服务对象的认可，这是建立在专业性达到一定程度的基础之上的。在具备了专业性基础之后，社工对参与社区的困境儿童保护工作应当更加"主动"，主动地发现社区存在的需求，并解决社区存在的问题。当社工主动且敏锐地为社区的困境儿童提供专业性的服务计划和资源链接时，社区工作人员和服务对象才会对社工的能力和价值给予肯定和认可，这样社工在社区才能具有一定的独立性。与此同时，社工可以借助媒体渠道对专业服务进行宣传，提高社会工作的影响力，也能够帮助社会工作进一步提升在项目中的独立性。

（二）推动社工与社区工作人员良性联动

在多元化的困境儿童福利体系里，社区和社会工作机构分别承担着重要责任，且只有通过社区工作人员和社工的相互配合、良性联动才能将福利供给最大化。在项目实施的整个过程中都需要社区工作人员和社工的协同配合，双方都必须认识到多元化的困境儿童福利体系运作模式以及各自在其中承担的角色和功能。另外，还需要了解对方在项目中具有的优势或专长，这样才能形成良好的互补关系，各自发挥优势开展服务。社工在开展各项服务的过程中要始终将自己的专业性放在首位，同时要积极主动地与社区工作人员沟通，让社区工作人员明确认识到社会工作者在项目中的职责和优势。

（三）各界加大对困境儿童保护项目的资金投入

足够的经济支持是弱势群体保护项目顺利开展的必要条件，困境儿童的保护项目也是如此。没有充分的物质基础和资金投入，项目运行的质量就会大打折扣，因此需要社会各界共同努力，为困境儿童保护项目提供资金支持。首先，政府要提升对于困境儿童保护项目的购买额度。虽然困境儿童保护项目一直是国家重点关注的民生项目，但是近年来分拨给困境儿童项目的资金相较其他弱势群体而言是非常少的。在儿童福利和保护方面，国家应担负起主导作用，加大对困境儿童项目的资金投入，进一步完善对困境儿童的经济补助和社区内的基础设施建设，引导社会各界加强对困境儿童群体的关注。其次，应充分运用社会福利和各类基金会，有效整合社会资源，为非营利性社会组织的发展提供更多渠道的资本保障。通过拓宽资金来源和加大资金投入，最终实现社区儿童服务的长效性供给。

第五章 儿童项目评估研究

——以 R 社区困境儿童项目为例

第一节 项目基本情况

"童心网、助成长"是 A 社工服务机构（以下简称"A 机构"）在 R 社区实施的项目，项目时间为 2020 年 1 月至 2020 年 12 月。服务对象是经过前期走访，筛选出的 10 名困境儿童及其家庭。这些儿童处在困境中，面临经济困难、照顾不足和社会融入困难等问题，项目运用个案工作、小组工作和社区工作的方法，在项目服务中立足困境儿童心理问题，挖掘困境儿童潜能，为困境儿童及其家庭赋能，使困境儿童服务逐渐走向专业化、标准化。同时以点带面，建设儿童政策友好、儿童服务友好、儿童发展环境友好型社区，注重家庭环境和社区环境对儿童性格塑造带来的积极影响，增加社会对困境儿童的关注度，为困境儿童的成长保驾护航。

一 项目预期目标

（一）项目总目标

运用个案工作、小组工作和社区工作的方法，筛选 10 个重点个案提供服务，包括辖区内监护缺失、有特殊困难的困境儿童，政府及其他机构转介的紧急或疑难案例，需要跨区协作处理的困境未成年人个案。

1. 困境儿童服务实践模式

机构负责紧急介入、干预、评估、服务，协调和协助区未成年人保护办公室（以下简称"未保办"）及相关单位、街道开展工作，逐步建立一支由法学、心理学、社会工作等领域专业人员组成的小组，探索未成年人保护服务的成熟模式。

2. 营造困境儿童良好的成长环境

通过服务满足困境儿童需求，在保证其基本的生活之外，尽力满足发展性的需要。通过对困境儿童家庭提供服务，改善亲子关系，营造良好成长的环境。通过服务提高居民儿童保护意识，构建儿童保护支持网络，创建儿童友好社区。

（二）具体目标

1. 个案工作目标

因为困境儿童困境成因的复杂性，在总目标下，每个个案目标的特点是不同的。第一，纠正观念，使困境儿童树立正确的自我认知。第二，链接资源，通过链接内部、外部资源满足困境儿童成长、发展需求。第三，挖掘潜能，为困境儿童赋能。第四，对家庭教养方式进行优化，使儿童和家长学会正确沟通方式。第五，鼓励儿童参与小组和社区的活动，学会正确的社会交往方式，从而形成良好的社会支持系统。

2. 小组工作目标

通过小组活动，丰富困境儿童生活，帮助其融入社会和改善家庭关系。第一，提供一个困境儿童及其家庭自由交流和互相学习的平台，以分享亲子关系相处的经验，探寻如何构建和谐的亲子关系，从而帮助孩子养成自尊、自爱、自信的健全人格，提升亲子之间的默契、增加亲子间的交流。第二，为困境儿童的暑期生活增添色彩，提升其自信心和交往能力。第三，通过成长素质体验营，丰富课余生活，增加课外活动的机会。

3. 社区工作目标

提高社区儿童保护意识，建立未成年人保护机构与政府各职能部门间的多元化资源联动服务模式，形成可操作化的儿童保护和救助模式，提高全民的儿童保护意识。第一，使居民了解儿童保护政策。提高居民关爱儿童的意识、参与儿童保护工作的积极性。第二，改变家长不当教育理念，联合社区邀请家庭教育和儿童保护专家开设专业课程，为他们提供专业的辅导。第三，加强困境儿童间的交流，社工机构结合社区主题活动搭建儿童之间互动、交流平台，增强儿童自身的保护意识和交往能力。

二　项目实施过程

项目运用个案工作、小组工作和社区工作的方法。在项目开展前社工会提前一周写好项目计划书，并与服务对象进行讨论，再交由督导检查，确保项目的顺利展开。在个案服务开始前提前进行走访，摸清服务对象情况，进行接案预估。小组活动开始前对小组成员进行招募，针对项目服务对象及其家庭说明小组目的和任务，听取意见；对志愿者进行培训，保证户外小组活动顺利开展。在设计服务时，嵌入社区原有服务项目，在行政性任务和服务对象服务间寻找平衡。社区活动在开展前，会通过张贴海报和微信群通知等方式进行宣传，提高社区居民的知晓率和参与度。

因为疫情影响，社工对项目计划及时调整，将原定于 1 月开展的服务推迟到 3 月开展。在推迟期间社工与服务对象在网络上及时联系沟通，打磨服务方案。个案开展时间选取在周末不影响困境儿童学习的情况下开展；小组开展时间则选取在暑假，一方面可以保证儿童参与时间，另一方面可以扩展儿童的暑期生活。下面是项目具体实施内容与时间，按项目计划书和实施情况整理（见表 5 - 1）。

表 5 - 1　项目实施内容与计划

序号	活动/服务名称	活动/服务的具体内容与开展形式	时间进度和活动频次
1	困境未成年人个案服务	（1）个案评估：10 个个案在介入之前都需要进行专业的评估，包括对困境未成年人、监护人、学校、社区、环境等的评估，并写出专业的评估报告。 （2）个案服务：根据评估进行预估，与服务对象共同制订服务计划，并为解决问题提供针对性的服务。平均每个个案服务 10 次，每月 2 次，预计 100 次。	3 ~ 6 月为第一阶段，社工与服务对象进行熟悉了解，制订服务计划。
		（3）个案联席会议：预计开展 4 次。在服务个案过程中，多数个案情况可能比较复杂，涉及的帮扶部门比较多，救助难度比较大，需要相关部门一起参会探讨个案的处理情况，所以需要开展联席会议。	6 ~ 9 月为第二阶段，社工为服务对象提供服务。
		（4）困境未成年人个案总结：每个个案服务都将形成总结报告。项目将会在服务中、终期邀请专家督导、进行总结，总结服务过程中存在的问题和需要改进的内容，及时进行调整。	9 ~ 12 月为第三阶段，社工对服务进行巩固、结案。

续表

序号	活动/服务名称	活动/服务的具体内容与开展形式	时间进度和活动频次
2	困境儿童能力发展小组	（1）亲子支持小组：针对亲子关系紧张的困境儿童与家长搭建亲子交流平台，促进亲子关系，形成良好的教养环境。亲子支持小组共开展六节，每节活动时长90分钟，服务对象为困境儿童及其家长。	亲子支持小组开展时间：6~8月，每月开展4次。
		（2）未成年人成长小组：困境儿童正处于人生成长的关键期，在这个时期对自我的认知十分重要。青少年成长小组共开展六节活动，每节活动时长90分钟，邀请专家为困境儿童提供服务，活动使儿童更好地认识自己，了解自我情绪。	未成年人成长小组开展时间：6~8月，每月开展4次。
		（3）志愿者培训：项目的实施离不开志愿者，对参与服务的志愿者进行培训会让项目质量更高。	志愿者培训开展时间：每次大型活动前，共计5次。
3	儿童友好社区倡导	（1）居民学堂：为提高居民关爱儿童的意识、参与儿童保护工作的积极性，社工需要对儿童保护方法理念和政策进行解读和宣传，居民才能了解自己在儿童保护工作中能做和该做的事情。	居民学堂开展时间4~8月，共4节，每月1节。
		（2）父母学堂：父母是孩子的第一监护人，而年轻的父母都是"无证上岗"，社工机构将联合社区邀请家庭教育和儿童保护专家开设专业课程，为他们提供专业的辅导。	父母学堂采取线上推送的方式，共10节，4~9月，每月2节。
		（3）学业辅导课堂：社工充分利用社区资源为困境儿童开展课业辅导课堂，链接大学生志愿者和"五老"志愿者团体资源为困境儿童提供服务，帮助他们解决学习上的难题。	学业辅导课堂共12节，7~8月，针对儿童暑期学业问题开展。
		（4）宣传倡导活动：结合街道大型活动开展儿童保护相关知识宣传活动，宣传儿童保护工作。	宣传倡导活动开展1次。

第二节　CIPP 模型评估过程

一　CIPP 评估模型介绍

（一）CIPP 评估模型的内容

为反对目标评估模型，Stufflebeam 经历长时间的研究提出了 CIPP 模型，CIPP 模型的历史可以追溯到美国的教育领域。在 Stufflebeam 看来，评估需要在了解服务对象需求的基础上进行方案设计，并且在设定目标的基础上执行服务方案，而评估者需要依据项目执行方案对项目执行情况进行考察，分别为执行效果、服务对象需求满足以及问责三个方面，评估过程是依据描述性信息推进的。CIPP 评估模型是以决策导向为主的评估模型，Stufflebeam 依据项目服务特性将评估分为四个部分。第一，背景评估（context evaluation），是指发现服务对象需求的过程，重点考察服务是否将服务对象与其所处环境相结合、是否有意识了解、是否运用服务对象资源。第二，输入评估（input evaluation），输入是指资源和物质在服务中的投入，主要是对项目的可行性评估，重点放在项目设计与服务对象需求匹配性考察及项目是否可以顺利运行的评估。第三，过程评估（process evaluation），是在运行过程中的评估，此阶段有两个关注内容：一是对项目执行情况进行评估，判断其是否依照服务目标和计划执行；二是对服务资源利用情况进行评估，以资源的合理运用来验证项目运行的顺利性。第四，成果评估（product evaluation），是对项目完成情况及其影响进行评估，重点放在服务满意度、项目持续影响上。[1] 项目执行全程都使用 CIPP 评估模型并且运用描述性语言，充分发挥评估的政策决策作用。

（二）CIPP 评估模型应用

背景评估即了解服务对象需求及服务开展的背景，以达到厘清服务对象需求及列出服务资源清单的目的。输入评估是对项目目标及服务方案设计的评估，以确定方案目的、设计与服务对象需求匹配。过程评估是对项目运行全程的评估，为项目决策者决策提供关键信息。成果评估是对项目执行结果及影响的评估，可以通过成果评估判断项目是否达成最终目标及项目是否有推广意义。[2]

因为困境儿童困境成因的复杂性，服务过程中需要多系统共同介入。而 CIPP 评估模型的灵活性特点与服务中复杂系统评估非常适合，CIPP 评估的四阶段：背景评估、输入评估、过程评估与成果评估，正好与社会工作服务全过程对应。同时也有众多学者将 CIPP 评估模型应用到社会工作项目评估中，例如，周佩、王晔斐运用 CIPP 模式对偏差青少年社工介入效

---

① 吴伟东：《社会工作评估：层次深入模型》，《社会》2004 年第 10 期。
② 肖远军：《CIPP 教育评价模式探析》，《教育科学》2003 年第 3 期。

果进行研究①；宫博运用 CIPP 评估模型对 S 社区参与项目进行评估②等。这些研究都证实了 CIPP 评估模型应用于社会工作的评估中是非常合适的，可以更好地结合社会工作的理论与实践的专业特性，对社工服务项目进行整体评估，从而提高其专业性和准确性。

（三）针对 CIPP 评估模型的评价

随着评估专业化程度不断提高，学者们在实践中广泛运用了 CIPP 评估模型，并总结了其优点与不足。肖远军通过对 CIPP 模型的运用，得出模型的优势在于突出评估的发展性功能，具有诊断、总结的功能，同时因为其阶段性的特点，评估的阶段性和及时性提高了人们对于评估结果的认可度。而不足之处在于评估的开展依据大量描述性语言，虽然有灵活性的特点，但是在评估过程中很容易提供虚假信息，以至于决策者无法根据这些信息来提高项目质量。在应用过程中需要收集尽可能多的信息，需要信息源的配合以及评估者拥有良好的整理信息的能力，所以在范围使用上有一定限制。③

赵玮认为 CIPP 评估模型具有灵活性及实用性，即，评估者可以依据不同评估需求采取灵活的评估策略。可以仅实施一种评估，也可以多种评估并行实施，各种评估在实施前及实施中均可执行。④ 但也有学者对模型提出疑问，认为 CIPP 模式将重点放在决策者视角，容易因过分关心决策而忽视项目执行中的其他方面。在评估过程中过分强调评估的决策作用，而忽视服务对象在服务中的感受，使得评估有效性降低。⑤

总体来说，CIPP 评估模型是被实践证实了的科学模型，应用于社会工作的评估中是非常合适的。可以更好地结合社会工作的理论与实践的专业特性，对社工服务项目进行整体评估，从而提高其专业性和准确性。CIPP 评估模型突出了评估的发展性功能，有系统性和灵活性的特点，适合当前儿童社会工作评估。本章将以 CIPP 评估模型作为评估工具，对困境儿童项目进

---

① 周佩、王晔斐：《CIPP 模式下偏差青少年社工介入效果研究——以 Z 小学行为偏差矫正小组为例》，《青年与社会：下》2018 年第 12 期。
② 宫博：《S 社区共享公益促社区参与项目评估研究》，硕士学位论文，哈尔滨工程大学，2020，第 12 页。
③ 肖远军：《CIPP 教育评价模式探析》，《教育科学》2003 年第 3 期。
④ 赵玮：《CIPP 教育评价模式述评》，《开放潮》2006 年第 4 期。
⑤ 宋跃飞：《社会工作机构评估制度建构问题研究——基于绩效评估的视角》，《社会工作》2010 年第 1 期。

行评估，以期优化项目。

二　项目评估介入方案与准备

（一）制订评估计划

1. 划定项目利益相关者

一是核心利益相关者。服务对象是服务所要落实的现实主体，作为服务的核心考量因素与直接受益方，其主观感受与客观事实是影响和评定项目是否成功的根本因素，服务过程中所有的行动均据此开展。

二是主要利益相关者。项目中地方政府相关机构、社工及社工机构、困境儿童监护人和所属的家庭等属于主要利益相关者。以民政部门为代表的地方政府相关机构作为政策落实的推进者，需要落实各类儿童帮扶政策。一方面要对困境儿童服务进行购买，推进服务的落实；另一方面要对服务进行督导，促进服务的完成。社工机构、服务社工作为直接接触、服务服务对象的主要利益相关者，对服务对象的影响是非常直观的。困境儿童的监护人和家庭在社会层面最主要的利益相关者，直接享受社工服务所带来的现实利益。家庭环境对服务对象的影响是持续的、长久的，是服务对象能够改变的根本因素，也是服务是否能够成功的主要因素。

本章主要从困境儿童及其家庭出发，站在服务对象视角对项目进行评估。评估为满足核心利益相关者的期望而设计，并兼顾主要利益相关者的期望。

2. 明确评估主要对象

本项目的核心是对"童心网、助成长"项目进行评估，站在核心利益相关者视角对项目整体实施过程进行回顾，注重社工具体操作过程和服务对象的感受。具体评估内容包括项目的各项预期产出，如各种培训记录和宣传材料、具体产出和执行结果等。

3. 项目评估的时间安排

评估自 2021 年 3 月始至 2021 年 10 月 31 日止，评估周期为 7 个月。笔者运用 CIPP 评估理论对项目背景、输入、过程和成果进行评估，从而提出项目优化建议，试图达到"以评促建"的目标。并且指出 CIPP 评估模型应用于儿童社会工作的优势与不足，丰富其在社会工作评估领域的实践。

（二）构建评估体系

评估中涉及的数据、项目信息、项目文件均由被评估方 A 机构提供，包括个案、小组与社区活动建档名单，服务计划，宣传文件，签到表，服务过程记录与图像记录。通过对 CIPP 评估模型的总结，确立评估体系和指标构建两方面，归纳出项目评估的四个维度：背景评估、输入评估、过程评估、成果评估（见图 5 - 1）。笔者以四个维度为基础，通过资料分析、深度访谈等方法总结并形成评估指标体系（见表 5 - 2）。

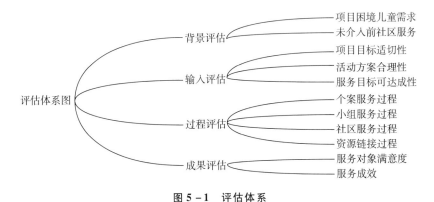

图 5 - 1　评估体系

表 5 - 2　评估指标及来源

评估内容	一级指标	二级指标
背景评估		困境儿童需求评估
		未介入前社区服务背景
输入评估	活动目标	1. 介入活动的目标 2. 是否满足了案主的需要 3. 是否得到了案主和社工的双方认可
	活动方案	1. 此介入方案与其他同类方案相比优点是什么 2. 是否符合社工服务的专业要求、道德规范和法律要求
	项目可行性	1. 服务对象 2. 工作人员 3. 设施器材
过程评估	个案工作	1. 是否遵循社工原理 2. 服务对象的感受 3. 个案是否符合服务对象的期待
	小组工作	1. 小组的气氛 2. 小组的沟通模式 3. 服务对象参与和感受

续表

评估内容	一级指标	二级指标
过程评估	社区工作	1. 社区活动的氛围 2. 服务对象的参与情况和反应
	资源链接	1. 是否提供物质资源 2. 是否提供专家支持 3. 是否保证人力资源
成果评估		服务对象满意度
	服务成效	1. 对服务对象的影响 2. 对服务对象家庭的影响 3. 对社会的影响

　　为实现评估内容的完整性与全面性，本章采用文献法、访谈法和参与式观察法等质性研究方法来收集资料，并根据不同维度的特点选择合适的方法，力求能够客观、全面地反映评估结果。

　　第一，访谈法。预先设计好访谈提纲，并对访谈内容不设限，必要时对重要信息适当追问。[①] 根据研究目的和实际情况，共选取 13 名人员进行访谈。因为困境儿童的特殊性，本章注重保密性原则，笔者对访谈人员进行了编码（见表 5-3），之后在对访谈资料进行认真整理、分析的基础上，对社会工作项目执行过程进行评估。

表 5-3　访谈人员信息

序号	化名	性别	访谈身份	访谈方式/地点
1	CZH	女	困境儿童	A 机构
2	LHR	男	困境儿童	电话访谈
3	STC	女	困境儿童	A 机构
4	JYX	女	困境儿童	A 机构
5	DY	女	项目社工	A 机构
6	MFC	女	项目社工	A 机构
7	CY	女	困境儿童监护人	电话访谈
8	ZY	女	困境儿童监护人	A 机构
9	LT	女	困境儿童监护人	A 机构

---

① 范明林：《社会工作方法与实践》，上海大学出版社，2005。

序号	化名	性别	访谈身份	访谈方式/地点
10	FZC	男	社区居民	活动现场
11	ZGM	女	社区居民	活动现场
12	DZY	女	项目督导	电话访谈
13	YJ	女	街道负责人	活动现场

第二，参与式观察法。实习期间，笔者深入研究对象的工作和生活环境，接触、观察和了解项目，这有利于收集数据并进行整理和分析，形成对"童心网、助成长"项目的系统认识。

三　背景评估

（一）需求表现多样：困境儿童需求分析

1. 困境儿童基本情况

项目共服务了 10 名困境儿童，笔者对性别、年龄、家庭类别、困境原因、困境类型等基本信息进行统计。根据困境儿童的不同困境成因，本章将服务对象的困境类型分为三种："生理性困境"、"社会性困境"和"多重性困境"。生理性困境是指残疾和重病的儿童；社会性困境儿童是指脱离家庭环境的儿童；多重困境儿童是指既存在生理性困境又存在社会性困境的儿童。[①] 困境儿童的部分基本信息见表 5 - 4。通过表 5 - 4 可以看出服务对象困境成因以社会性困境为主，适合运用个案工作、小组工作和社区工作三大方法介入服务。

表 5 - 4　困境儿童的基本信息

单位：岁

序号	化名	性别	年龄	困境原因	困境类型[*]
1	CZH	女	8	父亲戒毒，母亲独自抚养，本人视力不好	C
2	LHR	男	11	父母双方重残人员，跟奶奶生活	B
3	STC	女	8	父亲因病失业，母亲工作抚养	B

---

① 高丽茹、彭华民：《中国困境儿童研究轨迹：概念、政策和主题》，《江海学刊》2015 年第 4 期。

续表

序号	化名	性别	年龄	困境原因	困境类型*
4	JYX	女	7	本人身体听力残疾	A
5	FG	女	14	单亲家庭，母亲独自抚养	B
6	XXY	男	9	父亲戒毒，母亲死亡，属于事实无人抚养儿童	B
7	MK	男	7	单亲家庭，父亲服刑人员	B
8	CXY	女	9	父亲无业，母亲重残人员	B
9	ZS	女	8	父亲病逝，母亲独自抚养	B
10	ZKR	女	14	孤儿，大伯是监护人	B

注：*表示把生理性困境标注为"A"、把社会性困境标注为"B"、把多重性困境标注为"C"。

2. 困境儿童服务需求

依据上述困境儿童困境原因、需求的紧迫程度，将困境儿童的服务需求依次分为经济帮扶需求、日常照顾需求、教育辅导需求和社会融入需求四类。

（1）经济帮扶需求

在服务过程中，10个困境儿童家庭都因为经济问题加深了困境程度。困境儿童家庭因为生理性原因、社会性原因或多重原因陷入贫困，无法提供儿童正常所需资源。经济帮扶需求分为生存性保障和发展性保障，社工在前期调研中发现困境儿童每个月补贴1000元/人，可以维持基本生活，但是没有办法满足发展需要。

> JYX一级听力残疾，人工耳蜗需要经常保养，家庭经济困难，新的耳蜗可能需要7万元左右且还需要定期的护理。因为父母离异，且（父母）未尽到抚养义务，目前她跟奶奶一起生活，奶奶无法承担如此庞大的费用。（社工DY）

> 我负责的LHR和XXY的个案服务，在走访过程中发现因为家庭监护能力的缺失，他们经常吃不饱饭，个子比同龄人矮一头。在个案走访中，XXY与祖父生活在一起，经常与祖父吃粥，仅仅是能填饱肚子。（社工MFC）

（2）日常照顾需求

事实上困境儿童大多处于监护无力的状态，包括主观和客观两个方面：主观上，有些父母由于多种原因不愿意监护儿童，甚至出现抛弃儿童、离家出走的行为；客观上，有些父母由于生病、残疾、贫困、失联、涉毒涉罪等原因无力监护儿童，这些儿童只能由隔代长辈、其他亲戚或福利机构监护。项目服务过程中普遍存在家庭监护能力不足、儿童日常照顾缺失的问题。

（3）教育辅导需求

10名困境儿童的教育辅导需求主要有两点，一是义务教育需求，困境儿童有继续学习获得知识的需求。二是课后辅导、兴趣学习、社会性成长的需求。项目中困境儿童需求集中在第二点，因为项目服务困境儿童年龄差不大，年龄集中在小学阶段，加上如今的教育压力越来越大，更加需要兴趣辅导的资源链接。

> STC不是很喜欢学校，学习成绩一般，班级偏后的位置。她喜欢画画，但是后来因为跟学习冲突就放弃了，非常想上绘画班，（她觉得）画画的时候心就静下来了，很享受放松的感觉。我通过跟她聊画画入手，聊了很多。（社工DY）
>
> XXY平时学习成绩很好，到了假期别的小朋友都去补习，他没办法去。在访谈过程中，他表达了希望有课外补课的机会，不希望被别人甩下。（社工MFC）

（4）社会融入需求

困境儿童的社会融入需求有三个方面。一是社会化需求，困境儿童的社会化发展面临困难，尤其是在教育资源不足的情况下，困境儿童缺乏正确的指引和适宜的学习环境。二是同伴交往需求，困境儿童的污名化、标签化现象增加了这部分儿童与同伴正常交往的困难，被隔离、疏离、孤立的可能性增大。三是社会参与需求，对困境儿童来说参与机会和参与资源严重不足，参与意愿和自我认同感较低，进一步降低了其社会参与度。在前期走访中可以看出困境儿童与家庭关系并不融洽，且困境儿童很多问题的成因与家庭相处模式密切相关，所以在提供服务的同时要注意改善家庭关系以及优化家庭教养方式。

　　ZKR没有好朋友，父母双亡，目前和跟大伯住楼上、楼下，主诉去年底在学校被霸凌得抑郁症后休学。目前状态不是很好，会觉得孤单，经常会想伤害自己，比如用刀割自己或想自杀，服药会有缓解，平时经常买外卖，睡觉、吃饭不规律，养了一只小狗，（能自己）照顾小狗，但情绪不好时会拿小狗发泄。（社工DY）

　　我负责CXY，孩子叙述大约两周以来，妈妈已大闹两次（砸东西、骂长辈、拿刀自残）、小闹五次（生气骂人）。（孩子的）妈妈经常情绪失控，当着孩子的面和外婆吵架、砸东西，让孩子很没有安全感。（社工MFC）

（二）服务能力不足：介入前R社区原有服务分析

　　儿童是国家的未来、民族的希望，也是社会大众关注的重点。近年来，党和政府高度重视儿童保护工作，南京市作为第二批全国未成年人社会保护试点城市，先后出台了《南京市未成年人保护条例》《南京市政府关于完善困境未成年人分类保障制度的实施意见》，也在极力推动市、区、街道未成年人保护中心的实体化运行。据2019年底的调查统计，R社区所处的G区有799名困境儿童，R社区有50多名困境儿童需要专业帮助，其中，贫困家庭儿童20名，监护缺失的儿童5名。R社区对困境儿童高度重视，引入多家机构为困境儿童提供服务，并致力于打造儿童友好社区。

　　1. 服务针对性不足

　　R社区在本次服务开始前共有4家社会组织为困境儿童提供服务。以2019年R社区为社区儿童提供的14次暑期活动为例（见表5-5）。其服务针对性不足体现在以下两点。①活动设计。活动主题多样化，包括传统文化学习、动手能力锻炼、科学兴趣拓展、户外拓展，但多样的主题未能充分考虑到困境儿童的需求，根据上文分析可以得出困境儿童有经济帮扶、日常照顾、教育辅导和社会融入的需求。这些服务在设计时将重点放在课外拓展和学习上，虽然满足了儿童玩耍和娱乐的需求，在一定程度上可以拓展困境儿童的课外生活，但是在服务方面上对困境儿童的需求满足缺乏针对性。②活动形式。活动开展多以小组活动为主，采取老师上课、服务对象听课的方式，在活动开展过程中服务对象缺乏参与感。因为活动形式的限制，活动无法顾及每一位儿童的感受，社会参与性较弱的儿童在小组中融入困难。

之前参加过社区的活动，是老师带着我们剪纸。我视力不太好，妈妈担心我剪到手，就劝我别去了。但是我的一个好朋友去了，我不想被他看不起，剪纸课程对我来说是很吃力的，最后我还是去了。（困境儿童 CZH）

表 5 – 5　R 社区公益活动（节选）

单位：人

序号	课程	人数	主办方
1	面塑《美丽热带鱼》	20	N 文化服务中心
2	网红蛋糕制作	20	S 老师手工坊
3	人类航天梦（上）	20	H 社会工作服务中心
4	伴读成长少儿读书会（一）	20	Q 社会工作服务中心
5	剪纸《粽子宝贝》	20	Z 文化服务中心
6	网红奶茶制作	20	S 老师手工坊
7	暑期扩展户外活动（一）	20	S 老师幸福工作室
8	绒花头饰制作	20	S 老师手工坊
9	人类航天梦（下）	20	N 社会工作服务中心
10	面塑《彩色蝴蝶飞》	20	Z 文化服务中心
11	伴读成长少儿读书会（二）	20	Q 社会工作服务中心
12	暑期扩展户外活动（二）	20	S 老师幸福家庭工作室
13	科技活动——大海我来啦	20	N 社会工作服务中心
14	扎染《漂亮手帕》	20	Z 文化服务中心

2. 服务供给不深入

困境儿童服务是通过系统的介入，满足儿童成长与发展的需要，从而对困境儿童产生持续的影响。通过观察与访谈可知，当前 R 社区对困境儿童所提供的服务不深入，体现在以下两点。

（1）服务内容不深入的主要原因是政策不足。当服务过程中涉及制度性、政策性问题时，服务者常常力不从心，对服务对象的需求只能尽可能做到最低水平的满足，无法满足其发展的需要。在现实中，困境儿童户籍、出生证明、残疾证明办理等方面制度性要求不合理，导致问题堆积，影响儿童后续上学和各类权利的享受。同时服务项目来自政府购买，项目周期短、经费少等因素也限制了服务者提供持续、深入的服务。

> 之前 R 社区一期项目中有个孩子残疾，只能给他申请一个月 650 元的补助，这些钱对于他后续的康复治疗是远远不够的，政策对于困境儿童的支持还是太少。（社工 DY）
>
> 事实无人抚养儿童的认定还是存在困难，且申请材料复杂、申请周期长，很多时候我们也很无力。（街道负责人 YJ）

（2）服务介入对象的有限性。针对困境儿童的服务缺乏系统理论视角，服务局限于困境儿童自身，对其家庭鲜少涉及。困境儿童服务有系统性的特点，如果不把其放入所处的环境中来提供服务，那么会导致服务改变不深入、服务效果不持久。通过观察得知，在 R 社区当前提供的服务中，仅针对困境儿童自身，没有涉及家庭以及其所处环境。

> 针对家庭的服务目前会在过节的时候上门慰问，有一些社区活动会叫家长来参加，服务还是针对困境儿童自身比较多。（街道负责人 YJ）

四　输入评估

（一）尊重儿童主体地位：当前项目的比较优势

通过评估发现"童心网、助成长"项目相对于社区原有服务具有比较优势，即，以困境儿童为主体来设定服务目标和服务方案（见表 5-6）。孔德凤认为需求导向是指社会工作在干预服务对象时，应以满足服务对象的需求为原则，发现需求，评估需求的紧迫性，并在此基础上设计服务方案。[①] 因此，评估后发现项目在目标设定和计划制订上是以儿童主体地位的需求为导向。

[①]　孔德凤：《需求导向下的学校社会工作研究——以深圳 S 学校为例》，硕士学位论文，苏州大学，2014，第 9 页。

表 5 - 6　项目比较优势

比较维度	介入前社区服务	"童心网、助成长"项目	比较结果
项目目标	1. 需求调研方式：缺乏需求调研，采取经验进行需求评估。 2. 介入目标不清晰：无法分清行政目标和服务对象层面的目标。服务过于考虑项目购买方的要求，忽略儿童感受，例如在活动中加入大量党建工作。	1. 需求调研方式：通过实地走访进行个案评估，在了解需求的基础上决定开展个案、小组和社区共同服务。 2. 介入目标清晰：项目目标聚焦在自我成长、亲子关系、素质拓展、社会交往和社区环境中儿童友好元素建设，平衡行政性目标和服务对象层面的目标。	1. 需求导向的项目设计 2. 针对性强的服务方式 3. 案主为本的社工实践
项目方案设计	1. 缺乏针对性：活动主题以传统文化学习、动手能力锻炼、科学兴趣拓展、户外拓展为主。 2. 活动形式呆板：开展方式多以小组活动为主，采取老师上课、服务对象听课的方式，缺乏参与感。	1. 具有针对性：服务开始前对服务对象需求进行调研。从服务对象需求出发，围绕困境儿童个人能力成长、家庭关系融合和社区接纳三个方面设计方案。对体能不足的儿童，弱化体能参与度，提高其参与感。 2. 合理运用资源：小组活动方案设计与社区原有服务相嵌套。在资金有限的情况下使服务做到最好。 3. 活动形式：采取个案工作、小组工作、社区工作的方法，从项目设计到项目实施使儿童充分参与。在项目设计中充分考虑到儿童与家长意见并及时调整，保证儿童的参与率。	
项目介入程度	1. 介入不深入：服务只停留在带领儿童做活动，对儿童的成长发展缺乏针对性帮助。 2. 介入对象不深入：服务仅针对困境儿童，未涉及其家庭和环境。	1. 介入深入：解决困境儿童家庭办理低保、困境儿童耳蜗资源链接等历史遗留问题，链接心理老师为服务对象服务。 2. 介入对象系统：将服务对象系统纳入服务范围，服务针对服务对象及其家庭。	
服务对象感受	1. 被动参与：活动多是被动参与，活动内容未考虑到困境儿童特殊性，有被排斥感。 2. 需求未满足：不知道如何表达自我需求，没有被尊重。	1. 主动参与：社工运用专业方法对服务对象循循善诱，鼓励、支持其说出内心感受。 2. 得到尊重：社工尊重服务对象，认真倾听其需求，满足儿童成长需求。	

1. 需求导向的项目设计

在介入前，社工进行资料调查和走访，在接触服务对象之前进行服务预估，筛选出 10 位迫切需要服务的困境儿童。在了解其背景的基础上，与服务对象见面，运用两次个案服务建立良好的服务关系。对每位困境儿童建立困境档案，并对困境程度进行专家打分，为下一步介入做准备。通过前期对困境儿童普遍需求的调查，决定以个案工作、小组工作和社区工作的方法共同介入。

个案服务目标立足于困境儿童自我成长，主要聚焦于困境儿童非理性信念的改变以及自我观念的赋能，预期在社工的指导下实现儿童的自我成长。贴合儿童发展阶段，符合发展需求，同时从个人特殊需求出发，设定个人服务目标。小组服务目标重点立足于困境儿童亲子关系、素质拓展和社会交往，意图让困境儿童在与同伴群体的相处中建立社会支持网络。小组活动将困境儿童放入家庭中考虑，将家庭整体作为服务对象，提供有深度的服务，有利于优化困境儿童成长环境。社区活动将目光投向社区环境中儿童友好元素，重点以儿童友好观念为目标，为困境儿童营造友好成长的氛围。那么首要任务是要使居民懂政策，尽可能消除对困境儿童的不解和偏见，其次要给儿童搭建交流平台。这两点既为困境儿童优化了成长环境，又满足了儿童游戏的需求。从整体分析来看，项目确实调查了困境儿童需求，并且在项目设计上对需求进行了回应。

2. 针对性强的服务方式

在确立服务对象需求的基础上形成项目计划，针对困境儿童的特殊性，项目先是确定对困境儿童开展 10 次个案服务，每两周 1 次在其中穿插小组活动和社区活动。社工认为需要开展 4 次个案联席会议，因为在个案服务过程中，大多数个案情况可能比较复杂，涉及的帮扶部门比较多，救助难度比较大，需要相关部门一起参会探讨个案的处理情况，所以需要开展联席会议。个案服务比社区以往介入服务更具有针对性，服务充分考虑到儿童的学业压力，在不影响学习的情况下决定服务 10 次。个案工作服务计划为：3～6 月为第一阶段，社工与服务对象进行熟悉，了解并制订服务计划；6～9 月为第二阶段，社工为服务对象提供服务；9～12 月为第三阶段，社工对服务进行巩固、结案。

小组工作的活动主题主要围绕困境儿童知识成长、个性培养、亲子关系培养以及身体素质培养四方面。在活动设计时考虑困境儿童的特殊需求，在小组活动素质扩展、户外运动等活动中，注重游戏性和易懂性，弱化体能方面，使得全体困境儿童都可以参与其中。小组工作集中在暑期，既可以丰富困境儿童的课外生活，也不影响困境儿童的日常学习。在 6～8 月的周末为困境儿童提供服务，以保证高参与率。

在倡导儿童友好型社区建设方面，在服务主体上有针对性。首先是4~8月，针对全体居民的服务是"居民学堂"，共4节课，专家讲述关于儿童保护的方法理念，对政策进行解读、宣传，使居民了解自己在儿童保护中能做和该做的事情。其次是4~9月针对父母开展的"父母学堂"，共10节课。机构联合社区邀请家庭教育和儿童保护专家开设专业课程，为他们提供专业的辅导。接下来，7~8月开展12节学业辅导课堂，解决儿童暑期学业问题。最后，机构结合社区主题活动搭建儿童之间互动、交流平台，增加儿童的保护意识和交往能力。组织困境儿童参与社区活动，建设儿童交流角和开展学业课堂，使儿童与环境更好地融合。

3. 案主为本的社工实践

在目标确认方面，通过翻阅个案记录表得知，社工在设定目标时会引导服务对象主动讲述当前困境，充分尊重服务对象的意见来制定服务目标。且项目目标还充分与服务对象的外部环境相联系，会考虑服务对象监护人的意见，优化目标。在困境儿童无法表达清楚自我需求的时候，社工可以循循善诱，采取绘图法，让困境儿童将自己内心的想法画出来。

在制订方案时，社工会与服务对象一起讨论服务细节，询问服务对象的意见。刚开始服务对象对表达自己想法非常害羞，社工通过鼓励等方式，帮助服务对象充分表达自我。社工会将服务对象的意见和需求进行单独记录，在小组方案设计和儿童社区交流活动中也会考虑儿童意见。

最开始我并不知道社工是什么，社工老师对我进行了很耐心的解释，但我不太清楚我需要什么，我感觉我什么都缺，社工老师建议我画出来。我在纸上画了一棵树和一块面包。老师看后让我解释这幅画，还进行详细的记录。（困境儿童STC）

我听力不太好，虽然带着人工耳蜗可以听到80%，但是我还是很害怕参加剧烈运动。社工老师在小组活动设计中询问我的意见，我把我的顾虑向他讲了。他跟我解释说不会有剧烈运动的，让我放心参加。（困境儿童JYX）

（二）拥有专业保障：项目执行的合理性分析

南京市 A 机构是高校老师联合创办机构，机构成立已有 10 年时间，机构愿景是通过专业的服务，促进社会组织的发展、社会福利的进步及和谐社会的构建。承接此项目之前，在丰富的实务经验支撑下，A 机构开展了社区困境青少年、社区空巢老人、社区文化建设等各方面的社会服务，得到了很好的评价。在困境儿童服务方面，运营过的项目有英国救助儿童会、"童心网、助成长——南京市流动儿童社会支持网络构建项目"，与南京市救助站未成年人保护中心合作运营为期三年的 "F 社区困境儿童保护试点项目"。A 机构在项目服务过程中获得了社会认可，多家网站对 A 机构的服务进行了专题报道，具有一定的社会影响力。以下从受益对象、A 机构项目的工作人员、A 机构的设施设备以及社工工作合理性等方面对项目的可行性进行描述。

1. 受益对象的恰当性

本项目的受益对象分为直接受益对象和间接受益对象，直接受益对象是困境儿童及其监护人。由社工为需要干预的困境儿童提供紧急介入、评估、干预、服务等，困境儿童不少于 10 人。协助困境儿童家长或监护人对儿童做较为科学和积极的指导，促进困境儿童身心健康发展。间接受益对象是政府职能部门，社工通过协助区未保办及相关单位、街道、社区开展工作，对接专业力量进行个案评估，并进行专业个案服务。协助区未保办建立困境儿童个案服务标准化流程和服务档案。从未成年人保护机构、社会力量角度来看，未成年人保护机构和社会力量共同进行困境儿童救助，可以进一步提升未成年人保护水平，扩大儿童保护理念宣传范围。受益对象准确以及可以接触，且在政策保护支持下，是服务目标可以达成的重要前提。

2. 工作人员的专业性

在工作人员方面，项目人员具有社会工作和心理学专业背景，本次项目共有项目社工 4 名、管理人员 2 人，共计 6 人。在工作经验方面，6 名工作人员均具有丰富的社工实践经验。在工作内容上分配合理，财务管理、项目执行以及机构运行都由专业人员负责。在督导培训方面，由第三方评估机构定期培训。这些保障了服务的顺利开展，是项目可以顺利实施的必要因素。

3. 机构设施设备齐全

机构有齐全的设备可以完成本次服务，A 机构办公场所在党群服务中心，配备了工作所需的电脑、办公桌等，拥有良好的工作条件。除此之外党群服务中心还有儿童活动室，能够给予小朋友充足的活动空间。这些为服务的开展提供了必要的场地，是项目可以顺利实施的物质基础。

4. 社工工作的合理性

项目运营期间社工的主要工作内容如下。第一，对困境儿童进行个案辅导，在全面了解困境儿童需求的基础上，制订服务计划，执行服务方案，同时随着服务对象的改变及时进行调整。第二，将个案服务与小组活动、社区活动相结合，使用多种工作方法共同解决困境儿童问题，相互补足以促进服务完善。第三，服务结束时对困境儿童进行个案总结，每个个案都将形成总结报告。对小组活动和社区活动进行归档，及时进行服务总结。项目会在服务中期、终期邀请专家督导，总结服务过程中存在的问题和需要改进的内容，及时进行调整，综上所述，A 机构是有能力将方案落实的。

五　过程评估

过程评估是对项目执行过程进行评估，此阶段的评估有两个关注内容：对项目执行情况进行评估，判断其是否依照服务目标和计划执行；对服务中资源利用情况进行评估，以资源的合理运用来验证项目运行的顺利性。本章根据评估指标将重点放在项目的执行过程分析、资源利用情况及项目优势与不足四部分来阐述。

（一）服务顺利开展：项目执行过程分析

1. 个案服务分析

个案服务分为接案、预估、建立专业关系、提供服务、总结与评估几个部分。在项目开始阶段，社会工作者先是通过电话访谈与上门走访相结合的方式了解困境儿童基本情况，主要了解困境儿童现状、需求及家庭情况。接着，社工与服务对象建立专业关系，在获取服务对象信任的基础上签订社工服务计划书。接下来按照服务目标和计划对服务对象提供服务，主要包括政策支持、资源链接、挖掘潜能及改变自我意识四个方面。因为服务对象需求的个别性，在服务中应注意个别化原则，满足每位困境儿童的需求。最后，经过社工、督导进行评估，确定结案，在结案时应照顾到服务对象的分离情绪，并及时回访。

10 个个案均顺利结束，为每个困境儿童提供 10 次个案服务，共提供了

100 次。存档的内容包括个案保密书、个案基本情况花名册、服务计划书、个案记录表以及结案评估表，个案资料比较全面。在服务过程中，社工与服务对象建立了良好的服务关系，为实现项目目标一起努力。项目共召开了 4 次个案联席会，联合社工、心理咨询师与督导针对个案进行讨论。社工在服务过程中很好地扮演了支持者、资源链接者和赋能者，帮助困境儿童走出困境，实现自我赋能。

2. 小组服务分析

小组活动是项目在困境儿童服务过程中提供的服务，由于项目的服务对象是困境儿童，注重于知识扩展与课余生活的丰富。目的是聚焦困境儿童成长问题，建立同质性小组，为困境儿童增能，提升其人际交往能力，构建社会支持网络。在项目执行过程中，社工考虑到儿童思维跳跃的特点，在项目设计上充分满足儿童游戏需求，引发困境儿童参与的兴趣，开展了亲子支持小组和青少年成长小组。亲子支持小组共开展了六节，每节活动 90 分钟，为困境儿童和家长搭建亲子互动平台。青少年成长小组针对青少年认识自我，开展了六节活动，每节活动 90 分钟，邀请专家为困境儿童提供服务，使儿童更好地认识自己，了解自我情绪（见表 5－7）。从内容上看，小组活动执行过程与困境儿童发展规律相符合，满足了困境儿童成长的需求。在丰富困境儿童课外活动的同时构建了社会支持网络，使得困境儿童在小组活动中成长与发展。

（1）心灵治疗，亲子沟通小组

第一节"我来说，你来听"，困境儿童和家长共 20 人参加。首先，组员了解小组的整体目标，通过第一次活动使成员相互认识、了解，为之后的凝聚力打下基础。第一个环节，社工进行自我介绍以及对小组的性质进行详细的叙述，之后通过"大风吹"的方式进行成员间的自我介绍。第二个环节，组织成员进行绘画，画出儿童跟家长的关系并组织成员们对自己的画进行解释，儿童和家长发现互相眼中的亲子关系有较大偏差。由社工进行引导，鼓励成员们说出在家庭相处中的压力，使大家对亲子关系有了一个整体的了解。第三个环节，社工鼓励孩子和家长拥抱 3 分钟，让组员分享自我感受。最后，社工与组员一起就今天的感受进行了分享并且制定了小组目标与小组契约。

第二节"照镜子，我成了你"，社工对上一节小组内容进行回顾，又跟大家确认了小组目标与小组契约。第一个环节，社工通过给组员讲亲子关系故事引入主题，让组员说说自己的感受。第二个环节，进行亲子关系的互换，让儿童扮演家长，家长扮演孩子，进行情景模拟。之后组员之间互相讨论：什么是正确的相处模式，怎样沟通会更容易接受。第三个环节，小组成员自我总结，社工在旁边进行引导，使组员了解到正确的沟通方式。

第三节"回归自然，我们在一起"，本次活动嵌入社区原有活动，意图在组员了解正确的沟通方式后，在实践中加深理解，在亲近自然的过程中促进亲子关系的良性发展。第一个环节，社工对上一节内容进行总结，并提出本节活动的目标：需要儿童和家长在亲近自然过程中共同完成旅行地图记录。第二个环节，紫金山探访，组员通过学习明孝陵知识、收集树叶、打卡印章的方式完成旅行地图，在合作中拉近亲子关系。第三个环节，社工进行总结和归纳，在实践中组员有了更多的成长。

第四节"爱的力量，将爱说出口"，在活动开始时，社工对上次活动进行总结，小组成员对上次活动的旅行地图进行分享，共同探讨自小组活动开展以来的改变。第一个环节，社工讲述本节活动的意义。第二个环节，儿童与专业老师学习制作蛋挞，并与家长一起品尝。家长在旁边观察、记录儿童优点并分享观察记录，需要将观察记录与大家一起讨论。通过活动拉近了亲子关系，家长发现了儿童的优点。第三个环节，组员相互总结，对优势挖掘在亲密关系中的应用有了更深的理解。

第五节"爱的合影，亲子关系沙龙"，本次活动与社区原有活动相嵌入。社工对上次活动进行总结，确定本次活动目的。第一个环节，社工邀请专业的心理师来为组员解答亲子关系中的问题，小组成员在其中踊跃发言。第二个环节，社工与组员出发去"不老村"寻访，通过儿童运动会的方式，增进亲子关系。运动会考虑到组员的特殊性开展非对抗性、趣味性的项目，如吹乒乓球、拼七巧板等。第三个环节，组员摆出不同造型，社工请摄影师给组员合影。

第六节"说说改变，未来更好"，社工先向大家总结上次活动，之后开始本节活动。第一个环节，社工让大家说说自从参加小组活动以来有什么改变。组员纷纷表示有很多改变，表示换一种相处方式变得更和谐了。第二个环节，社工向大家说明这是小组的最后一次活动，并为组员送上了分别礼物。第三个环节，组员相互道别并对未来许下祝福。

（2）情绪处理，未成年人成长小组

根据需求调研发现，困境未成年人存在无法正确地表达情绪的问题。为此开展未成年人成长小组活动，以情绪处理和人际交往为主题，提高社会适应力，形成良好的自我认知。结合社区原有服务，开展了未成年人发展小组活动。活动开展了 6 小节，以邀请专家讲述为主要形式，社工在其中扮演协调者，帮助成员更好地理解情绪、处理情绪。

第一节"如何兜住负面情绪"，社工先向组员讲述小组成立的原因并且跟组员共同讨论制定小组目标。之后由专家为组员讲述，组员积极讨论并分享小组感受，社工进行总结。

第二节"如何表达负面感受"，社工先与组员讨论有哪些负面情绪，平时是如何处理的。之后专家进行讲述，组员积极参与。最后，社工与组员讨论听课收获，并为下一节活动开展留下任务。

第三节"如何培养自信心"，社工总结之前的收获，与组员进行"自信扮演"，让组员明白自信在生活中的重要性，之后专家进行自信心培养的讲述，使组员收获良多。最后，社工与组员共同讨论，画出自我认知图。

第四节"如何交朋友"，社工先是播放短片让组员更好地理解朋友的含义，并且对上节活动的认知图进行总结，使组员在认识了解自我的基础上理解社会交往。之后专家讲解"如何进行社会交往"，组员听完专家讲解后，分享自己的理解。最后，社工进行总结，让组员就对方的优点相互写一封信，为下一节内容做准备。

第五节"如何发挥潜能"，社工就上一节组员写信的内容进行分享，组员在分享中挖掘优势，树立自己是有潜能的观念。之后专家就"如何发挥自我潜能"进行分享，组员积极参与，决定将学到的方法运用到实践中去。最后由社工对本节活动进行总结。

第六节"我的成长"，社工对上一节活动进行总结，告知组员这是最后一节活动。组员分享自参加小组活动以来的改变，表示对自我认识更清晰，对情绪认识更深刻，也学会了人际交往的方法。最后，社工对本节活动进行总结，结束小组。

表 5-7　小组活动记录

单位：人

小组主题	每节内容	人数	时间
心灵治疗，亲子沟通小组	第一节"我来说，你来听"	20	2020 年 6 月 13 日
	第二节"照镜子，我成了你"	20	2020 年 6 月 27 日
	第三节"回归自然，我们在一起"	20	2020 年 7 月 4 日
	第四节"爱的力量，将爱说出口"	20	2020 年 7 月 28 日
	第五节"爱的合影，亲子关系沙龙"	20	2020 年 8 月 15 日
	第六节"说说改变，未来更好"	20	2020 年 8 月 29 日
情绪处理，未成年人成长小组	第一节"如何兜住负面情绪"	15	2020 年 6 月 20 日
	第二节"如何表达负面感受"	15	2020 年 7 月 15 日
	第三节"如何培养自信心"	15	2020 年 7 月 20 日
	第四节"如何交朋友"	15	2020 年 8 月 8 日
	第五节"如何发挥潜能"	15	2020 年 8 月 20 日
	第六节"我的成长"	15	2020 年 8 月 25 日

3. 社区服务分析

本项目服务在开展之初不仅希望为困境儿童提供内在服务，还希望改善社区环境，为儿童友好社区建设添砖加瓦。在实施过程中，社会工作者将困境儿童政策与现状嵌入现有社区活动中，在儿童友好的立场上，将儿童利益放在首位。一方面，社工通过政策宣讲、家长学堂等形式向社区居民传达困境儿童需要帮助的现状，有利于消除歧视，促进困境儿童成长友好环境的形成。另一方面，在社会工作专业价值理念以及为案主服务的观念下，社工充分链接社区资源，在一定程度上促进了社区居民参与儿童友好社区的建设，也增强了社区参与的观念。

（1）开展居民学堂和家长学堂（见表 5-8）

居民学堂以困境儿童关爱保护为主要宣讲内容，从困境儿童的思想引导、身心健康、违法犯罪预防等方面进行解说。同时也呼吁在场居民行动起来，积极发现身边需要帮助的困境儿童。使社区居民关爱身边的困境儿童，以期形成儿童友好型社区。在居民学堂中链接社会及企业爱心资源，为困境儿童提供物质及精神上的帮助，协力保证每一个困境儿童不掉线、不掉队。居民学堂共开展了 4 次，社工链接专业老师进行讲解，每场活动保证至少 1 名社工和志愿者维持现场，每场活动人数在 23~40 人，活动具有一定的影响力。

家庭是儿童社会化的第一场所，家庭教养方式、亲子间的沟通方式都对儿童成长起着非常重要的作用。通过家长云课堂的方式为家长讲解相关科学育儿知识，使家长对亲子关系有更进一步的了解。云课堂共开展了 10 次，主题包括儿童情绪识别、亲子关系培养以及促进儿童发展三个方面，每次推送阅读量达 30 次，具有一定的影响力。每次课堂结束后，社工会对困境儿童家长定期电话回访，了解困境儿童家长对亲子关系的改变以及对云课堂的建议，并及时进行调整。

表 5-8　居民学堂和家长学堂活动记录

单位：人，分钟

居民学堂			
序号	主题	人数	时间
1	关注我们身边的困境儿童	30	60
2	困境儿童政策宣讲	23	90
3	支持与鼓励：儿童成长中我们的任务	40	60
4	友好社区建设，关注困境儿童	30	90
家长学堂（线上）			
序号	主题	人数	时间
1	疫情后复学准备-坏事变好事	30	50
2	如何让孩子与父母主动沟通	23	50
3	0~6 岁专注力培养	40	50
4	父亲对孩子成长的影响	20	50
5	孩子高效自我学习方法	40	50
6	如何帮助孩子应对"学习差"情况、厌学情绪	35	50
7	如何培养孩子社会交往能力	30	50
8	如何通过做家务培养孩子	43	50
9	如何应对孩子的悲伤情绪	20	50
10	转换思维，收获从容情绪	40	50

（2）学业辅导课堂

在需求调查时发现困境儿童有教育辅导的需求，社工充分利用社区资源为困境儿童开展学业辅导课堂，链接大学生志愿者和"五老"志愿者团体资源为困境儿童提供服务，帮助他们解决学习上的难题。社工在课堂开始前与困境儿童共同制定课堂规则，在学业辅导学堂，困境儿童共同学习一起进步。

（3）爱心义卖

为倡导宣传儿童保护的知识和为困境儿童链接资源，A 机构举办了以"关爱儿童成长、共建儿童友好社区"为主题的儿童友好社区宣传倡导活动。第一个环节是画展，将服务对象为此次活动画的画进行展出。第二个环节是爱心义卖，在 YS 艺术和 FH 宝宝支持下进行手工艺买卖和图书买卖，所得收入全部用于满足困境儿童需求。第三个环节，社工进行感谢并结束活动，后期会对费用去向进行公开。

（二）充分链接资源：项目资源利用

1. 链接物质资源

在项目实施过程中社工及时链接各方资源，形成了帮扶困境儿童的资源清单，为服务的顺利开展、困境儿童需求的满足提供了物质保障。社工在其中作为资源链接者的作用非常明显，很好地将资源与困境儿童需求相匹配，资源链接贯穿了整个服务过程。在个案服务中，社工通过与企业链接资源，结合服务对象需求，为服务对象链接了衣物、书具以及必要生活家电等资源（见表 5-9）。另外，社工还进行资源的调配，通过社区内部物资捐赠的方式，为服务对象配置资源，不仅满足服务对象的需求，还使社区居民参与到困境儿童保护中。而社会团体也为困境儿童资源链接提供了非常大的帮助，例如，妇联及时提供了媒体宣传、慰问资金；N 图书馆为困境儿童捐书，帮助儿童建立图书角。社会和政府的支持与关注为链接困境儿童服务保障资源提供了基础。

表 5-9　部分物资捐助情况

序号	姓名	困境儿童需求	捐助对象
1	CZH	一双 31 码的运动鞋	TNG 有限公司
2	LHR	一整套《成人不烦故事书》，跟奶奶居住没有暖气，想要电暖气	爱心义卖
3	STC	一套专业画笔	爱心义卖
4	XXY	一个稍微大一点的书包	SG 超市
5	JXY	更换人工耳蜗	G 残疾人组织

序号	姓名	困境儿童需求	捐助对象
6	ZS	一个电话手表	TP 有限公司
7	CXY	房间安置一张学习桌	爱心义卖
8	MK	需要一套专业画具	SD 有限公司
9	ZKR	一双 28 码的棉拖鞋和一身冬天的新衣服	爱心义卖
10	FG	一双 29 码的运动鞋	爱心义卖

2. 链接服务保障资源

第一是专家资源。在小组活动中，社工主要是链接专家资源。例如，在儿童文化交流方面，社工链接民俗专家为儿童进行讲解，寓教于乐。在亲子教育方面，社工链接了心理学专家，让亲子关系在服务中贴近，家庭环境在服务中改善。在社区环境营造方面，社工链接资源为社区提供专业服务，包括请专业老师来进行居民大讲堂讲解和设置儿童友好空间等。在项目中，专家团队不仅保障了服务的专业性，还对社工自身能力提高非常有益。但是在项目执行过程中会出现因为过分依赖专家资源，出现活动时间受限的情况。专家本身工作繁忙，无法保障活动时间，这也就导致活动有时会延期举行。

第二是志愿者资源。在项目执行过程中，志愿者发挥了非常重要的作用。因为志愿服务站成立已有 1 年时间，与社工配合较好。同时还引入高校志愿者，高校资源的加入给项目带来了活力，尤其在困境儿童学业辅导上发挥了非常关键的作用。在服务过程中，志愿者与服务对象建立了非常良好的关系，志愿者保证了在服务过程项目中目标的顺利执行。

（三）服务过程规范专业：项目执行优势分析

1. 尊重与保密：遵循社工伦理价值

（1）尊重服务对象

首先是尊重儿童，保障儿童的参与权和知情权。由于儿童发展的特殊性，在服务过程中很容易忽视儿童的参与权和知情权。在服务过程中，社会工作者可以接受多元文化与价值，承认人的观念的多样性，与儿童及时沟通。同时因为儿童还未形成正确观念，容易受到外部环境的影响，社工直接的价值评判对儿童造成的不良影响不容忽视。社工在工作过程中应该认识到每个人都有自己对事情独特的理解，并没有绝对的对错之分。通过访谈得知，社工并未因为价值取向上的不同而刻意引导服务对象，试图用"不理解"的观念来否认服务对象。紧抓服务对象需求，在需求导向的专业指导下，根据服务对象当前需求来对服务进行调整，从而保证服务的顺利进行。

> 我非常想改变不敢与人说话的现状，最开始社工老师就告诉我只有我参与进来，才可以达到服务的效果……在服务过程中，他每一次都会询问我这一阶段有什么变化，感觉怎么样。（困境儿童 STC）
>
> 在服务过程中，服务对象对性的观念和婚恋观给我造成了很大的冲击。但我并没有否定他，而是通过不断地给他传递性知识，引导其形成正确的观念。（社工 DY）

（2）遵守保密原则

因为困境儿童的特殊性，保密原则在工作中是非常重要的。在评估过程中发现，保密原则的运用贯彻到项目运行的始终。因为儿童还在身心成长的关键期，容易受到周围环境的影响，如果隐私保护的权利无法被尊重，则会导致儿童加深自卑情绪，从而更加抵触社会交往。在服务过程中，社工与服务对象签订保密协议，并且给服务对象进行编号，充分保护了服务对象的隐私，充分体现了尊重的原则。

> 我们一开始就很注意困境儿童隐私保护这方面的工作，给孩子们编号，在介入和督导的时候都用编号代替。在结案评估的时候，评审人员还质疑我们选用编号，（认为我们）有弄虚作假的嫌疑。我们社工给他进行详细的解释，说明了保密的重要性，保密原则是贯彻在我们工作中的。（社工 MFC）
>
> 在服务之前，社工就跟我签订了保密协议。一开始我很紧张，后来社工告诉我这个是为了保护我而签订的协议，签订了之后我的信息就会被保护，让我不用担心我的事情会有其他人知道。（困境儿童 CZH）

2. 及时反馈与督导：服务落实有保障

（1）服务执行及时调整

在服务过程中可以根据实际情况对服务对象的每一次服务进行反馈与跟进，及时调整计划。困境儿童帮扶需要持续、长期的服务才能达到效果，在服务过程中所产生的有益改变如果没有及时地巩固与强化，就可能导致之前的工作回到原点。社工在服务中定期对服务对象进行电话回访，在访问过程中从关心服务对象入手，谈及服务对象近期改变，并且可以根据服务对象的改变与需求进行下一步方案的改进。在服务过程中注意同理心技巧的使用，运用支持性语言维持与服务对象的良好关系。通过关心其日常生活，帮助服务对象及时疏导情绪，给服务对象足够的鼓励和支持。

> 在服务过程中，社工老师会在下一次服务前给我打电话，一般是问我最近怎么样，有没有什么改变以及遇到什么问题。我通常会把我最近发生的事情跟社工老师说。社工老师总是愿意听我讲完，即使我做了什么事情，他也总是鼓励我。（困境儿童JYX）

> 在服务过程中支持性话语的使用是非常重要的，这种支持性体现在是否可以理解服务对象，站在服务对象的角度思考问题。还体现在是否可以鼓励、正确引导服务对象向好的方向转变。我在服务过程中非常注意用："你做得很棒"来代替"好的""是吗"这种话语，这样做可以使服务对象不会有被质疑、敷衍的感觉。（社工MFC）

（2）服务结束定期回访

在服务结束之后，社工还对服务困境儿童进行定期回访。在走访过程中，及时更新服务清单，把困境儿童真正融入社会服务体系中。社工的服务虽然结束了，但是孩子们还是在不断成长变化的。社工可以在服务结束后，抓住服务对象兴趣点进行引导，经常邀请困境儿童来参加社区活动。对于家长，在服务结束后，社区也要经常开展心理讲座、心理疗养、亲子沟通等活动，邀请家长来参加。

> 回访是非常重要的，通过这个项目孩子们经常来参加社区活动，跟我们都比较熟悉，对于他们的近况我们也非常了解。如果出现什么新的需求，我们也会及时为他们链接资源，帮助他们更好成长。（社工DY）

> 服务对象妈妈在项目结束后也会经常来参加社区活动，每次有什么跟家庭教育有关的活动，我也会给她打电话问她有没有时间来参加。（社工MFC）

（3）服务督导指导及时

在项目进行过程中有一个非常鲜明的特点就是项目评估的即时性。专业督导给社工项目执行带来了强有力的保障，可以从机构管理、社工专业关系构建以及专业技能提升三方面来看，其中，机构管理技能包括工作管理、团队管理，督导可以及时发现管理中存在的问题并及时纠正。专业技能的提升包括社工服务能力的提升和观念的进步，对实践中遇到的问题即时解答，使项目更贴近服务对象的需求。

在评估过程中发现，督导与社工在项目执行过程中形成了良性的督导关系。督导可以使用反馈机制了解项目服务的进展与结果，反馈可以通过监管反馈和评估反馈两种方式进行。在项目执行过程中，社工可以就项目遇到的问题及时反馈，并且积极参与到督导会议中，形成良好的工作氛围。机构督导通过督导会议了解服务现状，以反思性眼光对项目改进提出建设性意见。良好的督导模式能够提高团队成员的服务能力，保持社工自身在工作中的反思性，并且提高服务有效性，促进团队的成长。

> 项目进行过程中一共开了 5 次督导会议，在服务开展的每一个阶段都有专业督导的指导。督导专业性很强，在服务过程中遇到什么问题也可以得到督导的即时帮助。（社工 MFC）

> 督导主要采取集体督导的形式，每个人都将服务进展以及遇到的问题进行总结与汇报。在督导过程中我学习到其他社工的优秀经验，及时调整自己的心态，更好地投入到服务过程中。（社工 DY）

3. 人在情景中：运用生态系统视角服务

（1）服务针对儿童及其家庭

在服务中把儿童放在其所处的系统中，运用生态系统视角进行干预，协调个人与家庭的关系。在生态系统理论中，微系统指个人，困境儿童是与周围其他系统互动的系统，微系统与其他系统都是以面对面接触的方式进行互动的。中间系统在服务过程中主要是指家庭对困境儿童的影响。家庭对于困境儿童的影响是非常重要的，是儿童的首个社会化场所。通过前文分析可以得知，困境儿童困境成因主要是家庭经济功能缺失和监护缺失。

社工在项目服务中有意识地把家庭纳入服务体系，想要通过服务改变家庭经济现状及家庭教养方式。生态系统理论认为案主系统中一个因素的变化会影响其他因素，社工会针对有些有不当教养方式的儿童监护人进行纠正，如，经常以不适当甚至贬损的言辞与孩子沟通的监护人。同时在服务过程中，为困境儿童家庭引入资源，提供经济上和技能上的帮扶。

> 我在对服务对象的需求进行评估之后，就在服务中把服务对象及其家庭联系起来一起考虑。她目前面临的困境主要是家庭因病贫困以及跟父母关系不好。在每次开展服务之前，我都与她妈妈先进行访谈，了解她目前的情况以及她妈妈对她的看法。在访谈过程中，也对她妈妈的不理性信念进行了纠正，还给她讲述了正确的教育观。（社工 MFC）
>
> 服务对象属于事实上无人抚养儿童，他爸爸戒毒，妈妈找不到了，只跟爷爷生活。在家庭照料方面主要是经济和情感缺失，我们在服务过程中有意识地为他链接资源，帮他把低保办理下来，在情感上与家庭进行链接，重构网络。（社工 DY）

（2）促进儿童与社区环境互动

项目在社区环境建设等方面注重儿童与社区环境融入，以儿童为主体加强与环境的互动。社区与儿童的良好互动可以分为以下两个方面。第一，儿童积极参与社区事务，形成与社区的良好互动关系。社工通过倡导、宣传，引导居民参与到困境儿童保护中，为困境儿童发展提供了环境。儿童在这种环境下可以自由表达想法、构建社交网络、建立独立人格。如，在项目执行过程中，社区活动设计充分考虑儿童主体性，及时听取儿童意见，使儿童真正参与到社区的建设中来。第二，社工在服务中及时照顾困境儿童情绪、链接社区资源。在服务过程中，社会工作者扮演了支持者、倾听者，在儿童参与友好社区建设过程中提供物资及精神支持，确保社区儿童的生存、保护、发展以及参与等权利的实现。

> 我非常喜欢到社区活动室来活动，之前一起参加活动的小朋友们都会约好一起来。因为我喜欢画画，还参加了社区的绘画班。每节课都会有专业老师来教授，教室里提供画笔。（困境儿童 STC）
>
> 社工老师经常询问我们的意见，就像社区需要挂宣传画都来问我们

的意见，我们共同画画，之后画会被悬挂在社区里，装饰社区，每次看到我的画我都可高兴了。（困境儿童 LHR）

（四）服务细节待优化：项目执行不足分析

1. 项目支持不足：政策支持待提高

（1）项目运行资金支持不足

本项目资金主要来源于政府购买服务，小部分资源来源于基金会和企业捐赠。共使用经费 8 万元用于个案服务、小组活动和社区活动，其中，在个案辅导中分配资金较多，在小组活动与社区环境营造方面花费较少。因为从对困境儿童帮扶救助的效果来看，由心理咨询师进行个案心理辅导比小组活动对其的影响要大得多。小组活动与社区环境营造是必不可少的，在资金不足的现实情况下，社工尽力链接社会资源，但还是远远不够。

目前 A 机构的资金运行困境还有资金来源单一和不稳定的特点，A 机构的资金来源于地方政府针对其职能履行需求对社区服务的直接购买，其中，困境儿童的服务项目资金按照困境儿童人数定向拨款，拨款是有限额的。服务效果要求主要集中在保障困境儿童正常成长的物质资源方面，对于个体心理、家庭环境的拨款较少。但是在购买服务中，政府又把个体心理健康与良好的家庭环境作为评估指标，致使社工在执行中面临资金困境，尤其在链接心理专家方面花费较多，这就导致项目执行中存在障碍。

项目资金是固定的，我们实施起来也非常困难。如果钱可以再多一些，我们可以做得更好。例如，在一节小组活动中，我们原定把小朋友们的画做成一个有纪念意义的物品，但因为现实资金问题最后没有实施。（社工 MFC）

资源链接是项目的一大特点，我们为困境儿童链接了心理专家来进行心理辅导。在居民学堂和儿童友好交流活动中我们也尽量邀请专业的老师来讲述。专家咨询费在项目执行中占比是比较大的。（社工 DY）

（2）项目执行周期短

项目服务时间周期太短，对困境儿童改变有限。因为困境儿童的困境成因的复杂性、需求的多样性，所以困境儿童需要的是内在需求满足和外在环境改变。本次项目进行了 1 年时间，对困境儿童提供服务的时间还是太短。据与社工访谈得知以下两点。第一，服务环境改变见效不明显。项目原定的目的是改善困境儿童的家庭环境，塑造儿童友好型社区。但在实施过程中发现，受文化影响，观念的改变是非常困难的，短短的 1 年时间是远远不够的。第二，服务对象以及家庭需求依然存在，服务虽然满足了困境儿童需求，但是儿童的发展不是一成不变的，在每一个新的成长阶段，新需求的满足都非常重要。并且项目服务成效需要后续服务不断巩固和提升，很多服务对象及家长向社工反映服务时间太短，表达了"如果时间再长点就好了"的期望。

> 我们的项目时间是 1 年，去掉项目立项和结项时间也就不到 8 个月。在这 8 个月中间要完成所有的服务，时间比较紧。很多想做下去的东西都没有做，居民大讲堂我们原定做一个系列展，也没有做，比较遗憾吧。（社工 DY）

> 在服务过程中，就有很多小朋友问我，这个下周还有没有。家长也来说要是（时间）可以再长一点就好了，孩子感觉刚有点变化，就停止了。（社工 MFC）

2. 服务粗线条：项目管理待提高

（1）服务记录情况好坏不一

问题主要表现在个案服务记录表和小组活动记录情况好坏不一。个案记录表以及个案服务档案是反映社工服务的一大指标，也能反映出社工的专业水平，从接案到每一次服务过程以及服务对象及其家庭的改变都应该详细记录在其中。完整的个案服务记录有利于后续对项目完成情况进行评估，也有利于社工自身对服务整体的把握。在查看个案服务记录表时发现记录情况好坏不一，部分社工记录得比较完备和全面；也存在个别个案服务对象填写的信息不完整，该填的地方空白或未做解释、说明，或者存在前后信息不一致的问题，同时还存在项目服务过程记录粗略、无法完整反映服务全貌的问题。在小组活动中，对服务对象问题描述缺乏专业性，只是大概估计，未把服务对象的需求具体化。例如，活动"需要物质帮助"，到底需要什么样的物质？数量是多少？社工并未把服务对象的需要具体化，这种粗线条服务还贯穿在服务的其他方面。

> 在服务过程中主要是对服务过程以及服务对象状态进行记录，我比较注重记录服务的过程，就是我们做了什么。其实社工服务在社会上还是缺少认可度的，多记录做事过程，有利于体现我们的服务效果。最开始我的确记录得比较粗糙，且在服务对象父亲到底有没有去世的资料上两次填写的不一样。在督导的提醒下，我及时纠正了。（社工 DY）

> 虽然在服务开展之前，有接受督导系统的培训。但是在服务过程中还是会忘记填写活动记录表，后续在补填的时候很多细节无法全部想起来，所以有的表填写得比较粗糙。（社工 MFC）

(2) 个案管理理念缺失

个案管理是指综合运用个案管理员的各类资源，为服务对象提供全面化的服务，着力于解决服务对象复杂问题的一种实务方法。在项目执行中，社工不理解个案管理的具体概念，对个案联席会的理解仅是当前服务案主机构的交流，缺乏资源利用整体视角，在这种视角的指引下，个案管理是缺失的。

个案管理在困境儿童服务中是非常必要的，因为困境儿童的困境成因是多样的，主要表现在家庭贫困、自身患病、家庭成员残疾、社会保障缺失、社会支持网络单一等方面。在服务过程中需要社会工作者对服务对象需求有精准的把握，通过资源清单为服务对象匹配相应的资源。在项目实际执行过程中出现多主体共同介入困境儿童的现象，不仅导致了社会资源重复投入，还使服务对象自身混乱，从而引起对自身的错误认知，会认为自己是可怜的、需要帮助的。社会工作者重要的专业角色之一就是资源协调者，这不单单体现在为服务对象链接资源上，还体现在协调与配置上。将服务对象所有资源进行整合，合理配置资源，以达到服务效果的最大化。在服务中，虽然社工可以为服务对象链接资源，但并未形成服务对象的系统网络，未能做到优化资源，协调各方力量，达到服务效果最大化。

> 我们是有进行个案管理的，在项目开始前我们预想到项目执行困难会是在项目资源协调方面，所以我们在项目方案中加入了个案联席会这一任务。且在服务过程中注意困境儿童资源链接，但在执行过程中这个联席会

作用没有那么大，资源都是我们通过别的方式链接的。（社工 DY）

　　服务缺少整体管理，出现关心个案的力量太多，爱心人士过于关注，上门看望的人员太多，缺少总协调。服务对象不断讲述自己不幸的遭遇，对此我认为会起到强化作用，不利于服务对象的成长，且易造成服务对象自我混乱，上次服务的时候明明达到了一些效果，服务对象答应尝试做出改变。之后因为另一个机构同时介入，跟她说了什么，等下一次我去服务的时候她就非常抗拒。（社工 MFC）

（3）项目督导意见落实偏差

在项目服务实施过程中有较为及时的内部督导制度，每次服务前都会请专业的督导老师对项目服务进程进行指导与总结，对目前项目存在的问题以及社工在具体实践过程中不当的方法和理念及时纠正。但在项目执行过程中社工并没有根据督导专业意见及时调整介入策略。例如，督导在督导会议中提醒并建议工作者针对一些可能的风险做出预防性的回应。以项目中具体的案主为例，有个孩子平时学业不错，成绩在 90～100 分，监护人对孩子的学业给予过高的期待，给孩子安排了超出孩子承受力的各种课外班，于是，督导建议社工和监护人就孩子目前的需要、心理承受能力等与孩子做适当沟通，让监护人认识到过高的期待和逼迫不仅可能难以奏效还可能适得其反。社工在后续对服务对象的服务过程中，并未体现这一点，反而继续为儿童链接课后辅导班的资源，忽略了督导所提出的指导建议，也忽略了服务对象的需求。在困境儿童项目保密方面，督导再三强调保密原则的重要性，社工依据督导的意见与服务对象签订了服务协议以及保密协议书，并在项目期末评估的报告中也将困境儿童的姓名进行匿名编号处理，但在报告中还是会多次出现困境儿童真实姓名泄露的情况，没有将隐私保密原则贯彻到底。存在项目督导及时，但在实际的服务过程对督导建议落实方面还存在缺口。

3. 服务的现实困境：项目专业人才不足

人力资源的衡量标准分为质量与数量两个方面，在社会工作机构中可以将人力资源定义为可以持续提供服务为机构创造价值的人。A 机构人员专业性较好，6 名社工中 2 名持有中级社会工作师证书、2 名持有初级助理社会工作师证书，但是还是存在人力数量不够、人力更迭速度快的问题。对于执行项目来说，专业社工是必不可少的，人员的流动不仅会导致机构前期培养成本的损失，还会导致服务对象需要不断适应新社工，影响服务效果。在承接此项目的同时，机构承接了其他项目，多项目的开展对人力的要求达到了新高度。同时项目服务内容较多，包括个案服务、小组活动和社区营造三个方面。相较于服务内容来说，1年时间的服务期有些紧张。就拿个案服务来说，社工一周要为两位困境儿童提供服务，同时还要完成社区的行政性任务，这就对社工能力提出了挑战，因此，总是会在服务过程中出现人手不足的情况。

> 在服务过程中，我一周需要分别为两个困境儿童提供服务，虽然对于服务对象来说是一周一见，频率不是很高。但对于我来说是一周要进行两次这样的深度访谈，且我的服务对象每次都会一次次向我叙说他的痛苦，导致我在服务过程中会对自我进行怀疑，非常痛苦。但是没办法，机构人手严重不足，按照规范来说是需要社工与困境儿童一对一服务的，但在现实中不论是成本原因还是人力原因都是做不到的。机构也非常难，因为工资福利待遇招不到人，好不容易招来人也留不住，只会不断地恶性循环。（社工DY）

导致社工机构人手不足以及人员结构不稳定的重要原因有社工工资待遇低、社会认可度不高、发展平台缺失等。我国社工工资待遇普遍偏低，在南京市，虽然社会工作作为一个新兴成长的项目发展快速，社会认同已经高于其他中部地区，但是社工工资待遇还是偏低。根据访谈和实习观察可知，A机构的工作人员分为两类：一是刚毕业的学生还没有找到稳定的工作，把机构工作作为过渡；二是南京市本地人，在本地有住房，在没有住房压力下可以接受目前的工资待遇。同时因为机构造血能力不足，机构的日常运行资金主要来源于承接政府服务。但一项为期一年的服务资金非常少，基本与1名社工年工资持平，这就导致机构想要维持日常运营就得多承接项目。项目增多、压力增加以及工资待遇水平不高，增加了人员的不稳定性。

社工不仅要承担项目工作，还需要很多时间去完成社区的行政性任务，这样的现状导致社工必须要分出精力去应对专业外的事情，加剧了社工人手不足的情况。这种现象出现的原因，一是观念问题，社工机构落地在社区，就被认为从属于社区，应该帮社区分担行政性任务；二是社工对自我角色没有精准定位，而是迫于压力，在实际工作中存在逃避和讨好两种矛盾心理。

> 我记得在项目实施过程中，社区领导让我去开妇联的会，主题是关于妇女工作的，因为当天要进行社区宣传活动，只有我和 MFC 来负责，要是我去开会了，MFC 一个人应付不来。社区领导专门给我打电话说一定要去，说是很重要的会。后来没办法找了居民志愿者来帮忙，我去开会了。到了现场才清楚只是调研会，并没有规定必须要参加，也很无奈。社区给的任务通常都是临时通知的，根本来不及提前准备、协调，只能推掉目前手上的工作去配合他们。（社工 DY）

根据上述现状，社工机构使用了志愿者来缓解人员不足的问题。在实习过程中了解到该机构与高校合作，基本上每个月都会有实习生来实习，实习时间比较短，一般是 3~6 个月。机构为实习生提供实践场所，实习生在其中提升自我能力，在双方看来这是一个双赢的措施。可是对于服务对象来说需要适应社工不断变动的现状，尤其在小组活动与社区活动中，刚适应前一个社工的服务模式就需要重新适应下一位社工的服务模式，对于服务效果来说大打折扣。

六 成果评估

成果评估是一种总结性评估，通过对项目的重要利益者的问卷、访谈调查分析，从项目成效、服务满意度以及产生影响三个方面来对项目进行总结性评估。因为是针对儿童的项目评估，所以评估过程中应注意话语的正确使用以及关注儿童行为、环境等表现，通过对所收集资料的分析，以目的为导向，对项目进行评估。

（一）个体与环境改善：项目服务效果分析

1. 符合儿童特点：服务满意度调查

本次服务中，A 机构共采取了个案工作、小组工作及社区环境营造三种方式介入。社工针对综合项目实施情况和儿童自身发展的特殊性，对服务的所有困境儿童以及家长发放问卷 20 份，回收有效问卷 20 份。该项目满意度调查采用《服务对象满意度调查问卷》，该问卷涉及六个方面的内容，包括对社工服务的总体评价、需求满足程度、社工服务质量、社工服务态度、社工专业能力与社工服务效率。该量表每个问题有五个选项，每个问题只能选择一项，计为 1 分。通过分析可以得知，服务对象在社工服务态度和服务质量方面最满意，在需求满足和社工服务效率方面略有不足，还有待提高，总体看服务对象对项目是比较满意的（见表 5 – 10）。

表 5 – 10　服务对象满意度调查

单位：分

评价内容	非常满意	比较满意	一般	比较 不满意	完全 不满意
对社工服务 的总体评价	17	1	2	0	0
需求满足程度	13	7	0	0	0
社工服务质量	17	0	0	0	0
社工服务态度	17	0	0	0	0
社工专业能力	15	2	0	0	0
社工服务效率	14	2	1	1	0

在满意度调查评估方面，结合满意度调查问卷结果，对服务对象运用可理解语言和图画的形式进行深入访谈，得出结果与满意度问卷调查结果基本一致，但在社工角色理解方面有偏差。有服务对象在访谈中表露在社工当面询问其服务效果时，因为觉得社工非常辛苦且服务不要报酬，所以在服务效果中打了高分，属于"人情分"。

2. 改变效果初显现：服务影响分析

（1）困境儿童改善分析

①满足发展性需求

因为困境儿童致困原因的复杂性，所以困境儿童需求满足程度是不同的。通过困境儿童对项目评价可以得知，服务对象有以下几点改变。一是心理层面的理性化，困境儿童可以认识并纠正自己的偏差行为。与第一次访谈相比，10 名困境儿童不再抗拒、排斥接触，且形成对世界的正确认识，不会把生活的不如意归因到自己身上。二是服务对象生活现状明显改变，在服务过程中社工链接了南京市困境儿童专项资金，保障了服务对象基本的发展权利。三是提供教育资源，在需求中教育支持是占比非常大的部分。10 名儿童共有 8 名儿童有教育需求，通过在服务过程中链接教育资源，使得服务对象满足自我提升的需求。在访谈过程中得知，全部儿童均参与了学业学堂和居民学堂，寓教于乐、收获良多。四是在服务后，家庭关系日益稳固，生活水平有所提升，家庭支持力转强，鼓励困境儿童的家人及老师在后续继续强化儿童的正向行为。在服务中，及时上报儿童监护不足的情况，并链接外部资源为服务对象提供强有力监护保护。

> 我现在不讨厌爸爸了，我也不会害怕别人因为我爸爸吸毒不跟我一起玩了。我之前老是觉得是我自己的问题，导致（自己）没什么朋友，做什么事情畏首畏尾的。我现在对未来有很大的信心，我跟我爸爸是不一样的。（困境儿童 CZH）
>
> 我现在也不会被打了，妈妈现在脾气变好很多，不再一生气就打我了。我也改变了自己，不再一生气就摔东西。去上社区居民学堂我还学会了许多生活小妙招，我就把我学到的东西运用到生活中。妈妈看到了非常开心，我们已经很长时间不吵架了。（困境儿童 STC）
>
> 社工老师推荐我去学业学堂，那里有志愿者老师帮我解答问题。我现在不焦虑别的同学在校外补课成绩超过我了。社工老师改变了我，我不再埋怨家里穷了。可以体谅到父母的不容易，我现在学习成绩也慢慢在上升，一切都在变好。（困境儿童 LHR）

②困境儿童社会交往方面向良好的方向发展

困境儿童在社会交往方面能够充分理解人际关系的实质，与他人建立良好联系，并提升了建立关系的速度。虽然仍把社工服务单纯理解为课外放松活动，但对待社工服务有了非常大的热情，并且非常有意愿参加社区活动。项目运用小组工作进行服务，运用团体的力量去解决问题，设定共同的目标，促进困境儿童集体产生了强大的凝聚力和归属感。将游戏融入其中，更便于儿童接受，满足儿童游戏与娱乐的需要。一些服务对象表示在小组活动过程中增长了知识、发现了新的朋友、学会了新的技能。

> 一开始我总是不自信，我老害怕跟别人说话，在人多的地方我总觉得紧张。后来我参加了儿童交流活动，遇到有相同经历的人，我开始不再害怕。学习别人是怎么做的，我还在活动中尝试了演讲。在社工老师

的鼓励下，我还参加了红领巾议事会，我在那认识了好多新朋友。现在我一下课就往活动中心跑，我觉得生活变得有意思了。（困境儿童 STC）

去社区居民学堂我还学会了许多生活小妙招，我就把我学到的东西运用到生活中，妈妈看到了非常开心。因为我老去居民学堂，大人们都认识我，有的时候还有阿姨帮我占靠前的座位，学堂老师也经常夸奖我听课认真，我基本上每周都去。（困境儿童 CZH）

（2）困境儿童家庭改善分析

家庭对一个人的成长有举足轻重的影响，家庭沟通与教养方式深深地影响着困境儿童的成长。在服务过程中发现孩子从家庭获得关怀和资源很大一部分来源于沟通，而家长忽视对儿童的沟通和陪伴。当儿童遇到困难并且自己没有能力消化的时候，家长的忽视容易使儿童的负面情绪无法得到排解，对自己错误认知造成低自信感。通过对服务对象的家长进行访谈，总结出以下三点改变。

①困境儿童家长错误观念有了细微改变

受文化影响，家长们通常望子成龙、望女成凤。在这种观念的影响下，容易给孩子造成更重的心理负担，在家长和学校的共同施压下，压力越来越大。压力的排解需要家庭的支持，而家长的不理解，会使困境儿童在成长道路上更易受到打击。在访谈中发现困境儿童家长对儿童成长规律有了合理的认识，也有意识地对自我不正确观念进行纠正。但这种改变是细微的，社工的服务只是对家长的非理性信念进行纠正，家长也只是初步形成了一个观念。而知识从接收到内化是一个非常漫长的过程，所以还是需要持续的服务才可以巩固。

我现在不逼他了，我尝试着换位思考，有的时候觉得孩子也不容易。（困境儿童监护人 ZY）

我现在想明白了上一辈是上一辈的恩怨，现在他寄养到我们家，也没有什么克不克命、吉利不吉利一说，都是缘分。（困境儿童监护人 LT）

我去上了你们的居民课堂，我听了老师讲的，也尝试做了。但有的时候还是放不下这口气，我这辈子就快到头了，我在他身上在看不到希望，日子还有啥盼头。（困境儿童监护人 CY）

②良好教养环境初形成

在服务过程中社工有意识地对家长的家庭教养观进行更正与培养，以期形成良好的家庭氛围，促进儿童成长与发展。对比服务介入前的家庭教养模式，发现通过服务，教养模式从极端散养型和权威型向民主型转变。与困境儿童家长访谈可以得知，家长在与儿童沟通方式、表达方式上做出改变后，儿童也会给予其正向反馈。有7人明确了正向反馈的结果，所以可以说项目对家庭教养环境的改善是有效果的。

孩子现在懂事多了，逃课的次数也减少了。我现在就是尽量控制我自己的情绪，好好跟他说道理，也不随便动手。我感觉现在跟他可以沟通了，不像之前一样，说几句就吵起来了。（困境儿童监护人 LT）

现在我也不像之前那样那么逼着他学习了，也偶尔带他出去转转，我那天看他的日记，发现他挺喜欢跟我一起出去的。（困境儿童监护人 ZY）

以前我说他多跟别人交流，他老不听还顶嘴。现在他去参加了活动之后，回来可以兴致勃勃地说一天今天做了什么事情、和哪个朋友在一起玩。我也加入他的讨论，他现在跟我说的话越来越多了。（困境儿童监护人 CY）

③家庭经济能力提升

社工通过链接资源，为儿童成长提供了必要的物质基础。在服务过程中，社工更新了困境家庭信息，为困境儿童家庭链接资源，申请了最低生活保障金，使得每个困境家庭每个月增加了800元/人的收入，且通过链接社会资源，给困境儿童家庭申请到每年1000元的企业援助资金。针对父母因病失业致贫的家庭，由社工联系民政部门，更新民政部门帮扶需求清单。在就医方面，社工沟通医院义诊医疗服务，定期开展健康检查。社工在服务过程中充分利用资源，将困境儿童家庭的需求以点连面、穿针引线地把困境儿童家庭的需求与资源相链接。同时有针对性地对困境儿童父母提供就业帮扶，给因盲失业的父母传授按摩、针灸知识，从根源上解决家庭物质资源紧缺的问题。在后续回访中，3位原先无业的家长，在社区的帮助下重新就业，从根源上解决困境儿童贫困问题，为困境儿童发展成长保驾护航。

孩子之前总跟我吵架说他学习不好是因为没去上补习班，但我一个人抚养他，他爸爸一个月就给他600块钱的生活费，我一个月工作做满也就1500块钱，只够糊口罢了。社工推荐我去学习纺织技能，我去学习了几节课，之后进了厂。虽然只是踩缝纫机这种活，但比我之前的工资要高，也轻松。（困境儿童监护人CY）

孩子的耳朵问题一直是压在我们家身上的一块大石头，社工帮我们找了一个医疗企业，帮我们加入了阳光成长项目，之后都不用担心他耳朵的问题了。H医院还可以帮孩子每年体检，孩子以后再也不用担心听不见了。（困境儿童监护人ZY）

我在社区学习了推拿和按摩，虽然还是初级水平，我之前也学过，但一直没有坚持下去。继续做肯定可以有个好的未来。（困境儿童监护人LT）

（3）社区环境营造分析

在项目服务目标中，希望通过服务使社区形成儿童友好的氛围。

①形成儿童交流友好的基础

在本项目服务开展之初就希望针对困境儿童的服务不仅仅是内在的服务，还希望改善社区环境，为儿童友好社区建设添砖加瓦。成果评估过程中发现，社会工作者将困境儿童政策与现状嵌入现有社区活动中，立足在建设儿童友好型社区的立场上，将儿童利益放在首位。社工通过政策宣讲、家长学堂等形式向社区居民传达困境儿童需要帮助的现状，有利于消除歧视、营造困境儿童成长友好环境氛围。另外，立足在社会工作专业价值理念以及为案主服务的观念上，社工充分链接社区资源，在一定程度上提升了社区居民参与儿童友好社区建设的意识，促进了友好社区的发展。

儿童友好社区是指友好空间和友好观念，友好空间指在社区有可供儿童活动的地方。之前R社区虽然有供居民活动的空间，基础设施齐全，但是为儿童提供的空间很少。社工注意建设友好空间，即，在现实空间中，通过增加环境设计的方式，提升儿童友好设施水平。社工通过设立儿童自习室、儿童绘画展览以及儿童智能科技的方式，提升困境儿童空间参与水平。除此之外还在空间设计上增加了童趣元素，尽量使用明艳的色彩来布置空间。同时在空间设置上还考虑到安全性，充分保障儿童在空间内玩耍的权利。例如，在桌子采购上选取圆角桌，椅子的高度考虑儿童身高，为后续儿童友好社区形成打下基础。

②居民观念改变待提高

在儿童友好社区的意识空间上，社工扮演支持者，在社区活动中引入儿童视角，激发居民对儿童友好社区的建设。通过居民学堂的方式进行宣讲，以困境儿童关爱保护为主要宣讲内容，从困境儿童的思想引导、身心健康促进、违法犯罪预防等方面进行解说。但是因为项目实施时间为 1 年，时间紧迫，这对于改变观念是非常困难的。且因为居民讲堂主题未完全围绕困境儿童保护，大多数是在一节课中穿插困境儿童的相关内容。在对居民的调查中发现，虽然很多居民知道居民大讲堂，但是参与人数还是比较少。对于社区针对困境儿童友好社区的建设，大多数居民还是不太了解，即使有少部分比较了解状况的居民也无法认清自己的角色与作用。

> 我每周都会参加居民大讲堂，老师是有讲有关家庭教养方式、困境儿童政策的内容。但是这个比例不大……我不太了解儿童友好社区是什么，我们目前也没做到友好吧，活动还是比较少。（社区居民 FZC）
>
> 社工服务非常到位，每次活动都至少安排 1 名社工跟进，活动后还有人来询问参与意见。（社区居民 ZGM）

（二）服务运行被忽视部分：项目成果调查方式分析

1. 原有调查反思：服务对象满意度调查方法待优化

在实践中得知，对社会工作服务的评估大多关于项目执行、项目产出的定量方面，针对服务对象满意度评估的重视程度不够。同时对服务对象满意度评估上还存在评估指标僵化，即，指标从其他项目上生搬硬套，缺乏对服务对象特点的贴合性。而因为评估指标不科学以及笼统的问题，针对服务对象的满意度调查难以客观地反映服务对象对服务基本情况、社工以及服务成果的满意程度。在本项服务中社会工作者有意识地对服务对象进行满意度调查，对服务对象相关的人也进行服务评价，这是可以肯定的，但是在服务对象满意度调查方面还存在许多可以优化的方面。

本次项目服务对象为困境儿童，儿童处于人生发展关键时期，对于抽象能力、抽象概念理解不足。这也就意味着在问卷设计方面要考虑儿童的特殊性，运用可理解语言，甚至可以用图画的形式来调查服务对象满意度。在实际操作过程中，社工拘泥于现有满意度评估框架，将重点放在了社会工作专业性、原则性以及专业方法等因素上。但由于儿童的特殊性，对服务对象满意度调查更应关注社会工作者的服务态度是否热情，项目服务是否有趣、是否吸引其参与等。服务对象对服务活动是否好玩、有趣等，对社会工作者是否具有专业性，在服务的开展过程当中是否运用了专业方法等概念不理解，也无法对这些抽象概念在服务中的具体表现建立联系。那么就需要社工对问卷调查的问题具体化，语言要更换成儿童可理解的话语。例如，在原问卷调查中，针对社工服务是否遵循社工伦理方面的问题上，社工设置的问题为："社工在服务过程中是否采取尊重态度。"从问题中可以看出尊重的概念就非常抽象了，如果更换为："社工在服务中是否打断你说话？社工在服务中是否说你讲得不对？社工在服务中态度是否热情？"那么这个问题就会更加直观地呈现给服务对象，服务对象也更容易理解。

2. 服务呈现效果反思：项目存在美化服务结果的现象

对项目结果的美化存在有意识美化和无意识美化两个方面。一方面是有意识美化。通过对项目资料进行梳理，发现在项目总结中服务对象对社工服务评价都是正向的，这种正向评价与笔者二次调查结果差异很小。但是在项目影响力评估中，社工对居民以及服务对象所说的话进行了不同程度的美化，虽然个别调查对象会对项目提出具体的建议，但是都是针对后续项目优化的部分，对项目本身实施部分的问题只字不提。又因为社工机构和政府购买服务之间存在关系，美化服务结果可以体现出社工机构能力强，从而增进与政府之间的合作关系。社工对服务结果或多或少的美化，使得不能反映出相关利益者对项目的真实满意度。

另一方面是无意识美化，社工服务满意度调查方式出现偏差间接导致了项目结果的无意识美化。凯伦等指出在满意度调查中服务对象对服务提供者通常会有感激之情，作为对社工服务的肯定，会倾向于给出正面回应。[①] 在满意度调查中社工采取直接询问服务对象其监护人的方式来调查满意度，如"你认为我们的服务怎么样？你认为我们的服务有什么需要改进的地方。"在

---

① Karen，B.，David，R.，Carlton，C.，"Hospital Social Workers and Indirect Trauma Exposure: An Exploratory Study of Contributing Factors," *Health & Social Work*（2008）：63.

这样的询问方式下，出于对社工的付出服务的尊重或担心说出真实想法会影响后续服务，一般被询问者会回避问题，并未体现出对项目的真实想法。

第三节　评估反思

"童心网、助成长"困境儿童帮扶项目从开始到结束共一年的时间，根据 CIPP 评估的四个阶段，在背景评估时社工充分考虑服务对象需求以及可以利用的外部资源。输入评估中在项目目标制定和方案制订中，社工可以尊重服务对象权利，依据需求设计合理介入方案，且自身有能力可以实施项目。在过程评估中，社工可以依据服务方案完成个案服务、小组工作和社区工作的任务。在成果评估中，社工可以对服务对象以及服务对象相关者进行服务满意度调研，同时自身对项目进行反思。因此从整体上看，这是一个成功的项目，下面对与本章相关的几个重要问题进行讨论与分析。

一　困境儿童服务反思

"童心网、助成长"项目是基于我国国情的儿童社会工作实践，在一定程度上具有当前我国儿童社会工作服务的特点，通过对此项目的评估，对当前儿童社会工作服务现状有以下几点反思。

（一）系统与整体视角缺失：个案管理失位

个案管理由个案工作衍生而来，是社会工作介入的有效工具。个案管理是一种服务模式，是指在专业评估机构对服务对象需求进行预估后，进行系统资源和管理的过程。通过上文分析可以得知，在项目实际执行过程中出现多主体共同介入困境儿童的现象，不仅导致了社会资源重复投入，还使服务对象自身混乱，对自身产生错误的认知。在服务中，虽然社工可以为服务对象链接资源，但并未形成服务对象的系统网络，并未做到优化资源，协调各方力量，达到服务效果最大化。服务过程中虽然召开了个案联席会来尝试调节资源，但最终个案联席会未起到实质作用，基于这点从政府和社工机构及其之前互动关系来思考个案管理缺失的原因及其影响。

1. 政府部门角度

地方政府作为地方政策的制定者、指导者以及落实者，需要对社工服务的类别以及项目进行宏观调控，合理规划项目的资金、介入困境儿童机构数量，对服务进行监督和对问题进行反馈。在我国，困境儿童的排查与申报是由社区自下而上逐级进行的，而政策的实施是自上而下层层实施的，这就导致政府部门有回应上一级政府部门政策的需求。加之部分政府部门对当前困境儿童服务现状核实不到位，于是出现了多家机构服务于同一困境儿童相同方面的现象。

同时因为各级组织之间沟通的不畅通性，会出现对同一困境儿童重复类似服务的情况。例如在对 ZKR 的服务中，有民政部门、工青委员、妇联以及街道同时介入。各个组织介入进度不一样，对困境儿童实际了解的情况也不一样，使服务对象在接受服务过程中心理混乱。迫于政策压力，政府部门害怕没有对困境儿童提供托底服务，导致出现问题而被追责，即使在知道有组织介入的情况下也要介入。这就导致个案联席会等资源协调方式流于形式，没有发挥实际作用。

政府部门多方无协调的重复介入，造成服务对象对自我认知混乱，非常排斥接续接受服务，但政府部门因为政策回应压力要求社工接续提供服务，这就与社会工作专业价值背道而驰。社工机构的生存与发展离不开政府部门的孵化和培育，一方面要为服务对象提供专业的服务，另一方面要满足政府部门的行政工作。若是在服务过程中偏向服务对象，则将面对生存资源的流失，面临无法生存下去的危机。若是过分满足行政工作，将会造成服务对象的逆反心理以及不配合社工的服务，认为是面子工程。

2. 社工机构角度

社工机构是服务的提供者，也是资金的使用者。因为社工拥有与一般志愿者所不同的专业理论和科学助人方法为服务对象提供优质的服务，所以政府选择社工机构来承接困境儿童的服务项目。社工机构不是营利性社会组织，能否拿到项目关系到生存问题，基于此利益需求，当多家机构共同服务于同一服务对象的时候，希望展示自己的竞争优势的心理很容易使竞争变为恶性竞争，会出现回避沟通的情况。同时为了满足政府部门控制资金的需求，在监管缺失的情况下，社工机构很容易简化、省略必要的服务过程，只尽可能地完善服务评估表，满足政府需求，为自己下一次竞标赢得筹码。为了迎合行政需求，服务对象的真正需求被放在政府需求之后。机构基于竞争和回应行政需求的心理，在个案联席会上本应该共享信息、链接资源，却选择回避，最终导致资源未能有效链接。同时机构因为资金和能力问题，对于资源链接并未形成有效的网络，通常是出现问题再去链接资源，存在滞后性。

服务对象群体的需求千变万化，其所要求提供的服务也存在较大的异质性，同时儿童还不能完全地诉说自己的需求，这就导致社工在服务过程中更难把握。个案管理缺失、信息和资源不流通、介入时出现的情况以及问题无法第一时间共享导致服务对象感觉自己被忽视；信息公开不到位，服务对象的知情权没有办法得到保障等原因，使得服务对象更多时候只是被动地接受服务，为了维护自我利益会采取极端行为表达自己的情绪。

（二）服务未形成有效闭环：督导意见落实偏差

通过前期分析可以得知，督导意见与社工行动之间存在一定的偏差。在服务后会及时进行督导会议，采取团体督导的形式，项目社工对项目执行进行反馈，督导会与社工共同讨论服务重点以及下一步工作须改进的地方。在翻阅督导记录和社工实际服务记录表时，发现在一些实践中，社工存在简化工作的情况，形成督导意见落实偏差，督导意见偏差的形成可以分为内部原因和外部原因。

1. 偏差出现的内部原因

首先，因为社工缺乏专业性，在观念和专业知识理解上的偏差，最终会体现在服务过程中。其次，因为人力、资金以及实施可行性等原因，社工对督导意见进行优化，但是这种优化是建立在社工自我感受基础上的，又因为社工自身能力方面存在的问题，在服务中缺失某些专业视角。最后，社工因为职业倦怠、机构奖励机制的缺失，而出现懈怠、省事思维。如，督导提出应该把家庭纳入个案服务的范围，因为不同家庭的家庭教养方式是不同的，当前所处的境况也不同，适合用个案工作进行"一对一"家庭环境塑造。但是社工在服务过程中对这种意见进行简化，把针对困境儿童的服务嵌入社区现有的亲子活动中。这种嵌入思维是好的，但是社区现有的亲子活动对困境儿童家庭的针对性不强，就出现家长和孩子采取研学的形式游玩一次，对于家庭改变来说是形式大于意义的。

2. 偏差出现的外部原因

第一，督导所提意见没有充分考虑到社工实施过程中的现实因素。地方政府购买服务、社工机构承接服务，两方在服务过程中关系和角色的不平衡，导致社工从原来与地方政府平等合作的关系变为从属关系，被迫在服务中加入行政性任务。机构督导是经验非常丰富的高校老师，理论知识扎实、实践经验丰富，善于将好的项目进行优化，但同时督导在社会工作管理方面、社会工作专业性以及项目运行资源的平衡上有些欠缺。这就导致督导在一些专业意见的提供上有些理想化，出现期望以及现实资源跟不上的矛盾。其次因为督导并未实践参与项目服务，了解得不够深入，仅通过项目记录表以及社工表述来为项目优化提出建议。通过前文分析可以得知个案记录表填写质量参差不齐，这并不利于督导对项目细节进行深入的了解。

第二，政府部门在购买服务评估中采取结果导向的视角，更加注重指标、数据的考核，仅通过考察机构是否按照服务计划完成项目来确定项目是否合格。但是在实际工作中，仅仅依靠数据和结果是不可能对项目进行完整评估的，在这种评估机制的推动下，社工过分关注项目计划指标完成情况，在服务质量保障和提升方面有所欠缺。这种情况的出现对社会工作在我国的发展是非常不利的，固然服务中加入行政性指标是我国特色，但社会工作者要不断在实践中提升自己。而评估制度的缺失导致督导意见没有什么意义，督导工作中产生的问题虽得到及时的反馈，但没有落实到实践中。

二 项目优化与建议

在评估结束后，回顾整个项目，项目的重点是个案工作、小组工作和社区工作共同介入困境儿童帮扶，在其中形成了良好的服务模式，具有良好的示范作用，为同行所学习借鉴。项目在实施过程中，个案的开展具有专业性，个案老师和专业督导老师进行交流，从不同的维度服务困境儿童。开展线上家庭教育，为各位家长提供专业的辅导。整合社区资源，为儿童提供交流学习的平台。社工提供的服务得到了家长和儿童的好评。针对项目不足，提出以下几点建议。

（一）平台搭建与规范管理：地方政府要支持

第一，在针对困境儿童帮扶方面，仅仅有困境儿童排查名单是不够的，要建立起互通的困境儿童服务平台。做到政务公开，使得各部门可以明确了解针对困境儿童已经有谁介入、介入了哪些方面，以便后续补充性服务，让资源可以最大限度地被利用。同时政府部门要转变态度，困境儿童的帮扶不仅是最基本的生存保障，还有其社会网络的建设与完善、家庭系统的协调等。政府服务理念也亟须改变，从不想担责任的消极态度转变为主动跟进的积极态度，这样可以使得困境儿童帮扶效益最大化。

第二，要完善监督评估机制，政府在项目立项之后就要对社工机构服务做监督，避免政策"一刀切"，避免对社工机构服务开展情况不闻不问，要承担起公共事务管理的责任。在项目立项招标的时候，政府部门要保证应标流程规范化、标准化，彻底斩断"走后门"的行为。同时政府部门应放弃"精明买家"的观念，既想要服务做好，也想尽可能地少花钱。这样既限制社工机构的发展，也挫伤社工工作的积极性，应在保证服务质量和合理资金给予之间找到平衡。在项目进行过程中，政府部门应当引入第三方评估机构，且评估机构要保证专业独立性，全程监督社工工作。如社工单位是否积极配合社工开展工作、社工是否专业、服务对象是否满意等。最后，地方政府要对项目进展和动态有清楚的了解，及时处理评估后反馈的各类问题，以确保项目顺利完成。另外，政府应搭建监督举报平台，让政府、社工和服务对象的信息可以互相传递，形成良好的监督机制。

第三，政府部门之间的合作要保证质量，创新多层次沟通平台。本项目中，政府部门为了协调工作开过几次协调会，但因为重要介入机构的缺席以及各方对自己介入方式的坚持，协调会只是坐在一起讨论，会议里说要对服务对象实施个案管理，但也只是提出了一个概念，并没有实际实施。所以政府部门要发现问题并解决问题，创新沟通方式与平台，要落实会议结果，不要让协调会成为空架子。

（二）人才培养与个案管理：社工机构要专业

对于社工服务机构来说，要更好地平衡以服务对象为中心和完成行政任务。为了争取更为平等的合作关系，获得话语权，就必须拓宽资金来源渠道。如果只靠政府购买社工服务来生存，就必须做出一定的妥协与让步。社会服务组织虽然属于社会福利组织，不以营利为目的，但这并不意味着只能有一个单一的资金来源，还可以通过建立专业化品牌，依靠社工独有的优势来赢得企业等组织的资金支持。社会工作服务组织应在开展专业服务时保持专业素养，避免恶性竞争，与其他机构合作时要积极参与、沟通。保证服务手段科学，向公众展示专业社会工作者的技能，扩大社会工作者的社会认同感，进而获得社会各界的资金支持。

社会机构要用其专业的服务方法，在个案管理的模式下搭建专业的社会救助实践和模式，要发挥社会工作在资源链接、系统协调上的独特专业优势，为服务对象提供最优服务。所以社工机构要不断提升自身专业性，对社工进行专业培训，提升服务质量。同时要改善社工生存和发展环境，提升其职业认同感、薪酬待遇以及社会认同感等，使社工可以稳定、长期地为服务对象提供服务。在服务过程中，要以服务对象为中心，把服务对象放到情境中去提供服务，尤其是针对困境儿童的服务，要更注意语言之外的信息，尊重其表达的权利。

（三）需求表达与主动参与：服务对象要积极

服务对象应该积极地参与到全程服务中，争取自己的知情权以及表达意见的权利。儿童在服务中要学会正确的情绪表达方式，遇到问题时可以勇敢提出问题，而不是消极应对。社工要积极进行引导、尊重服务对象表达权和知情权。在项目前期，服务对象应主动向社工机构表达自己的需求及意愿，以帮助社工可以更好地确定服务目标，制订服务计划。在项目进行中，对于多部门合作介入而造成的服务混乱，服务对象应与负责机构主动提出。如果社工在服务过程中没有提供原定的服务，服务对象可以进行监督与举报，并通过合理的渠道让社工服务机构随时了解需求的动态变化。在项目结束时，服务对象应对社工服务机构的各项服务做出评价，并且处理好自己的分离情绪。在保证自己利益的同时为社会工作服务提出自己的意见，将被动参与化为主动应对，不断优化社工服务。

三 CIPP 评价模型的运用与反思

（一）CIPP 评价模型与儿童项目评估

在评估中发现 CIPP 评估模型具有灵活性，可以依据评估者策略来进行评估。同时在评估介入时间方面运用比较灵活，可以在项目运行各阶段进行评估。在运用 CIPP 评估模型后发现，其与困境儿童服务评估是非常吻合的。

第一，因为儿童的特殊性，对自身服务感受无法明确表达。CIPP 评估模型的四个阶段中存在大量描述性信息，对于服务的评估不仅仅是定量指标衡量方面，而应更加注意困境儿童在服务过程中的感受，包括动作、语言等信息的传递以及社工在服务整体过程中的专业细节处理，从而对社工项目进行较为全面、具体的评估。

第二，因为困境儿童困境成因的复杂性，服务过程中需要多系统共同介入。CIPP 评估模型的灵活性特点与服务中复杂系统评估非常适用。在具体运用过程中，以生态系统理论和社会支持理论为支撑，对项目进行灵活评估。把与服务对象有关系的系统与 CIPP 评估四阶段融合起来，对困境儿童项目服务有较为客观、科学的评判。

第三，CIPP 评估模型非常注重对项目的改善与提高，儿童社会工作评估就是为了在已有项目的基础上，不断优化，不局限于一个项目，而是要形成困境儿童服务的反应机制。所以 CIPP 评估模型在一定程度上可以促进儿童社会工作服务的优化，为形成科学儿童社会工作服务模式助力。

（二）运用 CIPP 评价模型的反思

CIPP 评估模型是从教育领域引入到社会工作服务领域的评估模型，评估具有全面性以及灵活性的特点。模型在运用过程中需要兼顾评估的广度与深度，这也需要研究者尽可能地收集较为全面的信息，这加大了评估难度。同时对项目资料的分析与处理也非常考验评估者的能力，全面性评估如果面面俱到，那么到最后只能对项目运行过程进行简单的描述和浅显的分析，这会对项目整体呈现结果和决策者的决定造成影响。因为在评估过程中需要确定评估重点和框架，为评估打开思路。

第六章 儿童社会政策研究

——以南京市困境儿童保护政策为例

第一节 南京市困境儿童保护政策现状

一 南京市困境儿童现状

南京市是江苏省省会城市，位于江苏省西南部，长江下游，地跨长江两岸，面积约 6587.02 平方公里，是国务院批复确定的中国东部地区重要的中心城市及综合交通枢纽，经济发达、人口稠密。2021 年，南京常住人口约 942.34 万人，其中，0~14 岁人口 118.6 万人，占总人口的 12.59%。

南京市依据儿童陷入困境的原因，将困境儿童划分为孤儿、父母监护缺失儿童、父母无力履行监护职责的儿童、重病重残及流浪儿童、贫困家庭儿童及其他需要帮助的儿童六大类，具体又可细分为五十五种困境类型。2021 年，南京市在册困境儿童 2400 名左右，从区域来看，X 区困境儿童数量最少，接近 300 人；J 区困境儿童数量最多，达到近千人。从类型上看，贫困家庭儿童所占比例最大，孤儿、监护缺失及监护无力的儿童数量较少。由于南京市辖区范围较大，人口众多，再加上部分数据难以接触，因此不能对整个南京市的困境儿童情况进行详细介绍，下面将以困境儿童数量最多的 J 区 HS 街道和 Y 区 XSQ 街道为例介绍困境儿童基本情况。

HS 街道位于 J 区东南部，辖区内共包括 22 个村（居）委会。2021 年，户籍人口 87840 人，在册困境儿童 150 余人；XSQ 街道位于南京主城西南部，2021 年，户籍人口 31608 人，约有困境儿童 80 名。两个街道的困境儿童类型均以贫困儿童为主，多因家庭成员身患重病或重残被纳入最低生活保障的救助范围，进而被纳入困境儿童名单，除此之外，重病重残类困境儿童所占比例也相对较大，并存在少部分监护缺失、监护无力、其他特殊困难的儿童。总体而言，HS 街道及 XSQ 街道所涵盖的困境儿童类型较为全面，有利于研究的进行。

本章的访谈对象主要为 HS 街道及 XSQ 街道 7 名困境儿童及其监护人，南京市救助管理站未成年人救助保护中心、南京市未成年人保护中心、J 区未成年人保护中心、JY 社工服务中心的工作人员及相关社区儿童主任（见表 6－1）。意在通过访谈了解政策实施对象及实施者对政策效果的评价，分析政策的成效和不足，探讨造成政策的实施存在不足的原因，进而讨论如何完善困境儿童保护政策。

表 6－1　访谈对象的基本情况

访谈对象	性别	身份	工作/学习单位
HC	女	未成年人救助保护中心工作人员	南京市救助管理站未成年人救助保护中心
TM	女	J 区未成年人保护中心主任	J 区未成年人保护中心
YG	男	社工	JY 社工服务中心
YD	女	社工	南京市未成年人保护中心
WY	男	儿童主任	XY 社区居民委员会
DF	女	儿童主任	ML 社区居民委员会
XF	女	儿童主任	XS 村村民委员会
LJ	女	困境儿童监护人	无
ZX	女	困境儿童监护人	无
XH	男	困境儿童监护人	无
SW	男	困境儿童监护人	C 水泥厂
XC	男	困境儿童	JL 中学
JQ	男	困境儿童	J 区特殊教育学校
SX	女	困境儿童	DS 小学

在不断制定和完善困境儿童救助政策体系的同时，南京市积极推动政策

落地实施，成立了未成年人保护委员会及市、区、街道三级未成年人保护中心，并形成了从预防—评估—救助—追踪的困境未成年人救助程序，使困境儿童的识别、认定、救助、管理向规范化、标准化方向发展，形成南京市困境未成年人救助保护的地方特色和经验。目前，南京市困境未成年人救助政策、保护和制度体系基本形成，政策实施成效初步显现。

二 南京市困境儿童保护政策现状

困境儿童救助政策体系基本形成。政策体系的建立与完善为困境儿童保护工作的顺利推进奠定良好的基础，2013 年后南京市发生的一系列儿童伤害事件极大地推动了该地区儿童保护相关政策法规的制定和颁布。2014 年 10 月，南京市人民政府根据《民政部关于开展第二批全国未成年人社会保护试点工作的通知》的精神和要求，颁布了《南京市未成年人社会保护试点工作实施方案》，该方案规定未成年人社会保护试点工作的对象为具有南京市户籍的、基本权益失去保障或受到侵害的困境未成年人，其中，对困境未成年人的类型进行划分，体现了分类保障的思想，并规定了各政府部门和成员单位在保护工作中的职责。2016 年开始实施的《南京市未成年人保护条例》要求加强未成年人行政保护、家庭保护、学校保护、社会保护和司法保护。2016 年颁布的《市政府关于完善困境未成年人分类保障制度的实施意见》要求困境未成年人救助要"夯实基本生活保障、强化服务帮扶保障、落实医疗康复保障、完善教育保障政策、加大就业扶持保障、强化监督保障制度、优化社会关爱机制"[①]。随后，南京市又陆续发布了《市政府关于加快完善特困人员救助供养制度的实施意见》《南京市收养子女家庭评估实施细则》《关于对无人看护的被羁押犯罪嫌疑人未成年亲属给予庇护的工作规定》《市政府关于完善残疾儿童康复救助制度的实施意见》《南京市未成年人保护对象及困境未成年人临时家庭寄养评估实施细则》等一系列地方性政策法规，政策中规定了"为本市户籍、有康复需求和康复意愿，持有残疾证的听觉、视觉、语言、肢体、智力等残疾儿童和孤独症儿童提供基本康复训练；为视力残疾儿童

---

① 南京市人民政府：《市政府关于完善困境未成年人分类保障制度的实施意见》（2021 年 2 月已废止），2016，http://www.nanjing.gov.cn/zdgk/201605/t20160510_1056905.html，最后访问日期：2022 年 5 月 7 日。

验配助视器；为听力残疾儿童验配助听器（双耳）……"① 及对收养子女家庭进行"收养动机、家庭基本情况、婚姻状况、家庭成员状况、道德品行、养育照顾"等十个方面的评估，筛选出具备收养能力和收养条件的家庭②等内容，为向困境未成年人提供生活补助、医疗救助、残疾康复、监护转移等救助保障服务指明了方向，划定了标准。

经过近几年来的不断完善，南京市困境儿童救助保护政策体系已经基本形成，政策涵盖了困境未成年人生活补助、医疗康复、教育保障、监护转移、寄养收养等方方面面，为未成年人救助保护工作的实施提供了政策指引和保障。随着地区社会经济发展水平及对未成年人保护工作认识水平的提升，困境儿童保护政策也致力于更好地保障儿童需求，促进儿童发展，为困境儿童的健康成长筑牢防线。

第二节 困境儿童保护政策分析

近年来，随着困境未成年人保护体系和制度的不断完善，南京市困境儿童保护政策的实施取得了一定成效，困境未成年人的基本生活、教育、医疗等需求得到了一定程度的保障和满足。但在实际的政策实施过程中，困境儿童识别、认定存在形式化倾向、救助形式单一、儿童保护工作者数量不足等问题也较为突出，此外，部分确实需要帮助的儿童被排除于困境儿童名单或救助范围。在政策落实的各个环节、各个方面尚存在一些不足，影响政策效果，也降低了困境儿童救助和保护的质量。

一 困境儿童保护政策的成效

（一）困境儿童救助保护体系基本形成

为推动政策有效落实，更好地保障未成年人权益，在构建和完善未成年人保护的地方性政策法规体系的同时，南京市积极探索建立困境未成年人救

---

① 南京市人民政府：《市政府关于完善残疾儿童康复救助制度的实施意见》，2019，http://www. nanjing. gov. cn/xxgkn/zfgb/201904/t20190428_1523530. html，最后访问日期：2022 年 5 月 7 日。

② 南京市民政局：《南京市收养子女家庭评估实施细则》，2019，http://mzj. nanjing. gov. cn/nj-smzj/njsmzj/202001/t20200119_1777424. html，最后访问日期：2022 年 5 月 7 日。

助保护体系，形成了以南京市未成年人保护委员会为统领，市、区、街道各级未成年人保护中心为依托，社区儿童之家、儿童主任为切入点，体系完善、覆盖全面、协调各方的未成年人救助保护体系（见图6-1），明确了政府各级、各部门在未成年人保护工作中的职责范围，并在工作过程中根据实际情况出台政策文件，解决实务工作中的难点，推动各部门联动，为发现、评估、救助和服务困境未成年人提供了制度保障。

　　2017年，我们在工作的过程中发现我们跟公安部门之间的对接非常地困难……所以结合这个工作中的难点，南京市的民政局和公安局一起发了文，专门针对被羁押犯罪嫌疑人的未成年亲属没有庇护这样的问题，明确了公安部门在这个问题里面的职责，它虽然是一个文件，但实际上是一个操作工具，让我们基层工作者的工作更好做……（被访人HC）。

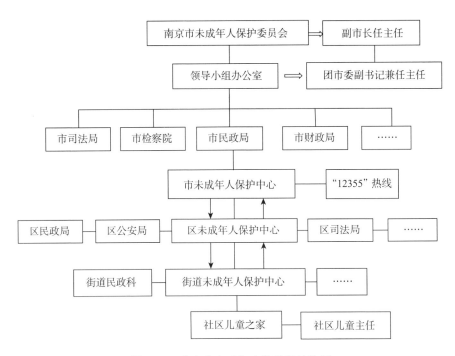

图6-1　南京市未成年人救助保护体系

注：本图根据被访人HC所提供资料进行改绘。

1. 南京市未成年人保护委员会

南京市未成年人保护委员会成立较早，2002 年南京市人民政府办公厅即发文调整市未成年人保护委员会成员。经过多年的发展完善，目前，南京市未成年人保护委员会由副市长任主任，市政府副秘书长、团市委书记、市教育局局长任副主任，委员则由市公安局、市检察院、市法院、市民政局、市司法局、市财政局、市人力资源和社会保障局、市工商局、市卫生局、团市委、市妇联、市残联等十七家政府部门、群团组织的相关负责人组成。未成年人保护委员会在团市委下设领导小组办公室，由团市委副书记兼任主任，市民政局局长任副主任。南京市未成年人保护委员会将南京市各政府部门囊括其中并划定各自在儿童保护中的职责范围，保证了困境儿童发现、救助的过程，能够在需要时及时对接到相关的部门、组织和负责人，各方协调合作，共同保障未成年人权益，在未成年人受到侵害时能够及时发现并给予救助保护。

2. 未成年人保护中心

市、区、街道三级未成年人保护中心专门负责本辖区内的未成年人特别是困境未成年人的救助保护工作。其中，南京市未成年人保护中心成立于2015 年 6 月，总领南京市困境未成年人的保护工作，是南京市首家依托民政、司法、妇联、团委等部门，专司困境儿童救助的民间公益组织，服务范围涉及为困境儿童提供心理咨询、法律援助、教育援助等；为政府及相关机构提供困境儿童及其家庭、寄养家庭专项评估，为困境儿童安置寄养家庭；广泛开展儿童保护理念、儿童保护法律宣传，推动儿童政策法律完善等。此外，市未成年人保护中心还承担着为区及街道未成年人保护中心工作人员提供专业培训及督导的任务。区一级未成年人保护中心负责本区内的困境儿童救助工作，南京市下辖的 11 个区中，有 4 个区设立了区级未成年人保护中心，以 J 区未成年人保护中心为例，其是在 J 区民政局指导下成立的未成年人关爱保护机构，以关爱儿童保障工作为方向，为辖区内基层儿童工作人员提供政策指导及技术支持，为困境儿童及其家庭提供援助支持，为面临重大安全困境的儿童提供临时照料，致力于形成集预防、救助、评估、安置为一体的规范化服务，并打造"家庭尽职为基础，社会服务为补充，政策兜底为导向"的互动式服务保障平台。J 区未成年人保护中心的工作主要涉及为儿童督导员和儿童主任提供业务能力培训、对儿童类社会组织进行督导及项目监管、对区内困境儿童进行动态管理、培育和管理儿童志愿者团队及儿童保护相关政策宣讲等方面。

被访人 TM，南京市 J 区未成年人保护中心主任，2019 年进入 J 区未成年人保护中心工作，此前为社区工作人员。主要负责统筹 J 区未成年人保护中心的困境儿童评估、社会组织培训等各项工作，并参与困境儿童评估和救助。

> 我们主要负责未成年人保护中心的运营，其实未成年人保护中心应该是民政局的儿童福利科下面设立的一个机构，但是它不属于任何编制，平时做的事情，第一主要是协助民政局的儿童福利科处理一些日常的行政事务，第二是因为 J 区各个街道设有儿童督导员，各个社区有儿童主任，所以我们未成年人保护中心还要做的一个事情是为儿童主任、儿童督导员进行业务能力的培训，包括上级文件的传达，这是一部分，它是有点政府色彩的。还有一部分是专门做儿童类的社会组织，对他们进行一些培训和督导，对他们平时做的一些项目进行监管，因为是在 J 区做儿童类的项目，并且困境儿童是有各方面政策的，但是现在倡导普惠型的儿童关爱，所以现在我们机构做的也是一些普惠型的工作。重点的工作内容就是这两块。还有困境儿童的动态管理，现在我们正在做的就是困境儿童的摸底调查，因为去走访调查可能只是了解他这一个点的情况，但他随时是可能有变动的，这些变动的信息也是由未成年人保护中心来掌握……评估之后也会由未成年人保护中心为他们提供一些救助，因为困境儿童的各种情况是不一样的，有的问题来自家庭，有的来自个人本身，所以针对不同的情况我们也会给他们提供不同的服务……我刚说的还有一点漏掉了，就是我们还会做志愿者团队的管理和未保政策的宣讲，像 2021 年我们大量的工作就是在未保政策的宣传上，每个月会有送政策下社区的活动，主要的宣讲对象是家长，也有一些是在学校里面进行的……（被访人 TM）

3. 社区儿童之家及儿童主任

社区是儿童生活的地方，与儿童联系最为紧密，是政策落实的切入点，儿童情况出现变动往往是由社区工作人员最先发现。在建设儿童友好社区的倡导下，南京市部分社区充分调动现有资源，在社区设立了儿童之家，拓展儿童在社区中的学习和活动空间，并依托儿童之家引进社会组织，通过购买服务等方式为辖区内的困境儿童提供个案、小组辅导，心理咨询，安全教育，课业辅导等服务。此外，每个社区设置一名儿童主任，负责本社区困境儿童的识别和救助工作。儿童主任主要负责做好困境儿童日常保障工作，定期向村（居）民委员会和儿童督导员报告工作情况；定期进行信息摸排，及时掌握社区困境儿童的生活、监护以及就学等基本情况，根据儿童及其家庭情况的变动进行困境儿童名单的调整并及时上报。同时，要定期对监护缺失及监护无力、重病重残、失学辍学等重点儿童进行走访，协助提供监护指导、关爱支持、复学复课等服务，并向符合救助条件的儿童及其监护人告知并解释困境儿童相关救助的申请程序，协助其申请救助，对于儿童脱离监护单独居住生活、监护人无力履行监护责任、疑似遭受家庭暴力或不法侵害等情况及时报告并协助相关部门及时对儿童进行救助。

被访人 WY，男，于 2020 年 2 月起担任 XY 社区儿童主任。

> 我是 2020 年 2 月开始接这一块工作的，民政的都是我在负责，平时基本上就是了解这些孩子的基本情况，定期下去走访，比如有些孩子是重病的，就要对他的病情有了解，还有就学监护，等等，这些都要知道，然后根据情况尽量给他们申请一些救助，如果有新出现的困境儿童也要及时往上报，上面要求的台账表格也要填好。（被访人 WY）

（二）困境儿童救助保护机制基本完善

南京市积极制定和落实困境儿童保护相关政策法规，在一系列国家和地方性政策的推动下，形成了"预防—评估—救助—追踪"的困境儿童救助保护制度（见图 6-2），政策成效初步显现。

1. 预防

南京市"12355"青少年法律与心理咨询热线呈现出的未成年人求助数据特点，结合儿童保护工作者实际工作情况，分析研判困境未成年人的类型、地域等特征，并据此开展预防性服务。此外，市、区、街道三级未成年人保护中心针对儿童家长、学校教师等开展儿童保护相关法律法规的宣讲、亲职能力培训等，并向未成年人讲授自我保护知识，通过儿童友好型社区建

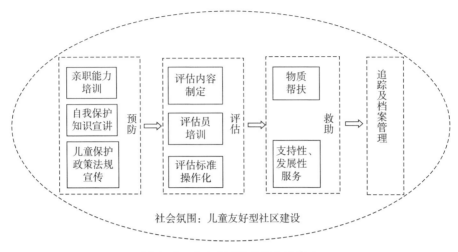

图 6 - 2　南京市困境儿童救助制度

设，倡导形成关爱儿童、保护儿童的社会氛围，从源头上预防儿童伤害事件及儿童陷入困难、危险处境的发生。

> 通过"12355"热线我们发现监护缺失和家庭暴力的（困境儿童）数量是非常多的，所以我们会根据数字的呈现，包括地区的呈现，去针对性地做一些培训、服务以及定向的扶持……在社区文化这个层面，我们江苏省一直在搞省级"儿童之家"，通过这个儿童之家的服务，有时候会发现一些细微的风险，可以及早干预。还有政策法律的宣传，通过这样的一个窗口让居民懂得儿童保护的一些知识……对于家庭监护方面，主要是通过一些正向教养的计划，现在有的区会针对孕期的女性和三周岁以内的儿童家长做一些服务，对监护人进行干预，对大一点的孩子，我们会进到学校里面去给他们宣讲自我保护的一些知识。（被访人 HC）

2. 评估

注重评估是南京市困境未成年人保护工作的一大特色。2014 年后，南京市秉持分类保障的原则，由市政府及民政部门多次发文，制定和调整困境儿童评估标准和评估内容，有力地促进了困境未成年人评估的标准化和规范化。同时，由市民政局牵头，培训专业人员从事困境未成年人识别评估工作，保障政策的顺利实施。

第一，评估标准。南京市困境未成年人评估标准主要依据儿童的生理和精神健康状况、家庭经济状况及监护情况等方面。总体来说，困境未成年人的范围呈现扩大的趋势，如，2019 年将低保家庭的未成年子女纳入困境儿童范围，2020 年又将建档立卡家庭的未成年子女纳入困境儿童范围。

> 每年的覆盖范围，覆盖的人群是越来越大了，也就是相当于工作从常规化转为面更广一点，拓展了广度……目前来说南京市的政策评估困境儿童的主要指标一般分两大类。就是物质类的，这个孩子生活的环境条件；自身方面，孩子自身是否有精神残疾或者生理缺陷，还有心理缺陷，抑郁症、焦虑症这一块，主要是这两方面。还有就是父母监护类，因为孩子主要是监护问题，当然监护问题也可以囊括在生活环境里面。（被访人 YG）

> 困境儿童的评估，我们一般是根据这个孩子的家庭，特别是父母的情况以及孩子本身的情况去进行的，因为之前的培训里面也有要求，主要是看小孩自身有没有什么重病或者残疾，再就是监护人的身体情况、家庭环境这些。（被访人 XF）

2014 年南京市人民政府颁布的《南京市未成年人社会保护试点工作实施方案》对困境未成年人进行了分类，将困境未成年人分为流浪乞讨、监护缺失、留守流动、家庭暴力和特殊困难五大类。[①] 2016 年，南京市人民政府发布的《市政府关于完善困境未成年人分类保障制度的实施意见》进一步完善了困境儿童的类型划分，将困境未成年人分为孤儿、监护人监护缺失的未成年人、监护人无力履行监护职责的未成年人、重残重病的未成年人、流浪未成年人及其他特殊困难的未成年人六大类。[②] 在此基础上，南京市民政局

[①] 南京市人民政府办公厅：《市政府办公厅关于印发南京市未成年人社会保护试点工作实施方案的通知》，2014，http://www.nanjing.gov.cn/zdgk/201411/t20141118_1056506.html，最后访问日期：2022 年 5 月 7 日。

[②] 南京市人民政府：《市政府关于完善困境未成年人分类保障制度的实施意见》（2021 年 2 月已废止），2016，http://www.nanjing.gov.cn/zdgk/201605/t20160510_1056905.html，最后访问日期：2022 年 5 月 7 日。

协调专家学者及儿童保护实务工作者等有关各方，在借鉴国外经验的基础上出台了本地区的困境儿童评估标准并对其进行操作化，以评估表格的形式在实务工作中加以运用和完善。2016年，南京最新修订的困境儿童评估标准同样将困境儿童分为六类，但具体类型有所调整，分别是孤儿、父母监护缺失儿童、父母无力履行监护职责的儿童、重病重残及流浪儿童、贫困家庭儿童和其他需要帮助的儿童。目前在困境儿童评估工作中，评估员须根据困境儿童及其家庭情况填写《南京市困境儿童和留守儿童基本信息调查表》和《南京市困境儿童评估意见书》，做到一人一档，妥善保管，并以此作为是否纳入困境未成年人保障范围的重要依据。

> 到了2016年，我们开始觉得儿童保护除了顶层设计以外，框架做好了里面的内容也是非常重要的，儿童保护是要落到实处的，服务过程中怎么评判这个孩子是不是困境儿童，我们觉得评估特别重要，所以我们组织了一批高校的专家、实务工作者还有官员根据加拿大的评估标准，结合我们南京的实际一起开发了一个南京市的未成年人评估细则，在这个文件里面就把困境未成年人怎么分类、怎么评估、评估以后要提供哪些帮扶等做了规定或者调整，到了2018年我们又对这个文件进行了调整和修改，2021年我们又做了调整，所以其实会根据情况不断地对评估和分类标准进行调整……最新的标准是把困境儿童分为六大类五十五种。（被访人HC）

被访人DF，女，ML社区儿童主任，负责本社区困境儿童保护工作已超过三年。

> 从我做儿童主任这几年来看，这个标准确实是在不断细化的，包括2021年我们最新拿到的表格，对于困境儿童的分类又有一些调整，增加了经济收入这一类的标准，把贫困家庭的孩子也考虑进去了，这样对于我们基层工作的开展是很有帮助的。（被访人DF）

第二，评估主体。2016年施行的《南京市未成年人保护条例》中规定"未成年人保护委员会办公室应当组织由法学、心理学、社会学等领域专业人员组成的评估小组或者委托社会工作服务机构，对侵害人是否具有监护能力进行调查评估"①。对受监护侵害未成年人的评估主体做出了规定，在实际工作中，南京市困境未成年人的评估主体体现了多元主体共同参与的特征，主要由市未成年人保护委员会、民政部门、司法部门及相关专业人士组成，实际的评估识别工作通常以政府购买服务和公益创投的方式交由社会组织进行。2016年起，市未成年人保护中心开始组织开展未成年人保护评估员（以下简称"未保评估员"）培训，前期主要针对政府工作人员开展，后期也将社会组织中的儿童保护工作者纳入培训范围，通过培训提高困境儿童评估员的政策知晓率和运用能力，提升评估员专业知识水平和识别发现困境儿童的敏感性，保障困境儿童的评估质量。

> 我们从2016年8月开始做未保评估员的培训，当时主要是培训体制内的人，从2019年开始又面向社会组织进行培训，每年有两场面向社会组织的专项培训……目前开展了9次，共培养出810名未保评估员……通过一到两天的学习、考试、发证……现在有的区就要求承接未保项目的社会组织要有社工，还要有未保评估员，这在提升评估的专业性方面我觉得还是非常有帮助的。（被访人HC）
>
> 在实际工作中，评估的主体可以是未成年人保护委员会、司法部门，因为可能有一些涉案的，还有民政部门，一般未成年人保护委员会是委托给民政部门的，民政和司法部门在一些敏感的、舆论风险比较高危的个案中，它们之间的评估是互认的……社会组织在评估里面主要是被购买，它所有的行为必须经过未成年人保护委员会、司法部门或者民政部门授权，当然社会组织作为服务的提供者，占据的比重是越来越大的。这是主要的评估主体，还有就是相关专业人士，比如说医务工作者，如果是涉毒的未成年人，还要有禁毒工作者。（被访人HC）

对未保评估员进行培训之后，为保证评估员及街道、社区、社会组织等其他困境儿童保护工作者能够及时了解政策变化、提升专业知识与能力，为

---

① 南京市人民政府：《南京市未成年人保护条例》，2016，http://www.nanjing.gov.cn/zdgk/2016 05/t20160506_1056854.html，最后访问日期：2022年5月7日。

儿童保护工作者提供支持，缓解职业倦怠，有效应对实务工作中遇到的各种困难，更好地为困境儿童服务，市未成年人保护中心会对未保评估员进行复训。市、区级未成年人保护中心会定期为社会组织及街道儿童督导员、社区儿童主任进行督导和培训，社会组织自身也会建立相应的督导制度。

> 未保评估员不是培训一次就完了，我们还有两年一次的复训，因为可能会有新的政策变化，还有证的有效期我们会做一个标准……另外，我们刚开始做困境儿童的工作，很容易出现倦怠感，所以我们还会有一些针对社会组织的服务，在职业倦怠和服务敏感性上面提供一些支持。（被访人 HC）

> 我们平时是有专业督导的，无论是项目要求还是机构发展要求，各个社会组织也都会受到公益创投的影响，会受到政策上的导向和机构发展的导向的要求去建立督导制度……在项目或者组织发展遇到瓶颈的时候就需要进行督导，以及个案的心理方面的督导，需要寻求一些心理老师的指导。一般督导来源是高校，心理方面的话一般是请各个流派的代表人物来进行单独或者团队的督导。（被访人 YG）

> 我们现在区未成年人保护中心对儿童督导员、儿童主任是有一个常态化的督导培训制度，一年培训四次，大概一个季度一次，主要是能力建设，比如说他们自己的业务能力，你得知道哪些是困境儿童，如果发现了困境儿童该怎么处理……（被访人 TM）

> 督导我参加过未成年人保护中心组织的，会给我们讲困境儿童的评估标准，发现了怎么去上报、怎么救助之类的，对工作还是有一定帮助的。（被访人 XF）

第三，评估内容。困境儿童评估的内容除涉及儿童自身生理/精神健康状况、家庭经济状况、监护情况外，还包括儿童的就学情况，是否有遭受虐待、意外伤害或其他特殊困难等重要经历，父母或其他监护人的健康状况以及儿童目前得到的生活保障、教育资助、医疗救助和康复救助情况。

> 我们的评估内容主要是受监护的情况、成长的情况、监护意愿和监护能力，评估主要还是围绕着监护来的。（被访人 HC）

南京市对困境未成年人实行动态管理制度，由各级未成年人保护中心每年进行一次全面的摸底排查，以此为基数，将排查评估出的困境儿童名单下发到儿童所在街道，再由儿童主任根据困境儿童自身及家庭情况的变化每月对名单进行调整并上报。

> 困境儿童的数据是每个月都会更新的，一般是困境儿童摸底有一个整体的数据，然后会以每年困境儿童评估摸底的数据作为底数，把名册发到各个街道，街道会根据这个名册再调，出去了还是进来了，会有一个动态的变化，每个月都有统计，一般是由他们社区的儿童主任来做这个工作，因为要求他们要掌握自己社区里边的困境儿童的实际情况，而且他们跟居民打交道比较多，也比较了解。（被访人 TM）
>
> 前面说了要定期下去走访嘛，我们一般按照要求每个月更新一遍表格，主要是一些孩子可能病情发生变化、监护情况变化，或者是就学有变化等，这些内容都要及时更新的。（被访人 WY）

3. 救助

目前，南京市困境未成年人的救助以物质救助为主，即，在评估后根据困境儿童及其家庭的不同情况为儿童提供金额不等的生活补助，并于每年7月依据本地区的社会经济发展水平等实际情况对补助标准进行调整。此外，还会通过政府购买服务等方式，为处于高危状态或有特殊困难的重点儿童提供个案辅导、心理咨询、课业辅导、兴趣课堂、安全教育等支持性服务，帮助困境儿童提高学习成绩和人际交往能力，拓宽他们的社会支持网络。通过物质帮扶和支持性服务的综合运用，一定程度上满足了困境儿童及其家庭多层次的需求。

第一，物质帮扶。南京市根据经济社会发展水平及困境儿童需求不断提高困境儿童救助保障标准，如，集中供养孤儿保障标准由 2011 年的 1660 元/（人·月）提高到 2020 年的 2560 元/（人·月），散居孤儿保障标准由 2011 年的 1010 元/（人·月）提高到 2020 年的 2100 元/（人·月），事实无人抚养困境未成年人生活费补助标准按照社会散居孤儿基本生活费标准即 2100 元/（人·月）发放。2020 年，南京市困境未成年人的保障种类主要有困境儿童生活保障、低保、残疾人两项补贴等（见表 6-2），从 2020 年 7 月开始，政府对重病重残儿童补助金进行"补差"，即，原来享受重病重残补贴的儿童如果符合困境儿童标准，可由本人或者监护人申请补足困境儿童生活保障和残疾人两项补贴之间的差额，保障标准的提高使困境儿童生活水平也得到相应提高。在教育救助方面可享受到的资助主要有学费减免、生活补助、助学金和寄宿优惠，同时，低保家庭未成年子女及部分重病重残儿童还可得到相应医疗救助，由政府资助参与基本医疗保险，精神残疾儿童可在定点医院免费领取精神治疗药物，听力残疾儿童由政府资助佩戴人工耳蜗。在实际工作中，未成年人保护工作者会根据"就高原则"，综合考虑多方面情况，尽量帮助困境儿童申请金额更高或附加福利更多的补助类型。但并不是每个困境儿童都能够得到物质帮扶，影响困境未成年人得到救助的主要因素是其监护情况，自身的肢体、智力或精神残疾等级。监护情况越差，残疾等级越高，则得到的救助金额也越高。

表 6 - 2   2020 年南京市困境儿童保障类型及标准

单位：元/(人·月)

保障类型		保障对象	保障标准
困境儿童生活补贴		集中供养孤儿	2560
		散居孤儿	2100
		事实无人抚养困境未成年人	2100
		重病重残困境未成年人	1050
特困供养		未满 16 周岁且无法定抚养、扶养义务人的特困儿童	2100
低保		贫困家庭儿童	945
残疾人两项补贴	困难残疾人生活补贴	重残困境未成年人	900
	重度残疾人护理补贴	残疾等级评定为一级、二级且需要长期照护的重度残疾人	130

能不能拿到救助是根据他的评级来的，评级应该是很严格的，具体的数据年年都有变动，像 2021 年的话增加了一个重病重残儿童的补贴，是从民政这边拨的另一笔款项。相对而言，低保、贫困户就高原则走低保比较多。很少有拿全额的散居孤儿的补贴，像这种（困境儿童）生活救助的补贴一般来说都是半额的，一般是属于特别困难的、重病重残

一、二级的或者其他状况评级为一、二级的，特别需要帮扶的（拿半额补贴），因为政府的资金毕竟是有限的，而且困境儿童的种类是不同的。（被访人YG）

被访人XC，男，14岁，下肢先天畸形，需依靠轮椅出行，被评定为肢体残疾二级，就读于JL中学，由爷爷负责陪读。

我在学校有生活补助，是老师帮忙申请的，一个学期给1000多块钱吧，然后残疾人两项补贴我也有拿，所以给我们的帮助也挺大的。（被访人XC）

第二，支持性服务。除生活保障、医疗救助等物质帮扶外，南京市部分地区还通过政府购买服务和公益创投等方式引进社会组织，为部分处于高危状态或有特殊困难的困境儿童提供个案及团体辅导、心理咨询、周末课堂等支持性服务，关注困境未成年人的心理健康，帮助他们拓宽支持网络。相对而言，个案、团体辅导及心理咨询的覆盖面较窄，一般是评估后逐级排查重点街道和重点社区后将社区内有特殊困难或需求的5名左右困境未成年人作为服务对象，开展为期几个月到一年的个案辅导或心理咨询；周末课堂、安全教育等活动的覆盖范围稍大，部分社区依托"儿童之家"引进社会组织为社区困境儿童开展形式多样的活动，丰富困境儿童及其家庭的生活。

困境儿童评估过后，会有一些比较特殊或者比较困难的孩子转到个案里面，每个项目都有一定的名额，我们会把这些名额充分地利用到这个里面，对于个案不好处理的或者说效率更高一点的就要进行团辅……前期的评估摸排会覆盖所有的困境儿童，一些后续的服务我们是从各个街道里面选择出他们的重点社区，然后从重点社区里面再选择出重点个案，就相当于选择重点逐级排查……一个项目的话一般来说区创投要求的是5个个案指标，但是我们接手到的其实并不止5个，大概每一次项目结束之后都会有六七个。（被访人YG）

我们这个社区因为有"儿童之家"嘛，有这个场地可以利用，我们一般就是每周末过来办一些活动，主要就是安全教育，有时候也会陪小

朋友画画或者读绘本之类的……参加活动的都是困境儿童，他们的家长有时候也会来。（被访人 YD）

被访人 SX，女，9 岁，母亲患胃癌，其家庭系因病致贫被纳入最低生活保障对象范围，SX 因此被认定为困境儿童。

我放学有时候会来这里玩儿，老师拿画给我们涂，还有彩笔，上个星期还有一个叔叔和一个阿姨来给我们讲课，就是过马路要看红绿灯、走斑马线……（被访人 SX）

部分学校还引进学校社会工作者，重点关注困境儿童在学校的表现，并通过开展人际交往、行为矫正、兴趣培养、科普课堂等小组活动帮助困境未成年人提高人际交往能力，培养良好的行为习惯，丰富课余生活。

学校社工这边的话，其实是面向学校所有学生的，但是我们也会重点关注困境儿童，比如说走访的时候发现这个孩子是在某个学校上学，在这个学校我们正好也有学校社工的项目，那么就会就他在校的表现情况跟他的老师取得联系，进行对接，看是否需要学校社工的介入，也会根据需求开一些小组，周末也会组织活动，因为这些孩子一般都比较内向，通过这些（活动）让他们能更活跃一点。（被访人 YG）

4. 追踪

在预防、评估和救助之后，追踪也显得尤为重要，能够及时了解困境未成年人的情况，保障救助和服务的连续性。对于一般的困境儿童，由儿童主任对社区内纳入困境儿童名单的未成年人定期进行入户走访，对因家庭经济条件及监护情况好转而从困境儿童名单上去除的未成年人也要定期了解情况，以便当儿童再次陷入困境时及时发现和提供救助。对于接受社会组织提供的个案、团体辅导或心理咨询服务的困境未成年人，由于项目周期一般仅有一年时间，部分个案、小组工作及心理咨询却需要持续更长时间，因此项目结束后仍未结案的未成年人将被转介到项目购买方所对应的未成年人保护中心，由未成年人保护中心提供后续服务；已经结案的困境未成年人，社会工作者会和未成年人保护中心或接下来承接此项目的社会组织进行对接，提醒其对已经结案的困境未成年人保持密切关注，定时追踪回访，保持服务的连续性。

> 一般来说项目结束的话，像街道级的项目我们会直接转到街道未成年人保护中心，如果是区一级的项目，我们会把情况反馈到区未成年人保护中心。就是相当于跟他逐级对接，保证这个孩子……如果在我这边还没有结案的话需要进行转介；如果已经结案的话，需要我去把这项工作找到下一个对接的未成年人保护中心或者接下来持续承接这个社区或者学校项目的社会组织，保证服务的连续性。（被访人 YG）

在南京市困境儿童救助工作中，从识别—评估—救助—追踪，政府各级、各部门、社区及相关社会组织都参与其中，同时，部分学校、高校学者等也参与了救助过程及相关政策、标准的制定，弥补了政府单一主体参与在工作者数量上的不足，多元主体共同参与困境儿童的福利供给也在一定程度上提高了困境未成年人救助工作的效率，提高了评估、救助等工作程序的专业性。

二　困境儿童保护政策的不足

（一）政策制定方面的不足

1. 困境儿童发现报告的政策规定模糊

及时发现和报告才能尽早干预并采取措施将处境危险的儿童解救出来，这也是困境儿童救助保护的基础。但现有政策中对困境儿童发现报告的规定较为模糊，未能明确责任主体。困境儿童年龄较小，自主行为能力较差，大多数无法主动向外界寻求帮助，因此与困境儿童经常接触的主体的发现报告就显得尤为重要。《南京市未成年人保护条例》中要求"行政机关、学校、医疗机构、儿童福利机构、社区居（村）民委员会等单位及其工作人员发现未成年人遭受监护人侵害的，应当立即向公安机关或者综合服务平台报告"[①]，2016

---

① 南京市人民政府：《南京市未成年人保护条例》，2016，http://www.nanjing.gov.cn/zdgk/2016
05/t20160506_1056854.html，最后访问日期：2022 年 5 月 7 日。

年，南京市人民政府发布的《市政府关于完善困境未成年人分类保障制度的实施意见》要求"排查梳理并及时干预监护缺失等问题家庭，按照《最高人民法院最高人民检察院公安部民政部关于依法处理监护人侵害未成年人权益行为若干问题的意见》依法处理不履行监护职责或者侵害未成年人合法权益的监护人"①。政策中虽回答了"由谁报告"的问题，也规定了对于不履行报告职责造成严重后果的要接受上级机关和单位的处罚，但严重后果的界定、具体的处罚标准等在政策中没有被明确，削弱了政策的震慑效果，因此无法充分保障困境儿童的合法权益。此外，对于困境儿童发现报告的时限、方式等也缺乏可操作性的具体规定，无疑会加重非专业人员的报告负担。

对于非本市户籍的困境儿童，政策中规定"市、区未成年人保护委员会办公室应当协调相关未成年人保护委员会成员单位联系其户籍地相关部门，处理未成年人的生活、教育问题"，对于具体如何报告和救助也没有规定，致使部分生活在南京但不具有南京户籍的儿童被排除于救助范围。

被访人 SW，男，于 2015 年到南京务工，其子跟随父母到南京就学，现年 12 岁，2020 年初被查出患心肌炎，病情严重，已休学接受治疗。

> 南京这边医疗条件比较好嘛，我们就一直没回去，而且在这我还能找个活干挣点钱。我们来南京也有四五年了，可是没有户口，孩子生病了也没有办法，哪有什么救助，逢年过节的时候社区倒是来看过几次，送的米、面、油啥的，还有文具，可是说实话也没有多大用。（被访人SW）

2. 接续保障机制缺乏

困境儿童保障仅针对拥有南京市户籍且未满十八岁的居民，因此成年人年满十八岁就应从困境儿童保障名单中退出，但部分困境成年人由于重病重残没有工作能力或仍在接受教育，一旦从困境儿童名单中剔除将无法再享受相应的医疗、教育资助及生活补贴。目前南京市的困境儿童保护政策对于年

---

① 南京市人民政府：《市政府关于完善困境未成年人分类保障制度的实施意见》（2021 年 2 月已废止），2016，http://www.nanjing.gov.cn/zdgk/201605/t20160510_1056905.html，最后访问日期：2022 年 5 月 7 日。

满十八周岁还仍需要继续救助者的接续保障问题缺乏明确规定，致使儿童保护工作者在实际工作中不知该如何处理这一问题，为使确实处于困境的成年人能够继续得到救助，实际工作中出现了儿童主任在更新困境儿童名单时不将满十八周岁还仍需要救助者剔除出名单的情况。

> 这个村里是有一个父母都是智力有问题，他妈妈稍微轻一点，基本能正常交流，这个孩子从有相关政策开始就给他救助，包括他家都是吃低保的，今年孩子已经上大一了，应该是过了十八岁了，但是还没有把他从（困境儿童）名单里下下来，下下来的话现在这些钱他肯定就拿不到了。（被访人DF）

（二）政策实施方面的不足

1. 困境儿童评估识别质量较低

走访调查中发现，实际承接困境未成年人评估认定项目的社会组织工作人员在识别、评估困境儿童的过程中存在敷衍塞责、偏重于评估表格填写等形式化倾向。同时，对重病重残类特别是精神及智力残疾类困境儿童的评级也具有随机性，而残疾等级的高低又关系着儿童是否能够获得救助及救助的金额。总体而言，困境未成年人评估认定的规范化、科学化水平尚有待提高。

（1）困境儿童评估认定形式化

通过对JY社会工作服务中心、J区未成年人保护中心负责走访评估困境未成年人的社会工作者对困境未成年人进行评估认定的过程的观察，笔者发现困境未成年人评估通常仅仅是到困境未成年人家中询问未成年人及其监护人基本信息，如，未成年人身体健康状况、就学就医情况及监护人的工作情况等，填写表格、拍照留档，并不需要儿童本人的参与，整个评估过程迅速且机械化。后期整理评估表格时若发现某些信息漏问、漏填，则按照自己的印象或经验填写。评估困境儿童却不面见困境儿童本人，只注重评估表格的填写，评估结果的可靠性有待商榷。如果遇到社区儿童主任工作繁忙无法带领工作者入户走访或困境儿童家中无人的情况，评估则变为在社区便民服务中心抄写儿童主任此前调查困境未成年人信息时填写好的表格。因此，在实际工作中，困境未成年人评估认定并未严格按照政策要求进行，工作者为快速完成工作任务出现询问信息不详细、未见儿童本人即进行评估甚至走过场、照抄表格等问题，评估的形式化倾向明显。

（2）残疾等级认定缺乏规范性

南京市为部分残疾困境未成年人提供残疾人两项补贴或困境儿童生活补贴等，是否能够享受相关补贴及补贴的金额取决于儿童残疾等级的高低，但精神及智力残疾未成年人的等级评定仅进行一次，评定结果很大程度上取决于当天该名儿童的表现情况，在实际操作中会出现儿童注意力、情绪和行为控制等方面短暂好转或恶化的状况而影响残疾等级的认定，从而无法获得或获得超出应有份额救助的情况。一些儿童家长为了使孩子在残疾等级评定时表现更差，被认定较高的残疾等级以便获得更多救助，会事先叮嘱儿童甚至中断其药物治疗。

被访人 LJ，XY 社区困境儿童 H 的母亲，H 现年 10 岁，患有智力残疾，基本不能与人沟通，生活无法自理，也未接受特殊教育，一直待在家中，LJ因此不能上班，需时刻照看 H。此前在对 H 进行残疾等级评定时，H 精神状态有暂时性的好转，因此被评级为智力残疾三级，未能享受残疾补贴。

> 你跟他说话没用的，他也听不懂，一般也不理人，有时候连吃饭都不知道吃，隔两天才吃一顿饭，你一刻钟都不能离开，得一直看着……但就是领他去评级那天，还有之前那两天也是，不知道怎么就邪门了，表现特别好，还回医生的话，能简单说两句，当时我还挺高兴呢，心想这孩子终于开窍了，结果就那几天，之后就又这样了，他评级才三级，钱也拿不到，其实要按正常的话他起码有二级的。（被访人 LJ）

2. 现有救助无法满足困境儿童需求

南京市依据困境儿童的监护情况及自身健康状况等将困境儿童划分为不同类型，并根据需求为不同类型的困境儿童提供金额不等的资金补助或其他干预服务，但在实际的救助保护工作中，物质层面的资金补贴及精神层面的支持性服务均未能满足困境儿童及其家庭的需求。少部分确实需要救助的未成年人由于缺少相关申请材料等原因无法被纳入困境儿童保障范围，且现行的救助标准仅为少部分困境儿童提供每月最高 2000 多元的生活补助，对这类家庭来说无异于杯水车薪。个案辅导、心理咨询等服务的覆盖范围则更小，使得多数困境未成年人的情绪、心理、行为等方面的问题无法得到及时干预，困境儿童监护人的不良监护或教育行为等也未能得到有效指导，针对监护人的"喘息服务"等支持性服务匮乏，对困境儿童保护工作者的督导培训等方面的支持对缓解工作压力、促进专业技能提升等的实质性作用有限。南京市困境未成年人救助标准、救助形式等尚需完善。

（1）物质层面救助不足

南京市在困境儿童救助方面出台了一系列政策，使不同类型的困境儿童救助均有规范化的标准可供儿童保护工作者参照和执行，但在困境儿童评估和救助过程中，不符合某项标准或缺少某项材料的儿童被排除于救助范围或无法享受金额更高的补贴类型，已获得救助的困境未成年人的各项需求也不能得到充分满足。

①部分儿童被排除于救助范围

困境未成年人评估摸排中发现，困境未成年人及其家庭被排除于救助范围的首要原因是同一户口簿中的其他家庭成员或亲戚名下登记有房产或车产。走访中有三个家庭内的未成年人因其他家庭成员名下有车产而无法得到困境儿童生活补贴，其中一名儿童父亲因汞中毒住院一年以上，母亲在其两岁时失踪，祖父母也年逾古稀，但因其姑父于 2021 年 4 月购入一辆车，他和祖父母均被从低保名单中剔除，不再享受补贴。另一个原因是缺少相关申请材料，如父母一方死亡或失踪，另一方符合重残重病、服刑在押的儿童，实际上属于父母监护缺失这一困境类别，应享受事实无人抚养困境未成年人 2100 元/（人·月）的补贴，但申请事实无人抚养困境未成年人需提供人民法院宣告失踪民事判决书，提供当地公安机关的查寻信息材料，而这类困境儿童一般由祖父母抚养，由于实际抚养人年龄较大，缺少相关法律知识，对申请流程和所需材料知之甚少，在申请的实际操作上也存在困难，这类困境儿童往往无法被纳入监护缺失或监护无力救助类别，无法享受金额较高的事实无人抚养困境未成年人补贴，只能享受半额救助。

有些孩子确实生活条件各方面都不太好，需要帮助，但是他就是不符合，那就没办法，因为政策是死的，人是活的。比如，上次我们去的那家，因为他姑父名下有车，他们在一个户内，他就没办法被纳入低保里面，这是硬性规定……这一类的孩子实际上也可以得到一部分的救助，一般是社区关怀，过年过节去送米、送油啊，或者给一些学习用品

之类的，但是对于困境儿童补助这一块他是很难获得的，社区给的一点东西其实对改善他的情况没有什么大的帮助。（被访人 YG）

被访人 ZX，ML 社区困境儿童 R 的母亲。R 于 2020 年 7 月被查出患有白血病，住院治疗三个多月后出院，但仍需每周三次去医院化疗，医疗花费巨大。R 的父亲名下有车，因此 R 不能享受生活保障补贴和医疗救助。

白血病是 2020 年 7 月查出来的，我们也不是大富大贵的，前前后后治病花了 10 多万元，你们来走访，来了这么多次有啥用呢，我们也拿不到一分钱，说是她爸爸有车不符合条件，车也不是好车，五六万块钱，那你说现在这种情况，她一周要去医院化疗两三次，肯定要用车啊，我总不能每次再带着她绕那么远挤公交，身体本来就虚。（被访人 ZX）

②困境儿童救助保障标准较低

困境儿童及其家庭作为社会上的弱势群体，其社会资源和支持网络较为匮乏，需要政策的倾斜和支持，但现行补贴和保障标准对部分特别困难的困境儿童而言不能起到实际的帮扶作用。特别是重病重残类困境儿童，其医疗及康复所需费用巨大，加上重病重残儿童一般需要至少一名监护人不间断照顾，就使得家庭收入来源减少，现有补贴金额难以满足其医疗需求。政策支持仅在一定程度上满足了困境儿童的基本生活需求，更高层次的康复需求难以满足。

现在的补差，我觉得对重病重残来讲是一个补充，但这个还不是我们所希望的，我们希望有一天重病重残儿童能够享受到和事实无人抚养（儿童）一样的保障标准，因为他们的家庭资源其实是非常匮乏的，现在的补助对他们来说还是太少了。（被访人 HC）

被访人 XH，困境儿童 XC 的祖父，由于 XH 行动受限，需要他人从旁协助，自 XC 读小学开始，XH 就负责陪读，在学校照顾 XC。

钱小孩也有拿，那个残疾人补贴，还有就是学校也发生活补助，可是说实话，这么点钱哪里够呢，现在孩子光资料都得买多少，还有辅导班，加上平常吃饭之类的开销，再有个头疼脑热的，我得时刻不离他，他妈身体也不好只能干干零工，就靠他爸一个人的工资……（被访人XH）

（2）支持性服务不足

支持性服务不足主要表现为：首先，大部分困境儿童无法获得支持性服务，如个案及团体辅导、心理咨询等，其情绪或行为问题无法得到及时疏导和干预，不利于儿童的成长发展；其次，缺乏针对困境儿童监护人的"喘息服务"等支持；最后，困境儿童保护工作者所获得的薪资待遇、压力纾解、督导培训有限或难以起到实质性作用。支持性服务的缺失使困境儿童及其家庭的多样化需求大部分无法得到满足，也致使困境儿童的照顾者及困境儿童保护工作者承受着较大的生理和心理压力，进而间接影响监护人对困境儿童的照顾及困境儿童保护工作者为儿童提供服务。

①支持性服务覆盖范围小

如前文被访者YG所言，每个困境儿童保护项目中，实际能够获得个案辅导的困境未成年人仅有5名左右，周末课堂、安全教育、兴趣培养等活动也未能覆盖所有困境儿童，换言之，能够享受支持性服务的困境儿童仅仅是一小部分。由于成长环境等方面因素的影响，大部分困境儿童存在成绩较差、性格内向且人际交往能力不足等问题，有的甚至出现心理或行为问题，加上困境儿童家庭本身经济基础差、拥有资源少、对儿童的教育投入少，这些问题难以依靠家庭来解决，如果不及时干预，对儿童的成长无疑会产生负面影响。

这一类孩子的性格多数是偏于内向的，比较孤僻，不和人交流，但是也有一小部分孩子在逆境中成长得更乐观一点。成绩一般不会像其他同龄的孩子那么稳定，大多成绩也差一点。（被访人YG）

上次走访的那个孩子，他妈妈反映他是有偷东西的行为，家里已经没办法了，管不了，其实从我个人来说，这个孩子肯定是应该去干预的，应该开个案或者心理咨询，你不干预等他慢慢长大就更难改正了，

但是没办法，我也不能自作主张再去联系或者做进一步的事情。（被访人 YD）

此外，部分困境未成年人由祖父母进行监护和抚养，但由于祖父母年龄较大，不注重对儿童的教育，仅追求"吃饱穿暖"，这类儿童所需的持续性的陪伴、沟通等精神支持服务也无法得到有效满足。

我上次期末数学才考了五十几分，我就是不会那些题，想不出来，有时候不懂也不敢问老师……平时上学、放学我都是自己，班里的同学，我也不敢找他们玩，我也没有那些好看的衣服，我怕他们不愿意和我玩……（被访人 SX）

被访人 JQ，男，15 岁，四级智力残疾，曾在普通学校接受小学教育，但由于跟不上进度，后转到 J 区特殊教育学校，父亲二级智力残疾，母亲失踪，由爷爷奶奶监护、照顾。

爷爷奶奶只会叫我吃饭、穿衣服，学校的事他们不会管也不会问，可能我这样他们本来就觉得不会上好学吧……奶奶有时候会说我怎么这么笨，我知道我笨，但是我听见了心里也难过。（被访人 JQ）

②对困境儿童监护人的支持不足

困境未成年人特别是重病及精神、智力残疾的未成年人需要监护人长时间的持续性照顾，严重的甚至需要监护人寸步不离的护理，监护人长期无法正常工作和进行社会交往，承受着经济、生理和精神的三重巨大压力，需要为其提供"喘息"、情绪疏导、就业机会等支持性服务，帮助其宣泄负面情绪，缓解压力，找到合适的工作。但是，南京市对困境儿童监护人的支持仅体现为为重病重残类困境儿童监护人发放每月 130 元的护理补贴，缺少对困境儿童监护人提供的支持性服务。此外，监护缺失类困境儿童一般由祖父母或外祖父母抚养，由于祖父母（外祖父母）监护理念落后、教育方式不当，对儿童的健康成长也会产生一定负面作用，需要及时帮助他们转变教育理念和方式。

他是一会儿都离不开人的，你一眼看不到，他就不知道又跑哪去了，而且他随时会发病的，这么一直看着他肯定累啊，主要是你看着他的样子觉得难受啊，为什么人家的小孩都好好的，有时候真想啥也不管也走远远的算了……（被访人 LJ）

部分因家庭贫困被纳入困境儿童保障范围的困境儿童监护人在自身疾病已经康复的情况下仍然不主动就业，而是继续依靠低保生活。对这类监护人进行"扶志"，丰富其精神世界就尤为重要，仅仅依靠低保供养不仅不利于改善儿童和家庭的生活条件，反而可能使他们习惯于依赖社会保障。在政策实施中也缺少对这类困境儿童监护人的支持性服务。

像低保、贫困的儿童，他的家庭也并不是单纯的物质帮扶就可以的。因为我们走访的一些低保户，年龄也不是特别大，四五十、五六十这样的，询问社区主任这个家庭的致贫原因是什么，有可能是大病，一般来说大病可能是已经康复痊愈的了，但是孩子家长还是不会去工作或者争取一些赚钱的机会，只是想着靠低保维持（生活），多数的话我觉得是精神上的匮乏……目前是没有这一块的，比如说为他们提供一些精神上的支持。低保户家庭的孩子本身并没有什么特别大的问题，主要是家庭原因导致的……所以最彻底的根治办法是改变他们的家庭。（被访人 YG）

③对困境儿童保护工作者的支持不足

困境儿童保护工作者在工作中需要面对各类弱势群体、应对各种复杂情况、承担多项工作任务，情绪容易受到影响，工作压力也较大。但目前社会组织及未成年人保护中心的督导缺乏针对性，难以帮助工作者解决工作中遇到的实际困难，同时，情绪疏导及支持等服务匮乏，一线工作者的工作压力和情绪问题难以纾解，一定程度上导致了困境儿童保护工作人员的高流失率及困境儿童保护服务提供的低效性。

督导是有的，但是一般是请一个人来给大家讲，他面对的是所有人，讲的问题也比较大，我们工作中遇到的实际问题或者困难还是不知道怎么解决……压力的话还是靠自己排解吧，也不会去跟同事或者领导说，但是我们经常面对这些情况不太好的孩子，情绪还是很受影响的。（被访人 YD）

3. 资源链接不足

困境儿童及其家庭有着多种需求，如课业辅导、儿童关爱和陪伴、医疗援助等，仅仅依靠民政部门或社会组织难以满足这些个别化的需求，需要儿童保护工作者在工作中进行资源链接并寻求跨部门合作，但在政策实施中，资源链接仍然集中于各级未成年人保护中心及社会组织之间，专家、企事业单位及志愿者等外部资源的链接和运用较少，可见，多元主体参与困境儿童福利供给的相关制度仍有待进一步完善。

外部资源现在还是局限于各街道的、区级的（未成年人保护中心）以及社会组织之间的链接，至于司法部门这些暂时没有特别多的链接，也有，但是只是极少数……企事业单位目前也并没有常规化，偶尔会有一两个企业说去资助一些孩子，或者家庭困难的孩子医院可能会给减免部分医疗费。比如像 CH 街道，会有一些企业想要去资助成绩优异但是家庭贫困的孩子或者困境儿童，那么我们就需要进行一个排查，然后提供一个名单，这个名单是经过我们的筛选推荐的。（被访人 YG）

实际工作中，跨部门协调合作也会遇到重重阻力。虽然南京市民政部门和公安部门联合发文称加强在未成年人保护工作中的合作，明确各自的职责范围，但实际上困境未成年人的救助并不被基层司法部门所重视，困境未成年人保护工作者很难与其他政府部门的工作人员建立平等的合作关系。

救助还是集中在民政部门，残联的合作也多一点，但是其他政府部门，公、检、法这些，我们叫跨部门协调，其实都是我们求着人家的，比如出了一个个案，我们的工作者找这个，这个也不理；找那个，那个也没有人回应……（被访人 TM）

4. 困境儿童保护工作者数量不足

建立一支数量充足的专业化人才队伍，是保证政策能够充分落实、困境儿童保护工作能够顺利推进的基础。虽然南京市困境儿童保护工作者队伍在不断壮大，但还远远不能满足困境儿童保护的需要，存在着人员流失严重、数量不足、专业化及专人专职程度有待提高等一系列问题，严重影响困境儿童保护政策的实施。

（1）困境儿童保护工作者数量不足

虽然南京市已经开展了 9 期未保评估员培训，共培养了 800 多名未保评估员，但相对于全市分布较为分散的 2000 多名困境儿童而言，未保评估员数量仍不足且人员流失严重。以 J 区为例，目前有一半以上经培训的未保评估员已不再从事相关工作。困境未成年人评估的人手不足使评估进度滞后，同时加重了尚从事困境儿童评估工作的未保评估员的工作负担，一定程度上也造成了评估工作追求速度和数量，影响困境儿童评估的质量。

> 做过这个培训（未保评估员培训）的人应该有不少，但是领完证还在从事这个工作的就比较少了，比如今年（2021 年）的培训，我们 J 区去复训的，也就是之前培训过的就几个，初训的可能有 20 个吧，目前 J 区有评估员证而且还在从事这份工作的，我自己估计可能也就三四十个人吧。（被访人 TM）
>
> 我们刚开始评估培训之所以不想做社会组织的，就是他们人员流动太大了，培训完了你总得做事，但是很多就是拿到证没多久就不干了。（被访人 HC）

其他从事困境儿童救助工作的人员数量也难以满足实际的工作需求，特别是在社会组织中，为困境儿童提供支持性服务的专业人员流失较大，工作人员的频繁变动导致工作效率的降低以及资源的浪费，进而影响困境儿童服务的提供。

> 其实人员流动还是蛮大的，可能这个人今天还是同事，但他明天就突然辞职了，这种情况经常出现。工作中如果同事突然离职，他手里的项目就需要我来接手，但是我可能对他之前做的事情一概不知，或者需

要一定的时间去学习，这就会浪费大量的人力物力。（被访人YG）

值得注意的是，在社会组织中，无论是未保评估员还是其他从事困境未成年人救助保护的工作人员，人员流失率相对较高，而"体制内"的困境儿童保护工作者队伍相对稳定，后文将进一步分析造成这一现象的原因。

（2）专人专职程度较低

在体系建设方面，南京市未成年人救助保护工作由民政部门负责，但除市级及少数区级民政部门设有专门负责未成年人福利及救助保护等相关事宜的儿童福利处和儿童福利科，并配有专门工作人员外，其余负责困境未成年人救助保护的政府工作人员散布在民政部门的各个科室，并同时负责多项工作，导致困境未成年人的救助工作在各部门、各工作人员之间存在交集，不利于困境未成年人的及时发现和救助。

实际上这个工作（困境未成年人保护工作）还是落在了民政局的儿童福利处……真正在操作的过程中，儿童福利处更多是一个牵头、协调的作用……目前南京12个区里面有两个区有独立的儿童科，其他的可能就是散落在各个不同的处室去做这个工作，其实我们在专人专职这个方面还有很长的一段路要走。（被访人HC）

社区儿童主任一般同时负责本社区内低保的申请核查、关爱高龄老人、居民纠纷调解等各项事宜，加上基层事务本身的烦琐性，儿童主任的精力被严重分散，对走访评估、申请救助等方面的工作无暇顾及，甚至对困境儿童的情况"一问三不知"。

儿童主任也是身兼数职，社区不可能让他只做这一件事情，基层工作本来就又多又杂，想让儿童主任只管困境儿童也不现实，但一个人管这么多事确实顾不过来，所以有的儿童主任对困境儿童的情况都不知道，或者看他填的评估表格就是信息各方面都不完整。（被访人YD）

我手头这么多工作，低保的、困境儿童的，包括像这段时间人口普查，都要我去做，那你说怎么顾得过来，有时候不是我们不重视，不想好好做，实在是没办法。（被访人DF）

承接困境未成年人保护项目的社会组织中，实际从事这一工作的人员往往也同时负责多个项目。如被访者 YG，除困境未成年人评估项目、学校社会工作服务项目、街道未成年人保护中心运营项目外，还要负责低保户评估项目、高龄老人关爱项目等，被其他事务占据了大部分精力和时间，也导致个人休息时间严重不足，无法专注于为困境儿童提供服务，影响服务的质量和效率。

> 对于评估类的项目，我们有 5 名南京市困境未成年人评估员。但是这些人员里面是有重叠的，所以人手方面有时候会显得捉襟见肘……比如说你是负责儿童的，也要负责其他的项目或者事情，因为为了维系机构的正常发展肯定不能只承接一个项目，在这种情况下我们的精力会受到很大的限制，经常会分精力去做其他的事情。（被访人 YG）

> 我做这个行业其实就是为了困境儿童，我对这个方面很感兴趣，所以就想在工作中多接触他们，可以进一步研究。但是实际上我可能一周有一半以上的时间都在做别的，像写文书、办活动之类的，这些东西也没有什么专业性，但就是很占用时间精力。（被访人 YD）

困境未成年人评估及救助保护工作者数量不足，再加上人员流失严重，难以满足困境儿童保护工作的需要，加重了工作人员的负担，也致使评估和保护质量相对下降。从政府到基层社区再到社会组织，一人多责、一人多职使困境儿童保护工作者的时间、精力被占用和分散，影响了困境儿童保护工作及相关政策的顺利推进。

三　困境儿童保护政策存在不足的原因分析

从上述案例中可以清晰地看出，南京市困境儿童保护政策虽然取得了一系列成效，但在政策实施的各个环节和过程中仍存在评估形式化、部分困境未成年人无法获得救助、对困境儿童监护人及工作者缺乏支持性服务、服务过程中资源链接和跨部门合作不足等问题，这些问题是什么原因导致的，又是如何在政策过程中出现的？只有对导致问题的原因进行分析，才能"对症下药"，为进一步完善政策奠定基础。接下来，将从政策制定及实施两个方面分析南京市困境儿童保护政策存在不足的原因。

（一）政策制定层面的原因

政策是指引基层工作人员进行困境儿童保护实践的纲领，困境儿童的评估认定和救助保护过程均要按照相关的政策要求进行，政策理念、准入门槛、实施方法等直接或间接影响着政策在基层的落地实施，成为导致困境儿童救助中基本保障不足、支持性服务缺失等问题的首要因素。

> 影响工作顺利推进的因素，首先就是政策导向吧，毕竟是要以政策为纲领去进行工作的。（被访人 YG）
>
> 这项工作能做得好，第一个还是要从政策层面来讲，儿童保护工作实际上是政策推动的。（被访人 TM）

1. "兜底""补缺"为导向的政策理念

虽然 2011 年发布的《中国儿童发展纲要（2011－2020 年）》中提出要"扩大儿童福利范围，建立和完善适度普惠的儿童福利体系"[1]，但是在地方的儿童保护政策制定和实施中，"兜底""补缺"为导向的政策理念仍然占据主要地位，儿童照顾和保护被视为是家庭的主要责任，政府的责任仅仅是在家庭无法正常发挥其抚育功能时给予儿童基本的生活保障。例如，南京市虽逐年提高了困境儿童的救助标准，但大部分困境儿童未能享受生活补贴，如 2016 年时享受救助的困境儿童多数仅能拿到每月 1000 元左右的补助，远远不能满足困境儿童及其家庭的多样化需求[2]。2019 年发布的《市政府关于完善残疾儿童康复救助制度的实施意见》中也明确提出，残疾儿童救助要坚持"量力而行，尽力而为"等基本原则，目的在于保障"残疾儿童的基本康复需求"[3]。同时，南京市现有的困境儿童救助政策往往首先强调家庭和监护人的责任，对部分实际监护人年迈、残疾等导致生活质量较差的儿童未能

---

① 国务院：《中国儿童发展纲要（2011－2020 年）》，2011，http://www.gov.cn/xinwen/2021－09/27/content_5639545.html，最后访问日期：2022 年 5 月 7 日。

② 南京市民政局：《关于调整我市孤儿基本生活保障及困境未成年人生活保障标准的通知》，2016，http://mzj.najing.gov.cn/njsmzj/njsmzj/201810/t20181022_590014.html，最后访问日期：2022 年 5 月 7 日。

③ 南京市人民政府：《市政府关于完善残疾儿童康复救助制度的实施意见》，2019，http://www.nanjing.gov.cn/xxgkn/zfgb/201904/t20190428_1523530.html，最后访问日期：2022 年 5 月 7 日。

采取有效救助措施。此外，现有政策注重物质支持或身体康复保障，对于精神关爱、公平发展机会等涉及儿童未来发展的一系列问题不够关注。这些问题的出现一方面受限于政府有限的财政资金；另一方面也体现了政策理念仍以"兜底""补缺"为导向，政策制定时也未能充分了解和征集政策对象的需求。"兜底""补缺"的政策理念以保障儿童基本生活为主要目标，因此，南京市的困境未成年人保护政策呈现出"重物质帮扶，轻精神支持""重事后补救，轻事先预防""重兜底，轻福利"的特点，各类困境儿童的救助标准仅仅满足其生活需要，政策中规定的救助准入门槛也较高，使部分儿童被排除于本应获得的救助范围。

> 现在的思想还是"兜住底"，所以评估、救助各方面还是围绕着他的监护人或者家庭来进行，只能说保障这些孩子的基本生活吧，真正的满足需求可能还达不到。（被访人 HC）

福利多元主义理论认为福利的来源应该多元化，国家、家庭、市场和社会组织都可以作为福利提供的主体，多元化的福利来源有利于满足公民的不同需求。儿童是发展着的个体，家庭和政府难以完全满足其个别化需求，特别是困境儿童，其个人和家庭拥有的社会资源受损，医疗、教育、心理等各方面都需要多元福利主体共同协作为其提供服务。但在"兜底""补缺"型政策理念的影响下，家庭和政府作为儿童福利和保护服务的主要提供者，仍然在福利供给体系中占据主导地位，多元化的福利供给体系难以形成。儿童依赖于家庭生活，在家庭功能受损甚至丧失时由政府提供基本保障。在政府部门中，困境儿童救助保护工作由民政部门实际执行，但困境儿童保护工作实际上是涉及多政府部门协调合作的复杂事务，然而如前文所言，其他政府部门多认为困境儿童保护不是自己的责任，对这一工作的积极性和配合度较低。在社会组织等其他主体的参与方面，虽然近年来南京市通过政府购买服务及公益创投等方式引入社会组织为困境儿童提供服务，但社会组织对政府的依附性较大，工作开展受制于项目要求，未能灵活地根据需求为困境儿童及其家庭开展服务。市场对困境儿童保护和服务的参与更是少之又少。单一的福利供给主体使困境儿童救助和服务形式单一，不同的需求也难以被满足，导致困境儿童的成长和发展受限。

2. 准入门槛及救助标准设置不当

南京市对困境儿童类型进行了详细划分，并对每一类型困境儿童的救助标准有着明确规定，政策的本意是规范困境儿童评估和救助过程，为困境儿童保护工作者提供参考。但是，繁复的申请过程和申请材料、户籍、家庭经济收入等硬性指标的限制构成了过高的准入门槛，将一些应该纳入困境儿童之列、需要获得救助的儿童拒之门外。以监护缺失和监护无力类型的困境儿童为例，其享受保障的标准是父母一方服刑在押或重病重残，另一方死亡或失踪。现实中一些困境未成年人属于非婚生子女，由父母一方单独抚养，与另一方的联系早已中断，当抚养方患重病或服刑时，另一方只是未被知晓身在何处，不能认定为失踪，无法取得相应的申请材料，致使部分属于监护缺失的儿童无法获得应有保障。还有一些走访中遇到的困境儿童，由于父母一方重病重残，家庭条件较差，另一方在儿童年幼时离家出走不再联系，也未能取得失踪证明等相关材料，致使儿童不符合监护无力困境儿童的申请和救助标准。户籍也是限制儿童获得救助的因素之一，南京市的困境儿童保障只针对具有南京市户籍的未成年人，政策中对于实际生活在南京但无南京市户籍且遭遇困境的儿童的救助保护缺少具体规定，在实践中只对需要紧急帮扶的儿童提供有限的临时救助。此外，低保、建档立卡家庭的未成年子女会被纳入贫困家庭儿童这一困境类别中，但政策中对低保、贫困等级的认定标准也较高，同一个户口簿内的其他家庭成员或亲戚的收入、房产、车产情况均影响贫困等级认定，无论该家庭成员或亲戚是否为困境儿童的抚养提供实际帮助。因此，出现了因继父购车而不能继续享受最低生活保障的情况。本应有助于满足困境儿童需要、维护困境儿童权利、促进困境儿童健康成长的困境儿童保护政策却成为阻碍困境儿童获得救助的原因，这一现象值得我们深思。

> 原则上来说，这个孩子如果户籍不在 J 区或者不在南京这边的话不能享受救助的……现在困境儿童是按照户籍归属地来管理。那些户籍不在这边、紧急需要帮扶的，由临时救助站进行介入处理，但是对于一些长期的救助补贴是没办法获得的。（被访人 XH）

政策中对各类困境儿童规定的救助标准也较低，城市居民最低生活保障发放标准为945元/月，困境未成年人生活保障标准为1050元/月，按照2020年7月的最新标准，重病重残类困境儿童能获得的救助标准也是1050元/月，仅能维持儿童的衣、食等生存需求。此外，虽然低保与困境未成年人生活保障之间相差105元，但低保对象拥有医疗救助等较多其他类型保障，且低保是全部家庭成员均可申请和享受的，而困境儿童的保障只针对儿童一人，因此当同时满足两项救助的申请标准时，困境儿童家庭更愿意申请低保，工作者一般也根据儿童及其家庭能够享受更多福利的原则帮助其进行低保申请，困境儿童救助政策的实施并没有达到预期的救助效果。

3. 支持性政策缺失

在"兜底""补缺"为导向的政策理念影响下，满足困境儿童基本生活、治疗康复及教育需求已达到政策目的。因此，目前南京市的困境儿童保护政策仅对物质层面的救助做了明确规定，大部分政策支持仅停留在金钱和物资的直接救助层面，对困境儿童的社会融入、行为养成、心理健康等方面的关注程度低，基本生活保障政策偏物质、轻精神。[1] 不同困境儿童面临着不同的需求，如，监护缺失儿童需要稳定的陪伴和照顾，重病重残儿童需要根据自身情况制订不同的治疗方案或康复策略，但政策未能有效回应不同类型困境儿童的心理健康、情绪疏导、行为矫正、能力提升、社会融入等多样化需求，仅仅给出一些笼统性的指导意见，要求"强化对困境未成年人服务帮扶，落实服务经费，通过政府购买服务等方式，向困境未成年人提供临时照料、教育辅导、心理疏导、监护指导等服务"[2]，而对于此类服务的保障对象、准入门槛、实施方法等具体内容缺少详细说明，这种模糊性不利于指导基层工作人员为困境儿童提供多样化的服务，同时也限制了社会组织和市场等其他主体参与困境儿童的福利供给。

政策落地，它的在地化难免会有一些差异，针对不同地方、不同困境类型并没有专项的扶持，只是特别笼统地给一些物质上的帮扶，对于

---

[1] 武艳华、周辉：《困境儿童的福利需求、救助不足与保护机制研究——基于困境儿童的类型化分析》，《社会工作与管理》2018年第18期。

[2] 南京市人民政府：《市政府关于完善困境未成年人分类保障制度的实施意见》（2021年2月已废止），2016，http://www.nanjing.gov.cn/zdgk/201605/t20160510_1056905.html，最后访问日期：2022年5月7日。

（困境儿童）心理上，或者其他链接资源的帮扶并没有成文的规定或者有利的建议性、指向性的条文。（被访人 YG）

在对困境未成年人监护人的支持方面，政策中仅仅强调"加强对困境未成年人家庭的监督指导和救助帮扶，引导监护人改善监护方式，提升监护能力，促进未成年人与家庭的融合，依法干预处置监护人侵害未成年人合法权益的行为"①。虽然政策中规定要依法处置监护人侵害未成年人权益的行为，但实际上对监护人违反政策的惩罚较轻，也缺乏更加明确的规定，无法达到惩戒目的。监护指导仍然强调监护人的责任和义务，对于监护人因长期照顾困境未成年人所产生的经济、生理和精神等各方面压力未能给予回应，这类支持性服务政策的缺失使政策实施中也相应缺乏针对监护人的心理咨询、"喘息服务"等支持，部分困境儿童监护人长期承受重压，对困境儿童的照顾和监护感到倦怠，对困境儿童的成长和发展也会产生负面影响。

针对困境儿童保护工作者的支持性政策也处于空白状态，政策中往往要求工作者应该怎么做、如何为困境儿童提供服务，却忽视了儿童保护工作者自身所面临的压力和工作中遇到的困难，未能建立针对儿童保护工作者的督导、经验交流、压力纾解等支持性服务机制以提供有效指导，因此困境儿童保护工作者特别是社会组织中的工作者面临薪资待遇低、工作任务繁重、督导培训难以起到实质性帮助等多重困境，不利于工作队伍的稳定性和困境儿童服务的连续性。

4. 常态化监督、评估机制缺乏

政策执行过程中对相关的政策实施主体进行监督能够促使政策实施者按照政策要求进行工作，同时有利于及时发现政策制定和实施中存在的问题，改进和完善现有困境儿童保护政策的不足，保证政策的实施效果。在南京市困境儿童保护政策的实施过程中缺乏对相关工作人员有效的常态化监督及惩戒机制，部分儿童保护工作者对工作不重视。政策中要求"村（居）委员会要聘请专、兼职未成年人救助保护督导员（专干），及时发现报告困境未

---

① 南京市人民政府办公厅：《市政府办公厅关于印发南京市未成年人社会保护试点工作实施方案的通知》，2014，http://www.nanjing.gov.cn/zdgk/201411/t20141118_1056506.html，最后访问日期：2022 年 5 月 7 日。

成年人的救助保护需求，并协助相关部门落实困境未成年人救助保护措施"[1]，"社区居（村）民委员会应当了解和掌握辖区内未成年人的就学、生活等情况，配合和协助学校、未成年人救助保护机构、公益性未成年人社会服务组织等单位在辖区内开展有益于未成年人身心健康成长的活动，对辖区内留守未成年人的学习、生活给予必要的关心和帮助"[2]，对如何进行监督、不履行职责如何处置等问题未能做出说明。困境儿童评估认定工作的形式化及部分社区儿童主任的配合程度低等问题一方面受到工作人员自身工作繁忙、对困境儿童保护工作的认识存在偏差等因素影响；另一方面，监督机制的缺乏致使他们不按要求执行政策的行为难以被发现，即使被发现也缺少相应的惩罚也是出现这一现象的重要原因。同时，常态化监督机制的缺乏也是造成各政府部门对困境儿童救助工作不重视的重要原因，《南京市未成年人社会保护试点工作实施方案》中虽然将市民政局、市住建委、市教育局、市公安局等14个政府部门，群团组织纳入南京市未成年人社会保护领导小组成员单位中，并初步划分了各部门的职责，但对于如何监督履职，懈怠工作、玩忽职守等问题如何处理等也未做出规定。常态化监督机制的缺失使相关工作人员违反政策的成本很小甚至几乎没有，无法形成强有力的震慑和督促作用，导致部分政府部门和工作人员对困境儿童救助保护工作不重视，开展工作不认真、不尽责。

此外，困境儿童保护工作特别是相关项目的评估也缺乏政策引导。在评估标准方面，困境儿童保护项目评估一般将工作过程中相关表格的填写数量、完整性等作为主要的评估指标之一，缺乏多重的评估考核标准，并只在项目结束后进行一次评估，造成了工作者在工作过程中偏重于表格填写，忽视了与困境儿童的沟通和对其生活环境的观察。在评估主体方面，实际上承担项目评估工作的是政府部门或未成年人保护中心等相关项目发包方或执行方以购买服务的方式聘任的第三方机构，由于聘任方对评估结果的满意程度与评估机构是否能取得相应经费相联系，第三方机构的评估也难以保持客观

---

① 南京市人民政府：《市政府关于完善困境未成年人分类保障制度的实施意见》（2021年2月已废止），2016，http：//www. nanjing. gov. cn/zdgk/201605/t20160510_1056905. html，最后访问日期：2022年5月7日。

② 南京市人民政府：《南京市未成年人保护条例》，2016，http：//www. nanjing. gov. cn/zdgk/201605/t20160506_1056854. html，最后访问日期：2022年5月7日。

和中立。困境儿童保护政策实施的各个环节、各个方面均需要进行有效的常态化监督和评估，而相关政策的缺失使基层工作人员在实践中缺乏依据，造成评估中出现一系列问题，也降低了政策落实推进的质量和效率。

（二）政策实施层面的原因

政策实施过程中，相关主体的配合程度、实施主体的监督机制、人力物力等资源的保障等各个方面的因素叠加对困境儿童保护政策的实施效果产生影响。在南京市困境儿童保护政策的实施中，基层社区工作者对工作的顺利推进有着重要影响，其配合程度在一定程度上决定了困境儿童评估的效率和质量，而资源保障和监督机制的相对匮乏也使得政策实施效果减弱，困境儿童救助和保护工作不能顺利进行。

1. 相关主体配合程度较低

社区工作人员承担着发现和上报困境儿童的重要责任，承接困境儿童评估项目的社会组织中的工作者对困境儿童进行上门走访评估时也需要社区儿童主任介绍困境儿童及其家庭的基本情况并陪同走访，因此儿童主任对工作的配合程度直接关系着政策能否顺利实施、评估工作能否顺利推进。儿童主任或社区其他工作者如能对未保评估员的工作予以配合，则困境儿童评估工作能够较为快速、高效地完成，而一旦儿童主任推诿塞责，未保评估员就需要自己寻找困境儿童的住址并取得家长信任，因此浪费大量时间，甚至出现难以入户、只能照抄表格的情况。儿童主任对未成年人保护工作的认识及重视程度又决定了他用何种态度对待负责日常的困境儿童巡查及到访的儿童保护工作者，如果儿童主任认为困境儿童保护工作是重要且有意义的，无疑会促使他认真对待这一工作，按时保质地进行困境儿童动态监管；反之则会造成其工作态度敷衍，不愿意配合其他困境儿童保护工作者的工作。

> 影响工作顺利推进的因素……再一个就是我与实施地和评估地的工作人员的沟通，首先我的数据是通过他们获得的，他们能够给我提供一个考量，再往下面去调查评估的一个基点，还有就是他们整个的环境氛围吧。比如，这个社区儿童主任认为工作很重要，那么他肯定会去摸排所有孩子的情况，做到每一次巡查都认真填写，有的时候我通过他的巡查记录就可以准确地知道这个孩子到底是什么情况，知道孩子多少岁，在哪上学、成绩、性格怎么样，甚至家里面最近发生的小事，但是在有

些社区可能就是一问三不知，不知道这个孩子具体是什么情况，甚至连居住地都不知道，那我就没有办法去查证这个孩子到底是什么情况，这个就是评估工作中的一个难点……我们的工作需要社区基层的配合，如果他们对于这个工作没有一定的认可度或者对我们的工作没有一定的支持理解的话，那么我们的工作是很难去开展的。（被访人 YG）

可以说我从接这一块之后，就开始了解这些孩子们的情况，我接手时间是不太长，可是到了现在，可以说基本上社区里每个困境儿童是什么情况、生的什么病、在哪治疗、在哪上学、他父母的情况我差不多都说得上来……我觉得孩子的事儿是要重视的，我家也有孩子，只有孩子长好了，家庭才会好，社会才会好。（被访人 WY）

在后续个案、团体辅导等服务的提供中，困境儿童监护人及所在学校老师的配合程度也会对服务的顺利推进和服务效果产生影响。如果家长和老师对社会组织提供的服务有一定的了解和认可，就会支持儿童参与到这类服务中，对于服务中可能涉及的家庭环境、亲子关系改善等活动也会较为配合，能够促使和帮助儿童自身做出改变，从而增强服务效果。

个案、团辅这一类主要是看家长以及学校老师的配合程度，这个方面是比较重要的，他们如果比较配合的话服务就相对好开展一点。（被访人 YD）

2. 资源保障不足

困境儿童保护政策的实施需要人力、物力资源的保障。政策资金、项目经费及工作人员薪资等保障不充分限制了困境儿童救助物质帮扶的金额及支持性服务的覆盖范围和形式，也降低了困境儿童保护工作者的积极性及困境儿童保护人才队伍的稳定性，使救助标准和服务形式难以满足困境儿童及其家庭的多样化需求，困境儿童保护工作者人手不足也使服务效率和质量相对降低。

（1）政府财政保障

政府当年的财政预算，特别是财政资金中划拨给困境儿童保护经费的数额是影响困境儿童能够获得救助的多少的重要原因。资金充足能够为政策的实施提供有力保障，使困境儿童救助的标准得以提高，救助范围得以扩大，形式得以丰富；反之，则会对政策实施造成阻碍。困境儿童财政保障资金数额一方面取决于当地的社会经济发展水平，另一方面受政府对困境儿童保护的认知和重视程度等多重因素影响。南京市的困境儿童财政保障资金仅仅能够为困境儿童提供部分物质帮扶且保障标准较低，对于提高部分特别困难的困境儿童的生活水平不能起到实质性作用。财政保障的不充分也使政府用于购买困境儿童保护服务的资金不足，进一步导致项目经费不足、困境儿童更高层次的需求难以被满足、项目承接方工作人员的薪资待遇水平较低甚至缩减人员费用用于提供服务等问题。

（2）项目经费保障

对于承接困境儿童服务项目的社会组织而言，项目经费在机构收入中占据较大比重，也决定了其能够用于为困境儿童提供服务的工作者数量、服务形式等。政府购买服务资金的不足使困境儿童救助服务项目的经费不足以为服务和政策的实施以及工作人员提供充分保障，导致大部分困境儿童的个别化需求无法被满足，社会组织中的困境儿童保护工作者也面临较大的经济压力。

> 项目资金是够普查的，但是这个前提是我们最大限度地减少人员的使用费用……但是如果实际说真真正正能够满足我们这些个案要求的，或者说满足困境儿童要求的，其实还是有一定的差距。（被访人 YG）

（3）工作人员保障

由于社会组织的非营利性及我国社会组织尚未发展成熟，未被大众所认可等因素的影响，组织内部工作人员的薪资待遇水平较低。以被访人 YG 和 YD 为例，其每月综合薪资在 4000 元左右，仅能维持其在南京市的基本生活，无法满足更高需求，加上困境儿童保护工作者面临繁重的工作任务、较大的工作压力、经常加班等客观问题，工作者的付出和所获得的薪资等保障不成比例，造成社会组织内的困境儿童保护工作者流动性较大，工作人员的频繁流失又会加重在职工作者的负担，导致在职工作者选择离职，形成恶性循环，进一步导致了困境儿童保护工作者的数量不足。

　　造成这个行业流动性大的主要原因……就是薪资待遇的问题，每天工作这么多，甚至周末都要加班，但是工资就是提不上来。我首先得能够生存吧，还有家里的负担，但是社工这个工资就是让你能够吃饱而已，我的付出和我的收获是不成比例的……而且这个行业发展的前景其实现在也并不是特别明朗，社工的"春天"你不知道它到底会不会来，什么时候能来。（被访人 YG）

　　政府用于购买困境儿童保护相关服务资金的不足导致困境儿童保护项目的经费不足。这一问题带来的负面影响被转移到困境儿童及社会组织中的困境儿童保护工作者身上，导致困境儿童需求不能被满足，同时，为了尽可能提高评估质量，满足困境儿童需求，项目中的人员使用费用被挤占缩减，使工作者本就较低的薪资水平也难以得到保障，大量休息时间被无偿占用，部分服务提供者无法获得相应报酬，加剧了困境儿童保护工作人员的流失。

　　项目资金差不多是够我们去普查的，因为项目资金有部分是人员使用费用，目前来说整个 J 区还有我们机构的宗旨是能够逐步缩减一下人员的费用在项目资金中的占比，把这些钱尽量用到孩子的身上。但是公益创投毕竟是公益创投，它并不是说包办了所有需要的工作人员，所以在做个案的时候，心理咨询师也是需要花钱的。心理咨询师算是我们内部人员，他也是相当于在公益方面做出了自己的牺牲，利用了自己大量的时间去接个案，去跟他跟踪对接，然后链接资源，但是这一部分的报酬他是没有的。（被访人 YG）

3. 项目指标限制

支持性服务提供不足的另一重要原因是困境儿童保护相关项目指标的限制。项目购买方在项目进行招标时已规定每一项目的服务对象群体及每一服务类型覆盖的人数，通常一个为期一年的困境儿童保护项目仅包含 5 个个案服务的指标，仅对个别处于高危状态的儿童进行进一步干预。由于项目指标的限制，工作者即使在评估摸排中遇到需要进一步服务的困境儿童也不能根据实际情况灵活采取行动。此外，项目指标中对小组、社区等活动开展的数量、场次等也有明确规定。为了达到项目指标的要求，社会组织在开展服务时对服务的形式和质量有所忽略，未能体现服务的专业性，往往一个活动方案稍加修改之后就接着用，不能根据服务对象的需求，活动时间、地点等实际情况进行服务方案的设计。

> ……项目就是这样要求的，这个孩子（前文中存在偷窃行为的个案）的情况还不是最严重的，还有孩子比他更加需要。因为项目指标是有限的，对于大部分的孩子就是进行一个评估，能得到进一步服务的只是少数。我们作为工作者，在这方面是没有自由的，这个项目要做哪几个个案是已经定了的，我如果再跟他接触或者进行干预，就算我自己愿意拿出我的时间，但是我没有身份了，不能再擅自采取下一步的行动。（被访人YD）

第三节　完善南京市困境儿童保护政策的建议

困境儿童及其家庭处于社会边缘，所拥有的社会资源匮乏，支持网络薄弱，同时面临着基本生活保障、教育、医疗康复、监护及陪伴、心理疏导、行为矫正、能力提升等多种需求，需要优先得到社会的关怀和政策的扶持。"少年儿童是祖国的未来，是中华民族的希望"①，对困境儿童的救助和保护不仅关系着儿童自身的成长发展，也关系着家庭的幸福、社会的稳定以及国家和民族的未来。当前南京市困境儿童保护政策呈现出的一系列问题降低了困境儿童的救助和保护质量，不利于困境儿童的健康成长。因此，本章依据南京市困境儿童保护政策的不足及导致不足的原因，结合国内外困境儿童保护的先进经验及专家、学者的研究成果，提出完善南京市困境儿童保护政策的可行性建议。

一　困境儿童保护政策的制定层面

（一）转变政策理念

当前，"兜底""补缺"型的儿童福利政策已无法满足困境儿童及其家

---

① 习近平：《从小积极培育和践行社会主义核心价值观》，2014，http://xuexi. cctv. com/2016/06/02/ARTIppqH4dZq3s4ByDHTL7Lf160602. shtml，最后访问日期：2022年5月7日。

庭日益增长的需求，因此，在制定困境儿童保护政策时，首先要转变以"兜底""补缺"为导向的政策理念，建立以尊重和保护儿童权利为原则，以满足困境儿童基础的医疗、教育、监护需求及更高层次的精神关怀、能力提升、正向行为养成等需求为核心，由政府、企业、社会组织、学校、社区、家庭、困境儿童及其他相关力量共同参与，涵盖困境儿童救助全过程的困境儿童保护政策体系。① 政策的目的不应仅仅满足于保障困境儿童的基本生活需求，而应致力于满足不同类型困境儿童的多样需求，促进儿童发展，因此政策的制定要"既重物质帮扶，又重精神支持"，提高儿童福利水平，有效预防儿童陷入困境。同时，政策制定中也要转变儿童照顾和保护仅仅是家庭或某个政府部门责任的观念，强化落实各政府部门在困境儿童保护中的责任和义务，为各部门间协调合作搭建框架，并为引导社区、学校、市场、社会组织等多元主体参与困境儿童保护制定可操作化的政策条文，促进困境儿童福利供给向多元主体共同参与方向发展。

　　我觉得现在物质帮扶类的已经形成共识了，这个是最基础的政府兜底的功能，最基本的这一块肯定是不能丢的，保证他的生活、安全这是基础。还需要完善的就是建立一个更全面的政策或者制度的体系，更加关注困境儿童个人的提升，他自身的发展，心理、朋辈系统的搭建，家庭生态系统的改变等，这些方面都需要有一个政策来指导的，我觉得这是未来的一个发展方向。（被访人 TM）

（二）合理设置准入门槛及救助标准

困境儿童识别和救助的准入门槛过高使部分实际需要获得帮助的儿童无法被纳入救助范围，这显然与最大限度保障儿童权益的政策初衷相违背。一方面，在广泛调研、了解困境儿童及其家庭的生活水平及需求等实际情况的基础上，结合本地区经济社会发展水平，适当降低准入门槛，扩大救助范围，提高救助标准是更好满足儿童需求、保障儿童权益的关键。另一方面，简化困境儿童救助的申请流程和申请材料，制定针对特殊情况儿童的识别和

---

① 武艳华、周辉：《困境儿童的福利需求、救助不足与保护机制研究——基于困境儿童的类型化分析》，《社会工作与管理》2018 年第 18 期。

救助办法。如，父母一方重病重残或服刑在押，另一方下落不明但无法证明失踪的儿童；长期生活在南京但未取得南京市户籍的儿童；由于同一户口簿中非监护人的房产、车产而无法纳入救助范围的儿童。依据困境情况的严重程度等确定其是否能够获得救助，适当增加实际工作的灵活程度，使部分因难以达到政策中规定的硬性指标而被排除于救助范围的困境儿童能够获得相应救助，既是困境儿童保护政策制定中人文关怀的体现，也是儿童保护的应有之义。

物质层面救助的首要目标是保障困境儿童的生活、教育和医疗等基本需求能够被满足，因此，提高部分特别困难的困境儿童及医疗康复花费较大的困境儿童的救助标准，根据实际情况提供医疗、教育等方面的扶持也势在必行，从而减轻家庭负担，更好地发挥政策的"托底"功能。

（三）建立和完善各类支持性服务政策体系

阿马蒂亚·森认为，能力代表了个体所拥有自由的程度，其背后隐含的"能力赋权"是平等机会的促进因素。[①] 由于困境儿童个体和环境存在差异性，各种不可通约性因素，机会的不平等几乎是不可避免的，因此，理解并实践困境儿童的社会政策与社会服务支持系统的建构，应该更多地从创新视角来思考如何为困境儿童处境的改善提供更多元的机会选择。[②] 困境儿童发展需求的满足程度更能体现出一个地区的社会福利水平，同时，支持性服务能够帮助困境儿童拓展社会支持网络、丰富社会资源、促进能力提升等，对丰富困境儿童生活、使其获得平等发展机会、实现其健康成长具有重要意义。此外，市场和社会组织参与支持性服务的提供也需要政策做出更为明确的权责划分，并建构起切实可行的常态化监督评估机制，从而促使基层的政策执行者做好政策落实工作并认真进行评估救助工作。基于此，从政策层面入手，完善困境儿童保护的支持性服务政策体系，明确服务对象、服务方式、服务提供者、服务的监督机制等，扩大支持性服务的覆盖范围，并给予相应的制度保障，使困境儿童的不同需求得以满足，弥补其社会资源的匮乏并使其拥有平等的发展机会，是从根本上打破弱势群体的代际传递的重要途径。

---

① Sen, A., *On Economic Inequality* (New York: Norton, Expanded Edition, 1997).
② 王川兰：《建构与回应：多样性视角下困境儿童社会政策与社会服务》，《现代基础教育研究》2019 年第 33 期。

儿童在家庭中生活和成长，家庭教育、家庭环境及家庭成员间关系等因素对儿童后续发展具有重要影响。困境儿童家庭特别是重病重残类困境儿童家庭往往遭遇重大变故，监护人长期承受巨大的生理、心理和经济压力，容易产生疲惫感、无力感，而部分监护缺失和监护无力由祖父母代为监护的困境儿童家庭还存在教育观念和教育方法不当、亲子关系紧张等问题。因此，需要从政策层面给予困境儿童监护人帮扶，帮助监护人改善家庭环境、提升监护能力，进而促使家庭为困境儿童的成长发展提供强有力的支持。从这个层面上来说，困境儿童保护政策不仅仅是针对儿童个人，也应为其家庭特别是监护人提供支持和服务。在政策制定时将困境儿童监护人纳入政策范围，通过减免税收，提供就业培训和就业机会，购买"喘息服务"、监护能力提升等支持性服务，加强困境儿童家庭的社区融合等多种形式提升困境儿童家庭的生活质量和福利水平，对保障儿童健康成长具有重要意义。

人员稳定、充足的专业人才队伍是困境儿童保护政策得以顺利实施并保证实施效果的重要基础，社会组织中的困境儿童保护工作者是儿童保护工作队伍的重要组成部分。应在政策中增加对儿童保护工作者的支持性服务，规定儿童保护工作者的最低薪资标准及可享受的各项福利待遇，并建立常态化的督导培训、参观学习、心理疏导及经验交流机制。在提高薪资待遇的基础上，帮助儿童保护工作者有效处理工作中遇到的各种复杂难题，及时宣泄工作带来的负面情绪和工作压力，可以降低社会组织中工作人员的流失率，稳定困境儿童保护工作人才队伍，进而提升政策实施效能，保证困境儿童救助保护质量。

（四）建立完善常态化监督评估机制

有效的监督评估机制是困境儿童保护工作者按照政策要求开展工作的有力保障。因此，应在困境儿童保护政策中建立完善常态化的监督评估机制，明确划分权责边界并规定各政府部门和工作人员不认真履职履责的惩戒措施，加强对困境儿童保护政策各实施主体的监督。同时，困境儿童救助服务的监督评估政策中也应摒除"唯表格"的单一评估指标，建立完善多元化的监督评估指标体系，同时增加服务过程中的监督和评估，以便及时发现政策实施中的不足和偏差并加以改正。此外，为保障政策评估更具有客观性、权威性和说服力，引入第三方评估机构和社会公众特别是政策服务对象共同参与评估必不可少，以政策法规的形式明确政府和第三方评估机构在评估过程中的权利和义务，确保第三方评估机构在评估过程中的独立性；加强政策宣传，引导公众积极参与困境儿童保护政策评估。建立多元主体参与的评估机制，及时发现政策中存在的问题，提升政策实施效能。

同时，在残疾儿童进行残疾等级认定时，不能采取"一次评级定终身"的简单方法，而应该建立动态化的残疾等级评定机制，评估时应间隔一至两周进行至少两次的测试和面谈，避免精神和智力残疾儿童因自身情况反复而导致评级结果不准的情况，并每隔一至两年进行一次复评，根据儿童的身心发展情况及时调整残疾等级。

二 困境儿童保护政策的实施层面

（一）提升督导培训的针对性

基层社区工作人员及社会组织中的工作人员是发现、识别和救助困境儿童的第一道防线，在工作开展中也直接面对各种复杂情形，其工作的质量在一定程度上决定了困境儿童评估和救助的效果。因此，社会组织、各级未成年人保护中心在为基层工作人员提供督导培训时应加强相关工作人员对困境儿童内涵、外延的理解，加强政策宣传，使工作人员形成对困境儿童及其保护工作的正确认知，清楚地认识到这一工作的重要性，改变敷衍推诿、形式化的工作作风。在此基础上，了解工作人员的需求及工作中遇到的问题，以满足需求和解决问题为基准开展督导培训，同时增加个别督导的次数，使督导者和被督导者能够面对面地就具体问题进行沟通，提升督导培训的针对性，使督导培训真正成为帮助困境儿童保护工作者顺利开展工作的有力支撑。

（二）加大资源投入力度

充足的人力、物力资源是困境儿童保护政策顺利实施的基础，也是满足困境儿童需求、促进其成长发展的基本保障。在困境儿童保护实践中应加大资源投入力度，使各种资源向困境儿童及其家庭倾斜，保障困境儿童救助保护工作的顺利开展。首先，在实践中要加大困境儿童救助资金在政府财政预算中的占比，整合教育、医疗和社会福利部门等多种公共行政资源和社会组织资源为困境儿童及其家庭提供形式多样的服务，既保障其基本生活、医疗和教育需求，又满足其行为矫正、心理咨询等多方面的需求。其次，要提升项目资源保障水平，对于致力于为困境儿童提供改变认知、矫正行为以及学习方法等的服务，能够从根本上提高困境儿童抵御内、外部风险的个人能力的社会组织和社会服务项目予以更多的经费和政策支持，建立和扩大相应的社会服务及项目购买清单，通过社会部门的组织模仿、组织学习和组织激励推动困境儿童社会服务从志愿慈善性助人行为转变为专业长期性社会服务。最后，要加大对困境儿童保护工作者的资源保障和投入力度，杜绝挤占工作人员经费的行为，使工作人员能够获得与工作付出相对应的薪酬和福利待遇，并得到充分放松和休息的机会，以此稳定工作队伍，使困境儿童保护工作能够更好地开展和深入。

（三）加大政府购买服务的力度

政府购买的困境儿童保护项目是为困境儿童提供支持性服务的重要条件，但项目指标的不足致使服务覆盖范围较小，部分确需帮助的困境儿童得不到所需的个案及团体辅导、心理咨询等服务，对于帮助困境儿童矫正偏差行为、提升人际交往能力等十分不利。因此，政府应加大购买困境儿童保护项目的力度并提供充足的资金保障，在项目指标设置上采用"固定＋非固定"的形式，运用固定的项目指标和名额为已经了解具体情况、确实存在强烈需求或特殊困难的困境儿童开展服务，并增加部分非固定的项目指标，当工作者在评估或救助过程中遇到其他确需进一步服务或干预的困境儿童时，经过专业组织、相关专家及政府工作人员的评估后为其提供所需服务，增加实际工作的灵活性，使有需求且确实需要服务、干预的困境儿童都能够享受到相关服务。

同时，在其余项目指标的设置上给予社会组织一定的灵活性和变通空间，使社会组织能够根据服务对象需求等实际情况决定各类服务开展的次数、频率，做到为满足服务对象需求开展活动，而非为达到项目指标开展活动，从而提升服务质量，提高政策对象对政策的满意度。

困境儿童保护不仅是家庭语境下讨论的议题，也应该纳入更广阔的社会福利议题中进行探讨和辨析，以便更好地满足儿童需求，保障儿童权益，促进儿童获得平等发展的机会，进而维护社会稳定，促进国家发展。南京市在频发的儿童伤害事件的推动下，率先出台了地方性的《南京市未成年人保护条例》，并在此后不断完善困境儿童保护政策体系，推动政策落实，在困境儿童保护方面形成了一定的地方特色和经验。

从对南京市困境儿童保护政策及其实施的梳理来看，南京市困境儿童保护工作已经取得了一定成效，在建立困境儿童保护政策体系的基础上，设置了从市级到村（居）民委员会的全方位未成年人保护体系，落实了各政府部门、社会组织和困境儿童保护中的主体责任，推动各部门联动，为发现、评估、救助和服务困境未成年人提供了制度保障。同时，在政策的指导下，南京市遵循分类保障的原则，在实践中形成了各类各级困境未成年人的评估和救助的工作方法和经验，在注重评估的基础上开展困境儿童救助保护工作，建立了从预防到追踪，覆盖全过程的困境儿童救助保护制度。但是，在实际工作中，由于政策理念落后、政策制定尚不完善、相关责任主体配合程度低、资源保障不充分等因素的影响，政策未能取得预期的效果，困境儿童救助在物质帮扶和支持性服务提供方面均显不足，困境儿童生活、教育、医疗等基本需求及更高层次的情绪疏导、行为矫正、能力提升和监护人获得适当"喘息服务"等需求均未被充分满足，政策与需求之间未能充分匹配。同时，在困境儿童的评估和救助过程中，也存在评估质量难以保证、儿童保护工作者数量较少等问题，影响困境儿童救助工作的顺利推进，也使政策实施遇到阻力。

基于对南京市困境儿童保护政策成效及不足的分析，本章认为南京市困境儿童保护政策体系已初步完善，能够为困境儿童保护实践和儿童保护工作者提供一定程度的指导，并为困境儿童及其家庭的生活改善、教育、医疗保障及少部分儿童的更高层次需求满足提供一定帮助，政策实施也取得一定的成效，但政策尚不能完全与困境儿童及其家庭的实际需求相匹配，仍存在许多有待完善和改进的地方，应该加快建立能够更好满足困境儿童需要的福利体系，提升困境儿童救助保护的质量和水平。

图书在版编目（CIP）数据

保护与发展：儿童社会工作实务研究 / 亓迪等著
. -- 北京：社会科学文献出版社，2022.12
（社会工作研究文库）
ISBN 978 - 7 - 5228 - 0850 - 5

Ⅰ.①保…　Ⅱ.①亓…　Ⅲ.①儿童 - 社会工作 - 研究
- 中国　Ⅳ.①D432.5

中国版本图书馆 CIP 数据核字（2022）第 186293 号

社会工作研究文库
保护与发展：儿童社会工作实务研究

著　　者 / 亓　迪 等

出 版 人 / 王利民
组稿编辑 / 谢蕊芬
责任编辑 / 赵　娜
文稿编辑 / 刘靖悦
责任印制 / 王京美

出　　　版 / 社会科学文献出版社·群学出版分社 （010）59366453
　　　　　　地址：北京市北三环中路甲 29 号院华龙大厦　邮编：100029
　　　　　　网址：www. ssap. com. cn
发　　　行 / 社会科学文献出版社 （010）59367028
印　　　装 / 三河市尚艺印装有限公司

规　　　格 / 开　本：787mm × 1092mm　1/16
　　　　　　印　张：15.75　字　数：266 千字
版　　　次 / 2022 年 12 月第 1 版　2022 年 12 月第 1 次印刷
书　　　号 / ISBN 978 - 7 - 5228 - 0850 - 5
定　　　价 / 98.00 元

读者服务电话：4008918866